BIRK

Nachbarrecht für Baden-Württemberg

Nachbarrecht für Baden-Württemberg

Kommentar

Prof. Dr. Hans-Jörg Birk
Rechtsanwalt in Stuttgart
Fachanwalt für Verwaltungsrecht
Honorarprofessor an der Hochschule für
Öffentliche Verwaltung und Finanzen Ludwigsburg
und der Technischen Universität Kaiserslautern

6., überarbeitete Auflage, 2018

Bibliografische Information der Deutschen Nationalbibliothek | Die Deutsche Nationalbibliothek verzeichnet diese Publikation in der Deutschen Nationalbibliografie; detaillierte bibliografische Angaben sind im Internet über www.dnb.de abrufbar.

6. Auflage, 2018
ISBN 978-3-415-05508-7

Titelfoto: © RBV/zimmytws – Fotolia | Satz: GreenTomato GmbH, Forststraße 131, 70193 Stuttgart | Druck und Bindung: Laupp & Göbel GmbH, Robert-Bosch-Straße 42, 72810 Gomaringen

Richard Boorberg Verlag GmbH & Co KG | Scharrstraße 2 | 70563 Stuttgart
Stuttgart | München | Hannover | Berlin | Weimar | Dresden
www.boorberg.de

Inhaltsverzeichnis

Vorwort zur 6. Auflage

Seit der 5. Auflage sind nahezu 14 Jahre vergangen; schon dies hätte eine Neuauflage des sehr gut, auch von der Rechtsprechung, angenommenen Kommentars gerechtfertigt. Hinzu kamen die mehrfachen Änderungen des Nachbarrechtsgesetzes durch das Gesetz vom 4. Februar 2014 (GBl. S. 65). Diese Novelle hat folgende Neuregelungen gebracht:

- Aufgenommen wurde § 7 c **Überbau durch Wärmedämmung**; dadurch sind die §§ 7 c bis 7 f zu §§ 7 d bis 7 e geworden.
- § 16 hat einen neuen Abs. 2 Ziff. 4 c erhalten, der Regeln für Pappeln in Kurzumtriebsanlagen vorsieht.
- § 22 Abs. 2 wurde um das Wort „landwirtschaftlich" erweitert.
- § 26 ändert die Verjährungsvorschriften.

Das am 28. Juni 2000 in Kraft getretene „Gesetz zur obligatorischen außergerichtlichen Streitschlichtung" (Schlichtungsgesetz – SchlG), GBl. 2000, S. 470, das für Streitigkeiten im Rahmen des NRG Anwendung fand, ist zwischenzeitlich zum 30. 4. 2013 ersatzlos aufgehoben worden. Der Abdruck des Gesetzestextes und die Kommentierung sind deshalb entfallen.

Die zugängliche Rechtsprechung und Literatur wurde bis Juli 2017 berücksichtigt.

Der Kommentar bleibt bei dem gesteckten Ziel, das System des NRG und seinen Interessenausgleich aufzuzeigen, um so Streitigkeiten zu vermeiden oder einer nachvollziehbaren Lösung zuzuführen.

Ich habe mich wiederum für die Übersendung von Entscheidungen und für manch interessante Anfrage zu bedanken. Für die weitere, gleichsam automatische Versorgung wäre ich dankbar; dies gilt ebenso für Kritik oder Hinweise.

Herrn Johannes Wohlfart danke ich für die Anfertigung der Zeichnungen, die sich in diesem Buch befinden. Ich danke herzlich meiner langjährigen Sekretärin, Frau Wittmann, die sich in ihrem wohlverdienten Ruhestand mit der Umsetzung meiner Kommentierung, wie all die Jahre, mit großer Sorgfalt, gewidmet hat.

Stuttgart, im August 2017 *Hans-Jörg Birk*

Abkürzungsverzeichnis
(einschließlich Zitierweise)

A. A.	Anderer Ansicht
a.a.O.	am angegebenen Ort
Abs.	Absatz
AE	Allgemeine Einführung
a. E.	am Ende
AEG	Allgemeines Eisenbahngesetz
a. F.	alte Fassung
AG	Amtsgericht
AGBGB	Ausführungsgesetz zum Bürgerlichen Gesetzbuch
Anm.	Anmerkung
Art.	Artikel
AtomG	Gesetz über die friedliche Verwendung der Kernenergie und den Schutz gegen ihre Gefahren (Atomgesetz)
BAnz	Bundesanzeiger, Jahr, Seite
BauGB	Baugesetzbuch
BauGBMaßnG	Maßnahmegesetz zum Baugesetzbuch
BauNVO	Baunutzungsverordnung
BauR	Baurecht, Jahrgang, Seite
Bay	Bayern, Bayrisch
ber.	berichtigt
BFernStrG	Bundesfernstraßengesetz
BGB	Bürgerliches Gesetzbuch
BGBl.	Bundesgesetzblatt, Jahrgang, Seite
BGH	Bundesgerichtshof
BGHZ	Entscheidungen des Bundesgerichtshofes in Zivilsachen, Entscheidungssammlung, Band, Seite
BImSchG	Bundes-Immissionsschutzgesetz
BImSchV	Verordnung zur Durchführung des BImSchG
BVerwG	Bundesverwaltungsgericht
BVerwGE	Entscheidungssammlung des Bundesverwaltungsgerichtes, Band, Seite
BW	Baden-Württemberg

BW AGBGB	Baden-Württembergisches Ausführungsgesetz zum Bürgerlichen Gesetzbuch
BWGZ	Die Gemeinde, Organ des Gemeindetages Baden-Württemberg, Jahrgang, Seite
bzw.	beziehungsweise
DB	Der Betrieb, Zeitschrift, Jahrgang, Seite
DNotZ	Deutsche Notar-Zeitschrift, Jahrgang, Seite
EBE	Eildienst: Bundesgerichtliche Entscheidungen, Jahrgang, Seite
EGBGB	Einführungsgesetz zum Bürgerlichen Gesetzbuch
EGZPO	Einführungsgesetz ZPO
FN	Fußnote
Fundstelle	Die Fundstelle für die Kommunalverwaltung in Baden-Württemberg, Jahrgang, Randnummer
GBl.	Gesetzblatt, Jahrgang, Seite
GBO	Grundbuchordnung
GMBl.	Gemeinsames Ministerialblatt, Jahrgang, Seite
GO	Gemeindeordnung für Baden-Württemberg
i.d.F.	in der Fassung
i.S.	im Sinne
i.V.m.	in Verbindung mit
Justiz	Zeitschrift, Jahrgang, Seite
JZ	Juristenzeitung, Jahrgang, Seite
LBO	Landesbauordnung für Baden-Württemberg
LG	Landgericht
LLG	Landwirtschafts- und Landeskulturgesetz Baden-Württemberg
LuftVG	Luftverkehrsgesetz
LWaldG	Waldgesetz für Baden-Württemberg
MDR	Monatsschrift für Deutsches Recht, Jahrgang, Seite
m.E.	meines Erachtens
m.w.N.	mit weiteren Nachweisen
NatSchG	Naturschutzgesetz Baden-Württemberg
NJW	Neue Juristische Wochenschrift, Jahrgang, Seite
NRG	Gesetz über das Nachbarrecht in Baden-Württemberg
NVwZ	Neue Zeitschrift für Verwaltungsrecht, Jahrgang, Seite
OLG	Oberlandesgericht

OLGZ	Entscheidungen der Oberlandesgerichte in Zivilsachen, Jahrgang, Seite
PlanzV	Planzeichenverordnung 1990
RdL	Recht der Landwirtschaft, Jahrgang, Seite
Rdnr.	Randnummer
Regbl.	Regierungsblatt
RGBl.	Reichsgesetzblatt, Jahrgang, Seite
S.	Satz, Seite
SchlG	Schlichtungsgesetz
StrGBW	Straßengesetz für Baden-Württemberg
TA-Lärm	Technische Anleitung zum Schutz gegen Lärm
TA-Luft	Technische Anleitung zur Reinhaltung der Luft
UPR	Zeitschrift für Umwelt- und Planungsrecht, Jahrgang, Seite
VBlBW	Verwaltungsblätter für Baden-Württemberg, Jahrgang, Seite
VersR	Versicherungsrecht, Jahrgang, Seite
VerwPrax	Baden-Württembergische Verwaltungspraxis, Jahrgang, Seite
VO	Verordnung
VwGO	Verwaltungsgerichtsordnung
WF	Wertermittlungsforum, Jahrgang, Seite
WG	Wassergesetz für Baden-Württemberg
WHG	Gesetz zur Ordnung des Wasserhaushalts (Wasserhaushaltsgesetz – WHG)
ZFBR	Zeitschrift für Baurecht, Jahrgang, Seite
ZPO	Zivilprozessordnung

Literaturverzeichnis

Battis/Krautzberger/Löhr (BKL)	BauGB, Kommentar, 13. Auflage, 2016
Posser/Wolf (BeckOK)	VwGO
Birk (Birk)	Bauplanungsrecht in der Praxis, 6. Auflage, 2015
Bruns (Bruns)	Nachbarrechtsgesetz Baden-Württemberg, 3. Auflage, 2015
Dehner	Nachbarrecht im Bundesgebiet (ohne Bayern), 7. Auflage, 1991 ff.
Grziwotz/Lüke/Saller (GLS)	Praxishandbuch Nachbarrecht, 2. Auflage, 2013
Kopp/Ramsauer	Verwaltungsverfahrensgesetz, Kommentar, 16. Auflage, 2015
Palandt (Palandt/Bearbeiter)	BGB, Kommentar, 75. Auflage, 2016
Pelka	Das Nachbarrecht in Baden-Württemberg, 22. Auflage, 2015
Schlotterbeck/Hager/Busch (SHB)	LBO Baden-Württemberg, 7. Auflage, 2016
Spannowsky/Uechtritz (Sp/Ue)	BauGB, Kommentar, 3. Auflage, 2017
Stelkens/Bonk/Sachs (SBS)	Verwaltungsverfahrensgesetz, Kommentar, 7. Auflage, 2015
Vetter/Karremann/Kahl (VKK)	Das baden-württembergische Nachbarrecht, 18. Auflage, 2006

Gesetz über das Nachbarrecht
(Nachbarrechtsgesetz – NRG)

in der Fassung der Bekanntmachung vom 8. Januar 1996 (GBl. S. 54), geändert durch Gesetze vom 1. Juli 2004 (GBl. S. 469), vom 4. Februar 2014 (GBl. S. 65)

Inhaltsübersicht

1. Abschnitt
Gebäude

§1 Ableitung des Regenwassers und des Abwassers

Der Eigentümer eines Gebäudes hat das von seinem Gebäude abfließende Niederschlagswasser sowie Abwasser und andere Flüssigkeiten aus seinem Gebäude auf das eigene Grundstück so abzuleiten, dass der Nachbar nicht belästigt wird.

§2 Traufberechtigung bei baulichen Änderungen

[1]Ist der Eigentümer eines Gebäudes auf Grund einer Dienstbarkeit verpflichtet, das vom Gebäude des Nachbarn abfließende Niederschlagswasser durch seine eigenen Rinnen und Ablaufrohre abzuleiten, so darf eine Veränderung des Gebäudes, durch welche die Dienstbarkeit beeinträchtigt wird, nur in der Weise geschehen, dass der Nachbar an der Anbringung eigener Rinnen und Ablaufrohre nicht gehindert ist. [2]Dem Nachbarn sind die durch die Abänderung entstehenden Kosten zu ersetzen.

§3 Abstand von Lichtöffnungen

(1) Der Eigentümer eines Grundstücks kann verlangen, dass vor Lichtöffnungen in der Außenwand eines Nachbargebäudes, die einen Ausblick auf sein Grundstück gewähren, auf dem Nachbargrundstück Abstandsflächen eingehalten werden, die, rechtwinklig zur Außenwand und in Höhe der Lichtöffnung gemessen, eine Tiefe von mindestens 1,80m haben und in der Breite auf jeder Seite mindestens 0,60m über die Lichtöffnung hinausreichen.

(2) Das Verlangen nach Absatz 1 kann nicht gestellt werden für Lichtöffnungen, die verschlossen sind und nicht geöffnet werden können und

entweder mit ihrer Unterkante mindestens 1,80 m über dem Fußboden des zu erhellenden Raumes liegen oder undurchsichtig sind.

(3) [1]Das Verlangen nach Absatz 1 kann nicht gestellt werden, wenn keine oder nur geringfügige Beeinträchtigungen zu erwarten sind oder das Vorhaben nach öffentlich-rechtlichen Vorschriften, insbesondere nach den §§ 5 und 6 der Landesbauordnung, zulässig ist. [2]Nach Ablauf von zwei Monaten seit Zugang der Benachrichtigung nach § 55 der Landesbauordnung ist das Verlangen ausgeschlossen. [3]Die Frist wird auch dadurch gewahrt, dass nach § 55 der Landesbauordnung Einwendungen oder Bedenken erhoben werden.

§ 4 Abstand von Ausblick gewährenden Anlagen

(1) Der Eigentümer eines Grundstücks kann verlangen, dass vor Balkonen, Terrassen, Erkern, Galerien und sonstigen begehbaren Teilen eines Nachbarhauses, die einen Ausblick auf sein Grundstück gewähren, auf dem Nachbargrundstück Abstandsflächen eingehalten werden, die in der Tiefe mindestens 1,80 m über die Vorderkante und in der Breite auf jeder Seite mindestens 0,60 m über die Seitenkante der genannten Gebäudeteile hinausreichen.

(2) § 3 Abs. 3 findet entsprechende Anwendung.

§ 5 Lichtöffnungen und andere Gebäudeteile, die auf öffentliche Wege oder Plätze Ausblick gewähren

(1) Die in § 3 Abs. 1 genannten Lichtöffnungen und die in § 4 Abs. 1 genannten Gebäudeteile sind den Beschränkungen der §§ 3 und 4 nicht unterworfen, soweit sie auf einen öffentlichen Weg oder einen öffentlichen Platz, der an das Grundstück angrenzt, Ausblick gewähren.

(2) Verliert ein Weg oder Platz die Eigenschaft der Öffentlichkeit, so behalten die Eigentümer der angrenzenden Grundstücke das Recht auf Fortbestand von vorhandenen, in den § 3 Abs. 1 und § 4 Abs. 1 genannten Anlagen.

§ 6 Abstand schadendrohender und störender Anlagen

(1) Schadendrohende oder störende Anlagen dürfen nur in solcher Entfernung von der Grenze und nur unter solchen Vorkehrungen angebracht werden, dass sie den Nachbarn nicht schädigen.

(2) Anlagen im Sinne des Absatzes 1 sind insbesondere Lager für Chemikalien sowie im Freien gelegene Aborte, Treib- und Brennstoffbehälter,

Waschkessel und Backöfen, Bienenstöcke, Futtersilos, Düngerstätten, Jauchegruben und Ställe.

§ 7 Gebäudeabstände und Einfriedigungen bebauter Grundstücke im Außenbereich

(1) [1]Bei der Errichtung oder Veränderung eines Gebäudes im Außenbereich ist der Bauherr auf Verlangen des Nachbarn verpflichtet, zu Gunsten von Grundstücken, die durch landwirtschaftliche Betriebe im Sinne des § 201 des Baugesetzbuches landwirtschaftlich oder gartenbaulich genutzt werden (landwirtschaftliche Nutzung), mit jeder der Nachbargrenze zugewandten Außenwand einen mittleren Grenzabstand einzuhalten, welcher der Höhe der Außenwand entspricht; der Abstand ist senkrecht zur Außenwand zu messen. [2]Der Abstand darf nirgends weniger als 2 m betragen.

(2) Für die Berechnung der Höhe der Außenwand gilt § 5 Abs. 4 Sätze 2 bis 4 und Abs. 5 der Landesbauordnung entsprechend.

(3) § 3 Abs. 3 Sätze 2 und 3 ist entsprechend anzuwenden.

(4) Der Bauherr ist auf Verlangen des Nachbarn verpflichtet, sein Grundstück einzufriedigen, soweit es zum Schutz des Nachbargrundstücks erforderlich ist und öffentlich-rechtliche Vorschriften nicht entgegenstehen.

§ 7 a Gründungstiefe

(1) Darf nach den baurechtlichen Vorschriften auf benachbarten Grundstücken unmittelbar an die gemeinsame Grundstücksgrenze gebaut werden, so kann der Eigentümer des Nachbargrundstücks vom Erstbauenden eine solche Ausführung der Gründung verlangen, dass bei der späteren Durchführung seines Bauvorhabens zusätzliche Baumaßnahmen vermieden werden.

(2) [1]Dem Erstbauenden sind die durch dieses Verlangen entstehenden Mehrkosten zu erstatten. [2]Das Verlangen ist dem Erstbauenden vor Erteilung der Baugenehmigung mitzuteilen. [3]Er kann unter Setzung einer angemessenen Frist einen Vorschuss oder eine Sicherheitsleistung verlangen. [4]Wird ein ausreichender Vorschuss oder eine Sicherheitsleistung innerhalb der Frist nicht geleistet, so entfällt die Verpflichtung des Erstbauenden.

(3) [1]Wird die weitergehende Gründung zum Vorteil des Erstbauenden ganz oder teilweise ausgenutzt, so entfällt insoweit die Erstattungspflicht nach Absatz 2. [2]Bereits erstattete Kosten können zurückverlangt werden.

§ 7 b Überbau

(1) [1]Darf nach den baurechtlichen Vorschriften unmittelbar an die gemeinsame Grundstücksgrenze gebaut werden, so hat der Eigentümer des Nachbargrundstücks in den Luftraum seines Grundstücks übergreifende untergeordnete Bauteile, die den baurechtlichen Vorschriften entsprechen, zu dulden, solange diese die Benutzung seines Grundstücks nicht oder nur unwesentlich beeinträchtigen. [2]Untergeordnete Bauteile sind insbesondere solche Bestandteile einer baulichen Anlage, die deren nutzbare Fläche nicht vergrößern.

(2) Darf an beiden Seiten unmittelbar an die gemeinsame Grundstücksgrenze gebaut werden, so haben die Eigentümer der benachbarten Grundstücke zu dulden, dass die Gebäude den baurechtlichen Vorschriften entsprechend durch übergreifende Bauteile angeschlossen werden.

(3) [1]Der Eigentümer des Gebäudes, von dem Bauteile übergreifen, hat dem Eigentümer des Nachbargebäudes den durch den Anschluss nach Absatz 2 entstandenen Schaden zu ersetzen. [2]Auf Verlangen des Berechtigten ist vor Beginn dieser Maßnahme eine Sicherheitsleistung in Höhe des voraussichtlich entstehenden Schadens zu leisten.

§ 7 c Überbau durch Wärmedämmung

(1) [1]Eigentümer und Nutzungsberechtigte eines Grundstücks haben zu dulden, dass eine Wärmedämmung, die nachträglich auf die Außenwand eines an der Grundstücksgrenze stehenden Gebäudes aufgebracht wurde, sowie die mit dieser in Zusammenhang stehenden untergeordneten Bauteile auf das Grundstück übergreifen, soweit und solange

1. diese die Benutzung des Grundstücks nicht oder nur geringfügig beeinträchtigen und eine zulässige beabsichtigte Nutzung des Grundstücks nicht oder nur geringfügig behindern und
2. die übergreifenden Bauteile nach öffentlich-rechtlichen Vorschriften zulässig oder zugelassen sind.

[2]Eine nur geringfügige Beeinträchtigung im Sinne von Satz 1 Nummer 1 liegt insbesondere dann nicht vor, wenn die Überbauung die Grenze zum Nachbargrundstück in der Tiefe um mehr als 0,25 m überschreitet.

[3]Die Duldungspflicht besteht nur, wenn im Zeitpunkt der Anbringung der Wärmedämmung eine vergleichbare Wärmedämmung auf andere, die Belange der Eigentümer beziehungsweise Nutzungsberechtigten

schonendere Weise mit vertretbarem Aufwand nicht vorgenommen werden konnte.

(2) Die Duldungspflicht nach Absatz 1 ist ausgeschlossen, wenn

1. die Errichtung des betroffenen Gebäudes an der Grundstücksgrenze öffentlich-rechtlichen Vorschriften widerspricht, es sei denn, der jeweilige Eigentümer beziehungsweise Nutzungsberechtigte des überbauten Grundstücks kann sich hierauf nach den Vorschriften des öffentlichen Rechts nicht oder nicht mehr berufen, oder
2. die Anbringung einer Wärmedämmung mit zumindest entsprechender räumlicher Ausdehnung bereits im Zeitpunkt der Errichtung des Gebäudes üblich war.

(3) [1]Den Eigentümern und dinglich Nutzungsberechtigten des überbauten Grundstücks ist ein angemessener Ausgleich in Geld zu leisten. [2]Soweit nichts anderes vereinbart wird, gelten § 912 Absatz 2 und §§ 913 und 914 des Bürgerlichen Gesetzbuchs (BGB) entsprechend.

(4) Eigentümer und Nutzungsberechtigte des überbauten Grundstücks können verlangen, dass die Eigentümer des durch den Wärmeschutzüberbau begünstigten Grundstücks die gedämmte Fassade in einem ordnungsgemäßen Zustand erhalten.

(5) [1]Die Veranlasser des Überbaus haben den Eigentümern oder Nutzungsberechtigten des überbauten Grundstücks den durch den Überbau entstehenden Schaden ohne Rücksicht auf Verschulden zu ersetzen. [2]Veranlassern stehen Eigentümer des durch den Wärmeschutzüberbau begünstigten Grundstücks gleich, wenn sie den Überbau zwar nicht veranlasst haben, ihn aber dulden.

§ 7 d Hammerschlags- und Leiterrecht

(1) Kann eine nach den baurechtlichen Vorschriften zulässige bauliche Anlage nicht oder nur mit erheblichen besonderen Aufwendungen errichtet, geändert, unterhalten oder abgebrochen werden, ohne dass das Nachbargrundstück betreten wird oder dort Gerüste oder Geräte aufgestellt werden oder auf das Nachbargrundstück übergreifen, so haben der Eigentümer und der Besitzer des Nachbargrundstücks die Benutzung insoweit zu dulden, als sie zu diesen Zwecken notwendig ist.

(2) [1]Die Absicht, das Nachbargrundstück zu benutzen, muss dem Eigentümer und dem Besitzer zwei Wochen vor Beginn der Benutzung ange-

zeigt werden. [2]Ist der im Grundbuch Eingetragene nicht Eigentümer, so genügt die Anzeige an den unmittelbaren Besitzer, es sei denn, dass der Anzeigende den wirklichen Eigentümer kennt. [3]Die Anzeige an den unmittelbaren Besitzer genügt auch, wenn der Aufenthalt des Eigentümers kurzfristig nicht zu ermitteln ist.

(3) [1]Der Eigentümer des begünstigten Grundstücks hat dem Eigentümer des Nachbargrundstücks den durch Maßnahmen nach Absatz 1 entstandenen Schaden zu ersetzen. [2]Auf Verlangen des Berechtigten ist vor Beginn der Benutzung eine Sicherheit in Höhe des voraussichtlich entstehenden Schadens zu leisten.

§ 7e Benutzung von Grenzwänden

(1) Grenzt ein Gebäude unmittelbar an ein höheres, so hat der Eigentümer des höheren Gebäudes zu dulden, dass die Schornsteine und Lüftungsleitungen des niedrigeren Gebäudes an der Grenzwand seines Gebäudes befestigt werden, wenn dies zumutbar und die Höherführung zur Betriebsfähigkeit erforderlich ist.

(2) In den Fällen des Absatzes 1 hat der Eigentümer des höheren Gebäudes auch zu dulden, dass die Reinigung der Schornsteine und Lüftungsleitungen, soweit erforderlich, von seinem Gebäude aus vorgenommen wird und die hierfür nötigen Einrichtungen in oder an seinem Gebäude hergestellt und unterhalten werden.

(3) § 7 d Abs. 3 gilt entsprechend.

§ 7f Leitungen

(1) [1]Wenn der Anschluss eines Grundstücks an eine Versorgungsleitung, eine Abwasserleitung oder einen Vorfluter ohne Benutzung eines fremden Grundstücks nicht oder nur unter erheblichen besonderen Aufwendungen oder nur in technisch unvollkommener Weise möglich ist, so hat der Eigentümer des fremden Grundstücks die Benutzung seines Grundstücks insoweit, als es zur Herstellung und Unterhaltung des Anschlusses notwendig ist, zu dulden und entgegenstehende Nutzungsarten zu unterlassen. [2]Überbaute Teile oder solche Teile des fremden Grundstücks, deren Bebauung nach den baurechtlichen Vorschriften zulässig ist, dürfen für den Anschluss nicht in Anspruch genommen werden. [3]Sind auf den fremden Grundstücken Versorgungs- oder Abwasserleitungen bereits vorhanden, so kann der Eigentümer gegen Erstattung der

anteilmäßigen Herstellungskosten den Anschluss an diese Leitungen verlangen, wenn dies technisch möglich und zweckmäßig ist.

(2) Ergeben sich nach Verlegung der Leitung unzumutbare Beeinträchtigungen, so kann der Eigentümer des fremden Grundstücks verlangen, dass der Eigentümer des begünstigten Grundstücks auf seine Kosten Vorkehrungen trifft, die solche Beeinträchtigungen beseitigen.

(3) [1]Der Eigentümer des begünstigten Grundstücks hat dem Eigentümer des fremden Grundstücks den durch eine Maßnahme nach den Absätzen 1 und 2 oder durch Beschränkungen der Nutzung oder durch den Betrieb der Leitung entstandenen Schaden zu ersetzen. [2]Auf Verlangen des Berechtigten ist vor Beginn der Maßnahmen nach den Absätzen 1 und 2 eine Sicherheit in Höhe des voraussichtlich entstehenden Schadens zu leisten.

(4) Der Eigentümer eines beanspruchten Grundstücks kann gegen Erstattung der Mehrkosten eine solche Herstellung der Leitung verlangen, dass sein Grundstück ebenfalls angeschlossen werden kann.

(5) Die Kosten für die Unterhaltung gemeinsamer Leitungen nach Absatz 1 Satz 3 und Absatz 4 sind von den beteiligten Eigentümern gemeinsam zu tragen.

2. Abschnitt
Aufschichtungen und Gerüste

§8 (Aufschichtungen und Gerüste)

(1) [1]Aufschichtungen von Holz, Steinen und dergleichen, Heu-, Stroh- und Komposthaufen sowie ähnliche Anlagen, die nicht über 2 m hoch sind, müssen 0,50 m von der Grenze entfernt bleiben. [2]Sind sie höher, so muss der Abstand um so viel über 0,50 m betragen, als ihre Höhe das Maß von 2 m übersteigt.

(2) Eine Entfernung von 0,50 m ist einzuhalten bei Gerüsten und ähnlichen Anlagen, sofern nicht die Beschaffenheit der Anlage eine größere Entfernung zur Abwendung eines Schadens erfordert.

(3) Diese Vorschriften gelten nicht für Baugerüste und für das nachbarliche Verhältnis der öffentlichen Wege und der Gewässer einerseits und der an sie grenzenden Grundstücke andererseits.

3. Abschnitt
Erhöhungen

§ 9 Abstände und Vorkehrungen bei Erhöhungen

(1) [1]Wer den Boden seines Grundstücks über die Oberfläche des Nachbargrundstücks erhöhen will, muss einen solchen Abstand von der Grenze einhalten oder solche Vorkehrungen treffen und unterhalten, dass eine Schädigung des Nachbargrundstücks durch Absturz oder Pressung des Bodens ausgeschlossen ist. [2]Diese Verpflichtung geht auf den späteren Eigentümer über.

(2) Welcher Abstand oder welche Vorkehrung zum Schutz des Nachbargrundstücks erforderlich ist, entscheidet sich unter Zugrundelegung der Vorschriften von § 10 Abs. 1 nach Lage des einzelnen Falls.

§ 10 Befestigung von Erhöhungen

(1) Bei Erhöhungen muss die erhöhte Fläche für die Regel entweder durch Errichtung einer Mauer von genügender Stärke oder durch eine andere gleich sichere Befestigung oder eine Böschung von nicht mehr als 45 Grad Steigung (alter Teilung) befestigt werden, wenn die Kante der erhöhten Fläche nicht den Abstand von der Grenze waagrecht gemessen einhält, der dem doppelten Höhenunterschied zwischen der Grenze und der Kante der Erhöhung gleichkommt.

(2) Die Außenseite der Mauer oder der sonstigen Befestigung oder der Fuß der Böschung müssen gegenüber Grundstücken, die landwirtschaftlich genutzt werden, einen Grenzabstand von 0,50 m einhalten; dies gilt nicht für Stützmauern für Weinberge.

4. Abschnitt
Einfriedigungen, Spaliervorrichtungen und Pflanzungen

1. Abstände

§ 11 Tote Einfriedigungen

(1) [1]Mit toten Einfriedigungen ist gegenüber Grundstücken, die landwirtschaftlich genutzt werden, ein Grenzabstand von 0,50 m einzuhalten. [2]Ist die tote Einfriedigung höher als 1,50 m, so vergrößert sich der Abstand entsprechend der Mehrhöhe, außer bei Drahtzäunen und Schranken.

(2) Gegenüber sonstigen Grundstücken ist mit toten Einfriedigungen – außer Drahtzäunen und Schranken – ein Grenzabstand entsprechend der Mehrhöhe einzuhalten, die über 1,50 m hinausgeht.

(3) Zäune, die von der Grenze nicht wenigstens 0,50 m abstehen, müssen so eingerichtet sein, dass ihre Ausbesserung von der Seite des Eigentümers des Zauns aus möglich ist.

(4) Freistehende Mauern mit einem geringeren Abstand von der Grenze als 0,50 m dürfen nicht gegen das Nachbargrundstück abgedacht werden.

§ 12 Hecken

(1) Mit Hecken bis 1,80 m Höhe ist ein Abstand von 0,50 m, mit höheren Hecken ein entsprechend der Mehrhöhe größerer Abstand einzuhalten.

(2) [1]Die Hecke ist bis zur Hälfte des nach Absatz 1 vorgeschriebenen Abstands zurückzuschneiden. [2]Dies gilt nicht für Hecken bis zu 1,80 m Höhe, wenn das Nachbargrundstück innerhalb der im Zusammenhang bebauten Ortsteile oder im Geltungsbereich eines Bebauungsplans liegt und nicht landwirtschaftlich genutzt wird (Innerortslage).

(3) Der Besitzer der Hecke ist zu ihrer Verkürzung und zum Zurückschneiden der Zweige verpflichtet, jedoch nicht in der Zeit vom 1. März bis zum 30. September.

§ 13 Spaliervorrichtungen

Für Spaliervorrichtungen, die eine flächenartige Ausdehnung des Wachstums der Pflanzen bezwecken, gilt § 12 mit der Maßgabe, dass gegenüber Grundstücken in Innerortslage mit Spalieren bis zu 1,80 m Höhe kein Abstand und mit höheren Spalieren ein Abstand entsprechend der Mehrhöhe einzuhalten ist.

§ 14 Rebstöcke in Weinbergen

Mit Rebstöcken in Weinbergen ist ein Grenzabstand einzuhalten, der der Hälfte des Reihenabstandes entspricht, mindestens jedoch 0,75 m.

§ 15 Waldungen

(1) [1]Mit Waldungen ist ein Abstand von 8 m von der Grenze einzuhalten. [2]Bei Verjüngung von Waldungen, die bei Inkrafttreten dieses Gesetzes bereits bestehen, sowie in erklärten Waldlagen (§ 28 Abs. 1) ermäßigt sich der Abstand nach Satz 1 auf die Hälfte.

(2) Der vom Baumwuchs freizuhaltende Streifen kann bis auf 2m Abstand von der Grenze mit Gehölzen bis zu 4m Höhe und bis auf 1m Abstand von der Grenze mit Gehölzen bis zu 2m Höhe bepflanzt werden.

§16 Sonstige Gehölze

(1) Bei der Anpflanzung von Bäumen, Sträuchern und anderen Gehölzen sind unbeschadet der §§12 bis 15 folgende Grenzabstände einzuhalten:

1.

a) mit Beerenobststräuchern und -stämmen, Rosen, Ziersträuchern und sonstigen artgemäß kleinen Gehölzen sowie mit Rebstöcken außerhalb eines Weinberges 0,50m,

b) mit Baumschul- und Weihnachtsbaumkulturen sowie mit Weidenpflanzungen, die jährlich genutzt werden, 1m; die Gehölze dürfen die Höhe von 1,80m nicht überschreiten, es sei denn, dass der Abstand nach Nummer 2 eingehalten wird;

2. mit Kernobst- und Steinobstbäumen auf schwach- und mittelstark wachsenden Unterlagen und anderen Gehölzen artgemäß ähnlicher Ausdehnung, mit Baumschul- und Weihnachtsbaumkulturen, soweit nicht in Nummer 1 aufgeführt, mit Forstsamenplantagen sowie mit Weidenpflanzungen, die nicht jährlich genutzt werden, 2m; die Gehölze dürfen die Höhe von 4m nicht überschreiten, es sei denn, dass der Abstand nach Nummer 3 eingehalten wird;

3. mit Obstbäumen, soweit sie nicht in Nummer 2 oder 4 genannt sind, 3m;

4.

a) mit artgemäß mittelgroßen oder schmalen Bäumen wie Birken, Blaufichten, Ebereschen, Erlen, Robinien („Akazien"), Salweiden, Serbischen Fichten, Thujen, Weißbuchen, Weißdornen und deren Veredelungen, Zieräpfeln, Zierkirschen, Zierpflaumen und mit anderen Gehölzen artgemäß ähnlicher Ausdehnung,

b) mit Obstbäumen auf stark wachsenden Unterlagen und veredelten Walnußbäumen sowie

c) mit Pappeln in Kurzumtriebsplantagen (§2 Absatz 2 Nummer 1 des Bundeswaldgesetzes) mit einer Umtriebszeit von höchstens zehn Jahren, 4m;

die Gehölze nach Buchstabe c dürfen die Höhe von 12 m nicht überschreiten, es sei denn, dass der Abstand nach Nummer 5 eingehalten wird;

5. mit großwüchsigen Arten von Ahornen, Buchen, Eichen, Eschen, Kastanien, Linden, Nadelbäumen, Pappeln, Platanen, unveredelten Walnußsämlingsbäumen sowie mit anderen Bäumen artgemäß ähnlicher Ausdehnung 8 m.

(2) [1]Der Abstand nach Absatz 1 Nr. 2 ermäßigt sich gegenüber Grundstücken in Innerortslage auf die Hälfte. [2]Dies gilt nicht für Baumschul- und Weihnachtsbaumkulturen, Forstsamenplantagen sowie für geschlossene Bestände mit mehr als drei der in Absatz 1 Nr. 2 angeführten Gehölze.

(3) Der Besitzer eines Gehölzes, das die nach Absatz 1 Nummern 1, 2 oder 4 Buchstabe c zulässige Höhe überschritten hat, ist zur Verkürzung verpflichtet, jedoch nicht in der Zeit vom 1. März bis 30. September.

§ 17 Hopfenpflanzungen

[1]Mit Hopfenpflanzungen ist ein Abstand von 1,50 m von der Grenze einzuhalten. [2]Ist das Nachbargrundstück gleichfalls mit Hopfen bepflanzt, so ermäßigt sich der Abstand auf die Hälfte.

§ 18 Begünstigung von Weinbergen und Erwerbsgartenbaugrundstücken

[1]Gegenüber Weinbergen in erklärter Reblage (§ 28 Abs. 2) sowie gegenüber erwerbsgartenbaulich genutzten Grundstücken in erklärter Gartenbaulage (§ 28 Abs. 3) sind die Abstände nach § 11 Abs. 1, § 12 Abs. 1, §§ 13, 15, 16 Abs. 1 Nr. 2 bis 5 und Abs. 2 sowie § 17 Satz 1 zu verdoppeln, soweit sich die Einfriedigung, Spaliervorrichtung oder Pflanzung an deren südlicher, östlicher oder westlicher Seite befindet. [2]Das gilt nicht für Obstgehölze und Baumschulbestände innerhalb des geschlossenen Wohnbezirks.

§ 19 Verhältnis zu landwirtschaftlich nicht genutzten Grundstücken

(1) [1]Die Vorschriften der §§ 11 bis 17 gelten nicht gegenüber Grundstücken im Außenbereich, die Wald, Hutung, Heide oder Ödung sind oder die landwirtschaftlich oder gartenbaulich sonst nicht genutzt werden und nicht bebaut sind und auch nicht als Hofraum dienen. [2]Mit Wald gegenüber Wald ist aber ein Abstand von 1 m einzuhalten.

(2) Die in den §§11 bis 18 vorgeschriebenen Abstände vermindern sich gegenüber Grundstücken im Außenbereich um diejenige Entfernung, auf die diese Grundstücke, von der Grenze an gerechnet, landwirtschaftlich oder gartenbaulich nicht genutzt, nicht bebaut sind und auch nicht als Hofraum dienen.

§20 Pflanzungen hinter geschlossenen Einfriedigungen

[1]Die §§12 bis 18 gelten nicht, wenn sich die Spaliervorrichtung oder die Pflanzung hinter einer geschlossenen Einfriedigung befindet, ohne diese zu überragen. [2]Als geschlossen gelten auch Einfriedigungen, bei denen die Zaunteile breiter sind als die Zwischenräume.

§21 Verhältnis zu Wegen, Gewässern und Eisenbahnen; Ufer- und Böschungsschutz

(1) [1]Die §§11 bis 18 gelten nicht für

1. das nachbarliche Verhältnis zwischen öffentlichen Straßen und Gewässern und den an sie grenzenden Grundstücken,
2. die auf Grund eines Flurbereinigungs- oder Zusammenlegungsplanes erfolgten Anpflanzungen, soweit sie sich im Flurbereinigungs- oder Zusammenlegungsgebiet auswirken.

[2]Bestehende Ausgleichs- oder Schadenersatzansprüche bleiben unberührt.

(2) Die Bestimmungen der §§11, 12 und 18 über tote Einfriedigungen und Hecken gelten nicht für das nachbarliche Verhältnis zwischen Grundstücken, die unmittelbar an den Schienenweg einer Eisenbahn grenzen einerseits und dem Schienenweg andererseits.

(3) Auf Einfriedigungen und Pflanzungen, die zum Uferschutz dienen oder die zum Schutz von Böschungen oder steilen Abhängen erforderlich sind, sind die §§11, 12, 16 und 18 nicht anzuwenden.

§22 Feststellung der Abstände

(1) Die Grenzabstände werden von der Mittelachse der der Grenze nächsten Stämme, Triebe oder Hopfenstangen bei deren Austritt aus dem Boden, bei Drahtanlagen von Hopfenpflanzungen aber von dem der Grenze nächsten oberen Ende der Steigdrähte ab waagrecht gemessen.

(2) [1]Im Verhältnis der durch öffentliche Wege oder durch Gewässer getrennten Grundstücke werden die Abstände von der Mitte des Weges

oder Gewässers an gemessen. [2]Dies gilt nicht gegenüber Grundstücken in Innerortslage.

(3) [1]Ist die Einhaltung eines bestimmten Abstands von der Lage oder der Kulturart des Grundstücks oder des Nachbargrundstücks abhängig, so sind bei der Erneuerung einer Einfriedigung, Spaliervorrichtung oder Pflanzung für die Bemessung des Abstands die dann bestehenden Verhältnisse dieses Grundstücks maßgebend. [2]Dasselbe gilt, wenn in einer der Erneuerung gleichkommenden Weise die Einfriedigung oder Spaliervorrichtung ausgebessert oder die Pflanzung ergänzt wird.

2. Überragende Zweige und eingedrungene Wurzeln

§23 Überragende Zweige

(1) [1]Abweichend von §910 Abs. 1 BGB kann der Besitzer eines Grundstücks die Beseitigung von herüberragenden Zweigen eines auf dem Nachbargrundstück stehenden Obstbaums nur bis zur Höhe von 3 m verlangen. [2]Die Höhe wird vom Boden bis zu den unteren Zweigspitzen in unbelaubtem Zustand gemessen.

(2) Die Beseitigung der Zweige kann auf die volle Höhe des Baumes verlangt werden, wenn das benachbarte Grundstück erwerbsgartenbaulich oder landwirtschaftlich genutzt wird oder ein Hofraum ist oder die Zweige auf ein auf dem benachbarten Grundstück stehendes Gebäude hereinragen oder den Bestand oder die Benutzung eines Gebäudes beeinträchtigen oder die Errichtung eines Gebäudes unmöglich machen oder erschweren.

(3) [1]Der Besitzer des Baumes ist zur Beseitigung der Zweige in der Zeit vom 1. März bis 30. September nicht verpflichtet. [2]Er hat die Beseitigung innerhalb einer dem Umfang der Arbeit entsprechenden Frist, jedenfalls aber innerhalb Jahresfrist vorzunehmen. [3]Die sofortige Beseitigung kann verlangt werden, wenn ein dringendes Bedürfnis vorliegt. [4]Wird die Beseitigung nicht innerhalb der in Satz 2 bestimmten Frist oder im Falle des Satzes 3 sofort bewirkt, so ist der Nachbar berechtigt, sie nach §910 Abs. 1 Satz 2 BGB oder auf Kosten des Besitzers durchzuführen. [5]Im letzteren Fall gehören die abgeschnittenen Zweige dem Besitzer des Baumes.

§24 Eingedrungene Wurzeln

(1) Abweichend von §910 Abs.1 BGB ist der Besitzer eines Obstbaumguts oder eines Grundstücks der in §19 Abs.1 Satz1 genannten Art, in das aus einem angrenzenden Obstbaumgut Wurzeln eines Obstbaums eingedrungen sind, zu deren Beseitigung nur insoweit befugt, als dies zur Herstellung und Unterhaltung eines Weges, eines Grabens, einer baulichen Anlage, eines Dräns oder einer sonstigen Leitung erforderlich ist.

(2) Die Beseitigung von sonstigen eingedrungenen Baumwurzeln ist bei einem Grundstück in Innerortslage nur dann zulässig, wenn durch die Wurzeln die Nutzung des Grundstücks wesentlich beeinträchtigt wird, insbesondere Arbeiten der in Absatz1 genannten Art die Beseitigung erfordern.

§25 Bäume an öffentlichen Wegen

(1) [1]Abweichend von §910 Abs.1 BGB kann der Besitzer eines Grundstücks die Beseitigung herüberragender Zweige von Bäumen, die auf öffentlichen Wegen oder deren Zubehörden (Nebenwegen, Dämmen, Böschungen) oder nach polizeilicher Vorschrift in regelmäßiger Anordnung längs der Straße auf den angrenzenden Grundstücken gepflanzt sind, nur bis zur Höhe von 3m verlangen. [2]Die Bestimmungen des §23 Abs.1 Satz2, Abs.2 und 3 gelten auch hier.

(2) Zur Beseitigung der in sein Grundstück eingedrungenen Wurzeln dieser Bäume ist der Besitzer des Grundstücks nur entsprechend §24 Abs.2 und nur dann befugt, wenn er dem Eigentümer des Baumes eine angemessene Frist zur Beseitigung der Wurzeln gesetzt hat und die Beseitigung nicht innerhalb der Frist erfolgte.

5. Abschnitt
Allgemeine Bestimmungen

§26 Verjährung

(1) [1]Beseitigungsansprüche nach diesem Gesetz verjähren in fünf Jahren. [2]Sind Gehölze im Sinne des §16 Absatz1 Nummer4 oder 5 betroffen, so beträgt die Verjährungsfrist zehn Jahre. [3]Bei Pflanzungen beginnt der Lauf der Verjährungsfrist mit dem 1. Juli nach der Pflanzung. [4]Bei an Ort und Stelle gezogenen Gehölzen beginnt sie am 1. Juli des zweiten Entwicklungsjahres. [5]Bei späterer Veränderung der artgemäßen Ausdeh-

nung des Gehölzes beginnt die Verjährung von neuem; dasselbe gilt im Falle des §16 Absatz 1 Nummer 4 Buchstabe c, wenn die Umtriebszeit von zehn Jahren überschritten wird.

(2) [1]Die Berufung auf Verjährung ist ausgeschlossen, wenn die Anlage erneuert oder in einer der Erneuerung gleichkommenden Weise ausgebessert wird. [2]Dasselbe gilt, wenn eine Pflanzung erneuert oder ergänzt wird.

(3) Der Anspruch auf das Zurückschneiden der Hecken, auf Beseitigung herüberragender Zweige und eingedrungener Wurzeln sowie auf Verkürzung zu hoch gewachsener Gehölze ist der Verjährung nicht unterworfen.

§27 Vorrang von Festsetzungen im Bebauungsplan

[1]Enthält ein Bebauungsplan oder eine sonstige Satzung nach dem Baugesetzbuch oder dem Maßnahmengesetz zum Baugesetzbuch Festsetzungen über Böschungen, Aufschüttungen, Einfriedigungen, Hecken oder Anpflanzungen, so müssen hierfür die nach diesem Gesetz vorgeschriebenen Abstände insoweit nicht eingehalten werden, als es die Verwirklichung der planerischen Festsetzungen erfordert. [2]Dies gilt nicht gegenüber landwirtschaftlich genutzten Grundstücken.

§28 Erklärte Waldlage, erklärte Reblage und erklärte Gartenbaulage

(1) Teile des Gemeindegebiets außerhalb des geschlossenen Wohnbezirks und des Bereichs des Bebauungsplans können durch Gemeindesatzung zur Waldlage erklärt werden (erklärte Waldlage), wenn ihre Aufforstung mit Rücksicht auf die Standortverhältnisse oder aus Gründen der Landeskultur zweckmäßig ist.

(2) Teile des Gemeindegebiets können durch Gemeindesatzung zur Reblage erklärt werden (erklärte Reblage), wenn sie für den Weinbau besonders geeignet sind.

(3) Teile des Gemeindegebiets können durch Gemeindesatzung zur Gartenbaulage erklärt werden (erklärte Gartenbaulage), wenn sie für den unter Verwendung ortsfester Kulturvorrichtungen betriebenen Erwerbsgartenbau besonders geeignet sind.

(4) Die Gemeinde hat vor der Erklärung nach den Absätzen 1, 2 oder 3 die untere Verwaltungsbehörde zu hören.

§29 Erlass von Gemeindesatzungen

(1) [1]Die Gemeinde hat den Entwurf einer Satzung nach §28 öffentlich bekanntzumachen. [2]Die Betroffenen können innerhalb eines Monats nach der Bekanntmachung Einwendungen erheben. [3]Hierauf ist in der öffentlichen Bekanntmachung hinzuweisen.

(2) Über die Einwendungen ist gleichzeitig mit dem endgültigen Beschluß über die Satzung zu entscheiden.

6. Abschnitt
Einwirkung von Verkehrsunternehmen

§30 (Einwirkung von Verkehrsunternehmen)

Die Vorschrift des §14 des Bundes-Immissionsschutzgesetzes wird auf Eisenbahn-, Schiffahrts- und ähnliche Verkehrsunternehmungen erstreckt.

7. Abschnitt
Übergangs- und Schlussbestimmungen

§31 Durch Zeitablauf entstandene Fensterschutzrechte

Hat im Geltungsbereich des badischen Ausführungsgesetzes zum Bürgerlichen Gesetzbuch der Eigentümer eines Gebäudes vor dem Inkrafttreten des Bürgerlichen Gesetzbuchs durch Zeitablauf das Recht erlangt, dass zum Schutz seiner Fenster Anlagen auf einem Nachbargrundstück einen bestimmten Abstand einhalten müssen, so gilt dieses Recht auch weiterhin als Grunddienstbarkeit.

§32 Alte Mauerrechte

Hat der Eigentümer eines Grundstücks vor dem Inkrafttreten des Bürgerlichen Gesetzbuchs auf Grund des badischen Landrechtssatzes 663 von seinem Nachbarn verlangt, dass er zur Erbauung einer Scheidewand beitrage, so bleiben für das Recht und die Pflicht zur Errichtung derselben die bisherigen Vorschriften maßgebend.

§33 Bestehende Einfriedigungen, Spaliervorrichtungen, Pflanzungen und bauliche Anlagen

(1) [1]Für die Abstände von Einfriedigungen, Spaliervorrichtungen und Pflanzungen, die bei Inkrafttreten des Gesetzes bereits bestehen, bleiben

die bisherigen Vorschriften maßgebend, soweit sie in der Beschränkung des Eigentümers weniger weit gehen als die Vorschriften dieses Gesetzes. [2]Dasselbe gilt für die Abstände von baulichen Anlagen, die bei Inkrafttreten des Gesetzes bestehen, mit deren Bau begonnen worden ist oder die genehmigt sind.

(2) [1]Wird die Einfriedigung, Spaliervorrichtung oder Pflanzung erneuert, so greifen die Bestimmungen dieses Gesetzes Platz. [2]Dasselbe gilt, wenn in einer der Erneuerung gleichkommenden Weise die Einfriedigung oder Spaliervorrichtung ausgebessert oder die Pflanzung ergänzt wird.

§ 34 Bäume von Waldgrundstücken

(1) Im Geltungsbereich des württembergischen Ausführungsgesetzes zum Bürgerlichen Gesetzbuch und zu anderen Reichsjustizgesetzen muss der Eigentümer eines Waldgrundstücks, in das Zweige und Wurzeln der Bäume und Sträucher eines anderen zur Zeit des Inkrafttretens des Bürgerlichen Gesetzbuchs bereits mit Wald bestandenen Grundstücks herüberragen, die Zweige und Wurzeln dulden.

(2) Die Beseitigung herüberragender Zweige von Bäumen und Sträuchern, die an dem südwestlichen, westlichen oder nordwestlichen Trauf von am 1. Januar 1894 bereits vorhandenen, rein oder vorwiegend mit Nadelholz bestockten Waldungen stehen, kann nicht verlangt werden, wenn hierdurch der Fortbestand der Bäume gefährdet würde, die zum Schutz des hinterliegenden Waldes erforderlich sind.

(3) In diesen Fällen finden die Bestimmungen der § 23 Abs. 2 und § 24 entsprechende Anwendung.

(4) Diese Vorschriften gelten nur, soweit nicht seit dem Inkrafttreten des Bürgerlichen Gesetzbuchs eine Verjüngung des Waldes stattgefunden hat und, wenn dies nicht der Fall war, bis zur nächsten Verjüngung.

§ 35 Überragende Zweige und eingedrungene Wurzeln von bestehenden Obstbäumen

Im Geltungsbereich des badischen Ausführungsgesetzes zum Bürgerlichen Gesetzbuch sind die Vorschriften der §§ 23 und 24 für bestehende Obstbäume nicht anzuwenden, wenn mit diesen nicht mindestens die Abstände dieses Gesetzes eingehalten werden.

§ 36 Verweisung auf aufgehobene Vorschriften

Soweit in Gesetzen und Verordnungen auf Vorschriften verwiesen ist, die durch dieses Gesetz aufgehoben werden, treten an ihre Stelle die entsprechenden Vorschriften dieses Gesetzes.

§ 37 Inkrafttreten

(nicht abgedruck)*

---

* Diese Vorschrift betrifft das Inkrafttreten des Gesetzes in der ursprünglichen Fassung vom 14. Dezember 1959 (GBl. S. 171).

I. Gesetzgebungskompetenz

1. Art. 74 Abs. 1 Nr. 1 GG eröffnet für das bürgerliche Recht im Rahmen der konkurrierenden Gesetzgebung eine Regelungskompetenz des Landes, soweit diese nicht vom Bund wahrgenommen wird. Art. 1 Abs. 2 EGBGB[1] verdeutlicht (nach wie vor) die landesrechtliche Regelungskompetenz. Sie ergibt sich für das Nachbarrecht vorrangig aus Art. 124 EGBGB, daneben aus weiteren Regelungen des EGBGB.[2]

Die öffentlich-rechtlichen Eigentumsbeschränkungen lassen ausdrücklich bestehende landesrechtliche Vorschriften unberührt, die Eigentumsbeschränkungen (Art. 111), Flurbereinigung (Art. 113), Grenzabstände der Obstbäume (Art. 122), Bäume und Sträucher (Art. 124), Erweiterung auf Verkehrsunternehmen (Art. 125) und Grenzabstände alter Wälder bis zur nächsten Verjährung (Art. 183 EGBGB) betreffen.[3]

Die genannten EGBGB-Artikel bestätigen außerdem ausdrücklich das Weitergelten entsprechender landesrechtlicher Vorschriften. Art. 1 Abs. 2 EGBGB bestimmt, dass der Landesgesetzgeber darüber hinaus bezüglich dieser Bereiche auch neue Vorschriften erlassen kann.

2. Die ehemaligen Länder Baden und Württemberg hatten durch ihre Ausführungsgesetze zum BGB diese Kompetenz unterschiedlich ausgenutzt; vgl. Art. 8–19 Bad. Ausführungsgesetz zum BGB und Art. 191–225 Württ. Ausführungsgesetz zum BGB. Das NRG hat hier die Rechtseinheit für Baden-Württemberg geschaffen.[4]

---

1 Vgl. Gesetzestexte S. 269.

2 Vgl. auch Beilage 2/2220 vom 12. 12. 1958 des Landtages von Baden-Württemberg.

3 Vgl. Gesetzestexte, S. 274 f.

4 Vgl. im Einzelnen Beilage 2220, a.a.O. FN 1.

II. Verhältnis NRG – BGB, inbes. §906 BGB

1. Der Wortlaut des Art. 124 I EGBGB beschreibt den möglichen Inhalt landesrechtlicher Nachbarschutzvorschriften:

„Unberührt bleiben die landesgesetzlichen Vorschriften, welche das Eigentum an Grundstücken zu Gunsten der Nachbarn noch anderen als den im Bürgerlichen Gesetzbuch bestimmten Beschränkungen unterwerfen. Dies gilt insbesondere auch von den Vorschriften, nach welchen Anlagen sowie Bäume und Sträucher nur in einem bestimmten Abstande von der Grenze gehalten werden dürfen."

Die Vorschriften des **NRG** beinhalten damit nach allgemeiner Ansicht **weitergehende Beschränkungen** des Eigentums, als es die Regelungen des BGB vorsehen. Insoweit überlagern sie die Vorschriften des BGB, reichen insbesondere in den nachbarrechtlichen Ansprüchen und damit Durchsetzungsmöglichkeiten weiter. Das NRG stellt so eine – zulässige – Erweiterung und gleichzeitig Konkretisierung der Eigentümerpflichten dar. Es ändert aber in keinem Falle das BGB.[1] Die sich aus dem NRG ergebenden Eigentümerpflichten können deshalb nicht geringer sein, als die entsprechenden, sich aus den Vorschriften des BGB ergebenden Pflichten.

2. Bei der Prüfung von **Unterlassungs- oder Beseitigungspflichten des Grundstückseigentümers** – oder (als „Kehrseite der Medaille") von Duldungspflichten des Nachbarn – wird man daher stets neben den speziellen Anspruchsgrundlagen des NRG auch jene des BGB zu prüfen haben. Dabei kann – vgl. oben II.1 – ein bestehender Anspruch nach dem NRG (z.B. auf Beseitigung) nicht durch eine (scheinbar) entgegenstehende Duldungspflicht nach dem BGB (z.B. §906 Abs. 1) „neutralisiert", d.h. aufgehoben werden. Ausnahmen ergeben sich allein – gleichermaßen für BGB-, wie für NRG-Vorschriften – aus den allgemeinen Rechtsprinzipien der §§242, 226 BGB.

Wo ein Anspruch des Nachbarn auf Unterlassung oder Beseitigung nach den Vorschriften des NRG nicht besteht, bleibt zu prüfen, ob sich ein solcher aus den Vorschriften des BGB ergibt.

---

1 Vgl. *Palandt/Bassenge*, Art. 124 Rdnr. 1 EGBGB. Vgl. auch Anlage 1 u. 2 zu §37, S. 252 ff.

3. Fraglich kann in diesem zuletzt erwähnten Fall – kein Anspruch aus NRG – aber sein, ob ein Anspruch nach den Vorschriften des BGB nicht deshalb ausfallen muss, weil die Vorschriften des NRG Art und Umfang hinnehmbarer oder abwehrbarer Eigentumsbeschränkungen umfassend regeln, sodass für die Anwendung des BGB kein Raum mehr bleibt. Die Frage lautet, ob die Vorschriften des BGB gegenüber dem NRG im hier interessierenden Bereich etwas anderes regeln, also ein **aliud** sind, oder nur weniger regeln, also ein **minus** sind. Neben dem NRG kann ein (damit weitergehender) Anspruch des BGB – gleicher Regelungsbereich vorausgesetzt – nur bestehen, wenn der Anspruch aus BGB gegenüber dem nach NRG ein **aliud** darstellt. Dies ist aber nicht der Fall.

Das Problem wird besonders deutlich beim **Vergleich** der Ansprüche aus den **Abstandsvorschriften des NRG** einerseits (insbesondere §§ 11–18) mit den **Ansprüchen aus § 906 BGB** andererseits: Sind die möglichen Einwirkungen von Anlagen und Anpflanzungen dann unwesentlich i. S. des § 906 Abs. 1 BGB – also zu dulden –, wenn mit diesen Anlagen und Anpflanzungen die im NRG angegebenen konkreten Abstände eingehalten werden? Deckt das NRG mit seinen Abstandsvorschriften sämtliche denkbaren, artgemäßen und natürlichen Auswirkungen der dort bezeichneten Anlagen und Pflanzen ab oder besteht daneben noch ein Bereich, den zu regeln allein § 906 BGB in der Lage ist?

§ 906 BGB regelt Abwehransprüche gegen zugeführte unabwägbare Stoffe und ähnliche Einwirkungen[2]. Die hier interessierenden Auswirkungen, die von den maßgeblich in den §§ 11–18 NRG angesprochenen Anlagen (z. B. tote Einfriedigungen) oder Bepflanzungen (z. B. Hecken oder Bäume) ausgehen, sind „ähnliche Einwirkungen" i. S. des § 906 BGB.[3] Diese Anlagen und Pflanzungen können z. B. folgende Einwirkungen gegenüber dem Nachbargrundstück hervorrufen: Laub-, Nadel-, Blüten und Samenflug, Beschattung, Entzug von Belüftung, Anziehungsobjekt für Bienen, Insekten und andere Tiere, usw. Ein **Unterlassungs- und Abwehranspruch** nach § 1004, § 906 BGB gegen solche „pflanzlichen

---

2 § 906 Abs. 1 Satz 1 spricht von „Gasen, Dämpfen, Gerüchen, Rauch, Ruß, Wärme, Geräusch, Erschütterungen und ähnliche von einem anderen Grundstück ausgehende Einwirkungen".

3 *Palandt/Bassenge*, § 906 Rdnr. 11 BGB.

Immissionen“ besteht dann nicht, wenn allein Naturkräfte die Störung auslösen, die vom Grundstück ausgeht[4].

Ein Unterlassungs- und Abwehranspruch besteht trotz der Wirkung von Naturkräften dann, wenn das störende Grundstück **nicht ordnungsgemäß bewirtschaftet** ist[5].

Sind Pflanzungen bewusst vorgenommen – Hecken, Büsche, Bäume –, dann beruhen die möglichen Störungen (Laubfall u. Ä.) auf den vom Eigentümer gesetzten Vorbedingungen (Pflanzen der Hecke, des Baumes usw.). Ein Unterlassungs- oder Abwehrspruch ist hier nicht von vornherein ausgeschlossen. Einwirkungen sind dann als **unwesentlich** i.S. des §906 Abs.1 BGB anzusehen, wenn der Eigentümer mit seiner Bepflanzung bzw. Anlage **die Vorschriften des NRG insgesamt einhält6**. Die Abstandsvorschriften des NRG stellen einen legislativen Ausgleich nachbarlicher Interessen dar und definieren damit den Begriff der Wesentlichkeit in §906 Abs.1 BGB. Die Grenzabstände und Höhenbeschränkungen begrenzen die Ausnutzbarkeit des betroffenen Eigentums und machen die Einwirkungen der Bepflanzungen bzw. Anlagen für den Nachbarn unwesentlich i.S. des §906 Abs.1 BGB.[7] Dies ergibt sich aus Art.124 EGBGB, der in Verbindung mit Art.1 Abs.2 EGBGB ausdrück-

---

4 *Dehner*; §16 Rdnr. 30a.

5 §26 Landwirtschafts- und Landeskulturgesetz Baden-Württemberg (LLG) vom 14.3.1972, GBl. S.74: *Zur Verhinderung von Beeinträchtigungen der Landeskultur und der Landespflege sind die Besitzer von landwirtschaftlich nutzbaren Grundstücken verpflichtet, ihre Grundstücke zu bewirtschaften oder dadurch zu pflegen, dass sie für eine ordnungsgemäße Beweidung sorgen oder zumindest einmal im Jahr mähen. Die Bewirtschaftung und Pflege müssen gewährleisten, dass die Nutzung benachbarter Grundstücke nicht, insbesondere nicht durch schädlichen Samenflug, unzumutbar erschwert wird.* §26 Satz2 LLG gibt mit §1004 BGB einen Beseitigungs- und Unterlassungsanspruch des Eigentümers des beeinträchtigten benachbarten Grundstücks.

6 So im Ergebnis auch *Dehner*, §16 FN 30a), der allerdings schon eine „Einwirkung“ i.S. des §906 verneint: „Das Anpflanzen von Bäumen selbst stellt keine rechtswidrige Einwirkung auf das Nachbargrundstück dar, sofern die gesetzlichen Grenzabstände eingehalten werden.“

7 Ein Ausgleichsanspruch nach §906 Abs.2 BGB ist damit schon nach dem Gesetzeswortlaut ausgeschlossen.

lich weitere, über das BGB hinausgehende Eigentumsbeschränkungen zulässt[8].

Hält der Nachbar mit den die Einwirkungen verursachenden Hecken, Bäume usw. die Grenzabstände des NRG nicht ein, ist er Störer i. S. des §1004 BGB; der beeinträchtigte Eigentümer hat einen Beseitigungs- und Unterlassungsanspruch[9].

Wenn sich aus diesen weitergehenden Vorschriften – hier: NRG oder LLG[10] – kein Anspruch auf Unterlassung oder Beseitigung einer Anlage oder Pflanzung als solcher ergibt, dann kann das insoweit „weniger" eigentumsbeschränkende BGB keinen Anspruch gegen die Emissionen dieser Anlagen oder Pflanzungen eröffnen. Werden die Grenzabstände und Höhenbeschränkungen nach NRG nicht eingehalten, so führt dies nicht zur Anwendbarkeit des §906 BGB; der betroffene Nachbar hat einen Anspruch auf Beseitigung oder Verkürzung (zur Anspruchskonkurrenz vgl. Vorbemerkung zu §§11–22. Ziff. 3) nach den Vorschriften des NRG. Soweit Anpflanzungen keinen Höhenbegrenzungen unterliegen (z. B. §16 Abs. 1 Nr. 4–6), diese den Grenzabstand nicht einhalten, der Beseitigungsanspruch aber verjährt ist (§26 Abs. 1) und gegenüber der Anpflanzung und ihren Auswirkungen (Schatten, Laub, Samenflug) zur Anwendung gelangen. Die Verjährung der Ansprüche nach dem NRG lässt die Beseitigungs- oder Verkürzungsansprüche entfallen, nicht jedoch den nachbarrechtlichen Ausgleichsanspruch nach §906 Abs. 2 BGB[11].

4. Die Feststellung, dass die Regeln des BGB gegenüber denen des NRG ein Weniger – ein Minus – darstellen, gilt natürlich nur dort und nur dann, wenn eine NRGVorschrift mit ihrem Regelungsinhalt den Gesamtbereich möglicher Wirkungen der erfassten Anlage oder Pflanzung abdeckt.

Davon ist mindestens bei den §§11–18 NRG auszugehen. Mit den in diesen Vorschriften festgelegten Abständen sind alle im nachbarlichen Gemeinschaftsverhältnis beachtlichen und möglichen Einwirkungen so erfasst, dass die bei Abstands- (und Höhen-) Einhaltung noch verbleibenden Einwirkungen auf das Nachbargrundstück unwesentlich i. S. des

---

8 *Palandt/Bassenge*, Art. 124 Rdnr. 1 EGBGB.

9 BGH (14. 11. 2003) V ZR 102/03, NJW 2004, 1037.

10 Vgl. oben FN 7.

11 BGH (14. 11. 2003) V ZR 102/03, NJW 2004, 1037: a. A. noch Vorauflage.

§906 BGB sind.[12] **Für §906 BGB ist deshalb neben den §§11–18 NRG kein Raum;** eine Prüfung erübrigt sich deshalb im konkreten Fall[13]. Das Ergebnis ist – soweit auf das Problem überhaupt eingegangen wird – streitig[14]. Die gegenteilige Ansicht hat sich aber mit der Bedeutung der Art. 3, 124 EGBGB und damit dem Verhältnis NRG – §906 in der Regel nicht auseinandergesetzt.

Für die anderen Vorschriften, z. B. §§1 und 6 NRG, wird im Einzelfall zu prüfen sein, ob für einen – weitergehenden – Anspruch aus §906 oder anderen BGB-Vorschriften noch Raum ist[15].

5. Aus den vorstehenden Überlegungen (und der Erkenntnis, dass die Vorschriften des NRG nicht selten übersehen oder falsch gewichtet werden) wird folgendes Überprüfungsschema für nachbarrechtliche Abwehransprüche entwickelt:

---

12 Im Ergebnis ebenso LG Konstanz (24. 2. 1978) 1 S 149/77. So auch im Ansatz LG Stuttgart (2. 7. 1964) MDR 64, 990 f.

13 Anders z. B. LG Konstanz (25. 4. 1980) 5 O 147/79, das nach Feststellung zulässiger Baumabstände gemäß §16 NRG prüft, ob aus §906 BGB sich ein Anspruch gegen Laubfall ableiten lässt. Gar nicht zu den NRG-Vorschriften kommt das Landgericht Stuttgart (28. 5. 1980), NJW 80, 2087.

14 Wie hier: LG Stuttgart (28. 5. 1980) NJW 80, 2087 (im Ergebnis); LG Stuttgart (16. 7. 1985) 27 O 310/85; LG Karlsruhe MDR 84, 401; *Dehner*; §16 Rdnr. 30 a). A. A.: OLG Karlsruhe (9. 3. 1983) NJW 83, 2886; LG Wiesbaden NJW 79, 2617; *Pelka*, S. 56.

15 Zu §6 NRG vgl. die kritischen Bemerkungen bei Einleitung zu §6.

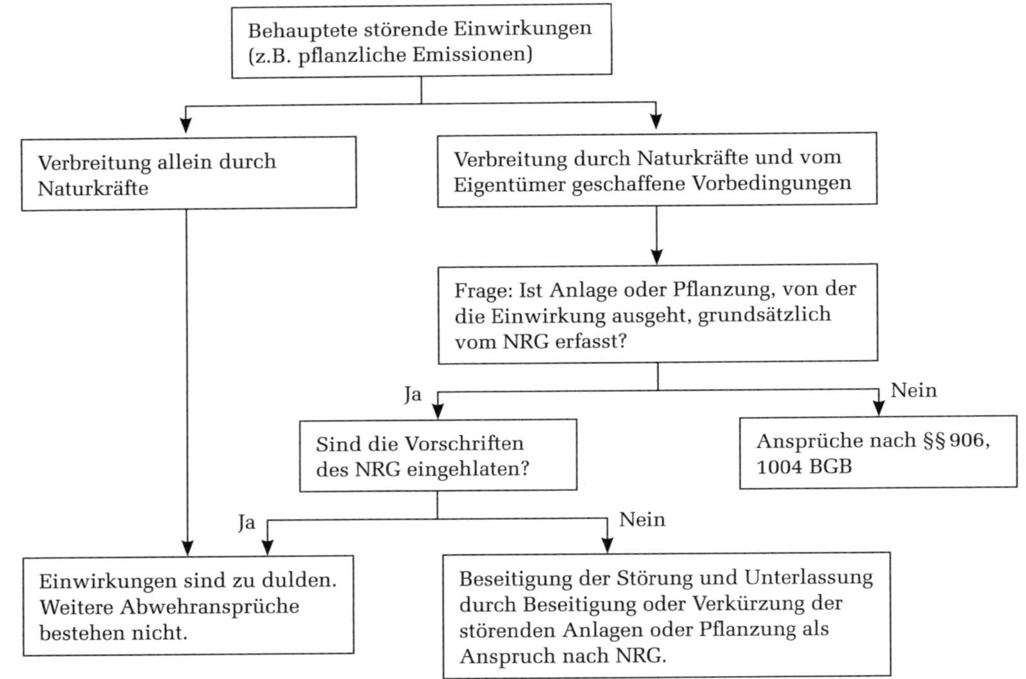
Behauptete störende Einwirkungen (z.B. pflanzliche Emissionen)
Verbreitung allein durch Naturkräfte
Verbreitung durch Naturkräfte und vom Eigentümer geschaffene Vorbedingungen
Frage: Ist Anlage oder Pflanzung, von der die Einwirkung ausgeht, grundsätzlich vom NRG erfasst?
Ja
Nein
Sind die Vorschriften des NRG eingehlaten?
Ansprüche nach §§ 906, 1004 BGB
Ja
Nein
Einwirkungen sind zu dulden. Weitere Abwehransprüche bestehen nicht.
Beseitigung der Störung und Unterlassung durch Beseitigung oder Verkürzung der störenden Anlagen oder Pflanzung als Anspruch nach NRG.

III. Verhältnis des NRG zum öffentlich-rechtlichen Nachbarrecht

1. **Zivilrechtliche Vorschriften** – so z. B. das NRG – regeln die Rechtsbeziehungen zwischen grundsätzlich gleichgestellten Rechtsträgern (z. B. der Grundstückseigentümer zueinander). Das Gesetz geht deshalb von einem Gleichordnungsverhältnis aus[1].

Öffentlich-rechtliche Vorschriften beinhalten Verbote oder Gebote, die in der Regel hoheitlich angeordnet und durchgesetzt werden. Man spricht hier von einem Über- und Unterverordnungsverhältnis. Eine hoheitliche Stelle handelt durch Erlaubnisse (z. B. Baugenehmigung) oder Verbote (z. B. Abbruchsverfügung)[2]. In diesen Entscheidungen können auf mannigfache Weise öffentlich-rechtliche Nachbarvorschriften zur Anwendung gelangen. Eine **öffentlich-rechtlich nachbarschützende Vorschrift** liegt nach allgemeiner Ansicht von Literatur und Rechtsprechung **nur** dann vor, wenn eine bestimmte Regelung (z. B. Grenzabstand eines Gebäudes nach LBO) **nicht nur dem öffentlichen Interesse** (z. B. Feuerschutz o. Ä.), sondern zumindest auch dem privaten Interesse des Nachbarn dient. Welche konkreten Vorschriften in den verschiedenen Gesetzen solch nachbarschützenden Charakter haben, ist nicht ausdrücklich in diesen Gesetzen gesagt, sondern ist von der Literatur und besonders der Rechtsprechung für jede einzelne Vorschrift entschieden worden (und wird noch entschieden)[3].

Der **Nachbar** hat einen letztlich **gerichtlich durchsetzbaren Anspruch auf Einhaltung** dieser **nachbarschützenden**, öffentlich-rechtlichen **Vorschriften**. Sein Anspruch beschränkt sich aber auch hierauf: Ein Recht des Nachbarn auf Einhaltung nicht nachbarschützender Vorschriften, also sonstiger einschlägiger Vorschriften, besteht nicht. Es ist nicht Aufgabe eines NRG-Kommentars, diese öffentlich-rechtlichen Nach-

---

1 Dies gilt auch dann, wenn die öffentliche Hand (Gemeinde, Kreis, Land, Bund usw.) Grundstückseigentümer ist.

2 Solche auf das Eigentum bezogene Genehmigungspflichten finden sich z. B. (Vollständigkeit nicht erstrebt) in LBO, BauGB, Denkmalschutzgesetz, Landeswaldgesetz, Landesnaturschutzgesetz, Straßengesetz, Bundesfernstraßengesetz usw.

3 Für die „alte“, bis 31. 3. 1984 geltende LBO vgl. z. B. *Dürr*; VBlBW 80, 2 ff.

barvorschriften im Einzelnen darzustellen. Hierzu muss auf andere Veröffentlichungen verwiesen werden. Es soll hier allein der Versuch unternommen werden, das System der gegenseitigen Verzahnung und Abhängigkeit öffentlich-rechtlicher und zivilrechtlicher Nachbarvorschriften so weit aufzuzeigen, als dies für die Anwendung und das Verständnis des NRG von Bedeutung ist.

2. Öffentliches und **ziviles Nachbarrecht** unterscheidet sich in den **Rechtsbeziehungen** und in den **Rechtssubjekten**.

a) Die Rechte und Pflichten des zivilen Nachbarrechts (z. B. NRG und BGB) bestehen zwischen dem Verpflichteten und Berechtigten allein; Inhalt und Umfang dieser Rechte und Pflichten bestimmen die Vorschriften des **zivilen Nachbarrechts**, also z. B. BGB und NRG. Ein Beispiel: Der einzuhaltende Grenzabstand eines Zaunes regelt § 11 NRG. Die Rechte des Eigentümers und Nachbarn ergeben sich aus dieser Regelung. Streitigkeiten werden deshalb allein zwischen diesen beiden **direkt** ausgetragen.

b) Anders im **öffentlichen Recht**. Hier tritt als Dritter zu den beiden Nachbarn die verfügende Behörde. Sie hat im Rahmen ihrer öffentlichen Aufgabe die Frage mit zu prüfen, in welchem Umfang nachbarliche Belange berührt und gegebenenfalls verletzt sind. Bei Erteilung einer Baugenehmigung ist von der Baurechtsbehörde zu prüfen, ob all die öffentlich-rechtlichen Vorschriften, die im allgemeinen Interesse erlassen sind, durch das geplante Bauvorhaben eingehalten werden. In diese Prüfung einbezogen ist (nur) die Einhaltung jener öffentlich-rechtlichen Vorschriften, die nicht nur dem öffentlichen Interesse, sondern zumindest auch dem privaten Interesse des Nachbarn zu dienen bestimmt sind; vgl. oben III.1. Die **Einhaltung privat-rechtlicher Vorschriften** – z. B. NRG – wird **nicht** und darf auch nicht geprüft werden.

Daraus folgt:

(1) Rechtsbeziehungen bestehen nicht zwischen dem Bauherrn (Grundstückseigentümer) und Nachbarn (der sich z. B. gegen das Bauwerk wendet), sondern zwischen Behörde einerseits und Bauherrn andererseits, zwischen Behörde einerseits und Nachbarn andererseits. Bauherr und Nachbar haben ihre Ansprüche – auch gerichtlich – nicht gegeneinander, sondern gegen die Behörde geltend zu machen: Wird ein Haus wegen angeblich zu geringen Grenzabstandes nach LBO nicht genehmigt, so richtet sich das Rechtsmittel (Widerspruch und Klage) gegen die Behörde auf Genehmigung, auch wenn die Nichtgenehmigung allein auf

die Weigerung des Nachbarn, den Abstand anzuerkennen, zurückzuführen ist. Auch der Nachbar klagt gegen die Behörde und nicht gegen den Eigentümer, wenn er eine Genehmigung für rechtswidrig hält. Die Rechtsbeziehungen sind durch ein **Dreiecksverhältnis Eigentümer-Behörde-Nachbar** gekennzeichnet. Zwischen Eigentümer und Nachbar bestehen **keine direkten Rechtsbeziehungen**.

(2) Daraus folgt weiter, dass im Rahmen öffentlich-rechtlicher Bewilligungen oder Verbote, die privat-rechtlichen Rechte und Pflichten, also z. B. solche aus NRG, nicht überprüft werden[4], wenn dies nicht ausdrücklich bestimmt ist[5].

3. Aus diesen unterschiedlichen zivil- und öffentlich-rechtlichen Beziehungen im Bereich des Nachbarrechtes lassen sich **zwei Obersätze** ableiten:

a) Eine behördliche Genehmigung entscheidet nicht über die zivilrechtliche Zulässigkeit eines Vorhabens, wenn dies im Gesetz nicht ausdrücklich vorgesehen ist[6]. (Vgl. unten 4.)

b) Eine zivilrechtliche Zulässigkeit eines Vorhabens ersetzt nicht eine etwa notwendige behördliche Genehmigung. (Vgl. unten 5.)

4. In behördlichen Genehmigungsverfahren werden allein die öffentlich-rechtlichen Vorschriften (unter Einschluss der öffentlich-rechtlichen nachbarschützenden Regelungen) auf ihre Einhaltung hin überprüft[7]. Ob der Antragsteller von der Genehmigung zivilrechtlich überhaupt oder so wie beabsichtigt Gebrauch machen darf, steht nicht zur Entscheidung. Die Entscheidungen ergehen **vorbehaltlich** zivilrechtlicher Ansprüche[8].

Diese zivilrechtlichen Ansprüche bleiben bestehen und können außerhalb des behördlichen Verfahrens geltend gemacht werden.

a) Für den Bauherrn (eines Hauses, eines Gartens, einer gewerblichen oder landwirtschaftlichen Anlage) bedeutet dies, dass er von der öffent-

---

4 §58 Abs. 3 LBO: „Die Baugenehmigung wird unbeschadet privater Rechte Dritter erteilt“.

5 Vgl. z. B. §14 BImSchG, §7 AtomG, §11 LuftVG.

6 Vgl. FN 5.

7 Zum Ausnahmefall, dass im behördlichen Verfahren auch zivilrechtliche Ansprüche mitbehandelt werden, vgl. unten d).

8 Z. B. §58 Abs. 3 LBO.

lich-rechtlich erteilten Genehmigung nur dann Gebrauch machen kann, wenn er mit dem beabsichtigten Vorhaben gleichzeitig **auch** die zivilrechtlichen Vorschriften – z. B. des NRG und BGB – einhält.

Ein Vorhaben kann nur verwirklicht werden, wenn es – auf den Nachbarschutz bezogen – die öffentlich-rechtlich nachbarschützenden Vorschriften und die zivilrechtlichen Vorschriften zulassen.

Die zivilrechtlichen Nachbarvorschriften gelten also kumulativ neben den öffentlich-rechtlichen.[9]

b) Für den Nachbarn beinhaltet dies gegebenenfalls eine Überprüfung und einen Rechtsstreit auf zwei verschiedenen Ebenen:

(1) Die Einhaltung **öffentlich-rechtlicher** Nachbarschutzvorschriften muss er gegen die Genehmigungsbehörde geltend machen (z. B. die Grenzabstände nach LBO). Im Streitfall muss der Nachbar nach Erlass der Genehmigung (und nach einem Widerspruchsverfahren) **Klage gegen die Behörde** auf Aufhebung der Genehmigung vor dem **Verwaltungsgericht** erheben.

(2) Die erteilte Genehmigung kann daneben zivilrechtliche Nachbarvorschriften verletzen (z. B. Abstände nach dem NRG oder ein vereinbarter, durch Grunddienstbarkeit gesicherter Abstand oder Gebäudehöhe). Die Genehmigung ist in einem solchen Fall rechtmäßig, die Klage vor dem VG insoweit unbegründet. Hier muss der Nachbar **unmittelbar gegen den Eigentümer** vor dem Zivilgericht **(Amtsgericht, Landgericht)** klagen. Werden mit einer Baugenehmigung die zivilrechtlichen Nachbarvorschriften nicht eingehalten, so darf von ihr nicht Gebrauch gemacht werden[10].

c) Diese **kumulative Geltung** öffentlich- und zivilrechtlicher Nachbarvorschriften stellt den **Regelfall** dar. Eine Ausnahme[11] hiervon ist allerdings dann gegeben, wenn **zwingende öffentlich-rechtliche Vorschriften** die Einhaltung der **zivilrechtlichen Vorschriften unmöglich machen**. In einem solchen (Ausnahme-)Fall verdrängen die öffentlich-rechtlichen, zwingenden Vorschriften den Anspruch auf Einhaltung der zivilrechtlichen Vorschriften. Ein Beispiel: Ein **Bebauungsplan** setzt zulässigerweise eine Baulinie fest, auf die gebaut werden muss (§ 23 Abs. 2 BauNVO), um so eine bestimmte Bebauung (z. B. Gartenhofhäuser, Hangbebauung

9 Wie hier LG Ulm (17.5.2016) 2 O 409/15.

10 Anders bei der immissionsschutzrechtlichen Genehmigung, vgl. unten d).

11 Weitere Ausnahme unten d).

o. Ä.) durchzusetzen. Grenzabstand und Höhe einer entstehenden Mauer können §11 NRG widersprechen. Ist der Eigentümer nach öffentlich-rechtlicher Vorschrift (Beispiel: Bebauungsplan und Baugenehmigung) verpflichtet, so zu bauen, kann der Nachbar hiergegen nicht aus §11 NRG vorgehen. **Zwingende öffentlich-rechtliche Vorschriften verdrängen im Einzelfall entgegenstehende zivilrechtliche Abwehransprüche des Nachbarn.** Dies kann dazu führen, dass ein an sich bestehender Beseitigungsanspruch nicht durchgesetzt werden kann; vgl. zu Baumschutzsatzungen Einl. zu §§24 NRG, 910 BGB.

Ob solche zwingende öffentlich-rechtliche Vorschriften, die die zivilrechtlich nachbarschützenden Regelungen verdrängen, vorliegen, ist im Einzelfall zu überprüfen. Solche Regelungen können sich in erster Linie aus einem **Bebauungsplan** oder **§34 BauGB** (unbeplanter Innenbereich, wo sich die Bebauung nach der bestehenden Nachbarbebauung richtet) ergeben. **Zwingend sind Regelungen nur dann**, wenn der Eigentümer (Bauherr) so und nicht anders (also unter „Verstoß" gegen NRG-Vorschriften) bauen **muss**.

Mit §27 hat die NRG-Novelle '95 ausdrücklich für einige, genau bestimmte Fälle festgelegt, wann Festsetzungen eines Bebauungsplans Vorrang vor den Abstands oder Beseitigungsvorschriften haben, vgl. Anm. zu §27.

d) Die strenge Trennung der öffentlich-rechtlichen und zivilrechtlichen Seite des Nachbarschutzes ist in einigen (meist modernen) Gesetzen verlassen worden. So heißt es z. B. in **§14 BImSchG**:

Ausschluss von privatrechtlichen Abwehransprüchen

Auf Grund privatrechtlicher, nicht auf besonderen Titeln beruhender Ansprüche zur Abwehr benachteiligender Einwirkungen von einem Grundstück auf ein benachbartes Grundstück kann nicht die Einstellung des Betriebs einer Anlage verlangt werden, deren Genehmigung unanfechtbar ist; so können nur Vorkehrungen verlangt werden, die die benachteiligenden Wirkungen ausschließen. Soweit solche Vorkehrungen nach dem Stand der Technik nicht durchführbar oder wirtschaftlich nicht vertretbar sind, kann lediglich Schadenersatz verlangt werden.[12]

---

12 So auch §11 LuftVG.

Daraus folgt:

(1) Bedürfen Anlagen einer **immissionsschutz-rechtlichen Genehmigung** nach dem BImSchG[13], sind alle, auch privatrechtlichen Einwendungen im Genehmigungsverfahren zu erheben[14]. Diese sind zu unterscheiden nach solchen, die auf privatrechtlichen Titeln beruhen, und solchen, bei denen dies nicht der Fall ist.

Ansprüche, die auf **privatrechtlichen Titeln** beruhen (Miete, Pacht, Grunddienstbarkeiten, Nießbrauch, Grundpfandrechte, Eigentum), sind auf den Rechtsweg zu den ordentlichen Gerichten zu verweisen; sie sind also nicht im Immissionsschutzverfahren zu behandeln[15]. Die **nachbarrechtlichen Ansprüche** aus den §§ 906, 907, 1004 BGB und aus dem NRG gehören nicht zu diesen privatrechtlichen Titeln[16].

(2) Die Ansprüche aus dem NRG sind **verfahrensrechtlich** daher im **immissionsschutzrechtlichen Genehmigungsverfahren** zu behandeln[17]. Der Nachbar hat auch in **diesem Verfahren einen materiell-rechtlichen Anspruch auf Einhaltung der Vorschriften des NRG, z.B. der Abstandsregelungen**, soweit nicht zwingende öffentlich-rechtliche Vorschriften zur Nichteinhaltung führen, vgl. oben III.4.c). Werden diese Ansprüche abgelehnt, so kann der Nachbar **nicht auf dem Zivilrechtsweg** klagen, sondern muss gegen die Genehmigung vor dem Verwaltungsgericht vorgehen. Dort kann er auch die Nichteinhaltung der NRGVorschriften rügen[18].

(3) Ein Anspruch auf Einhaltung der NRGVorschriften besteht dann nicht (mehr), wenn die Einwendungen nicht während der Auslegungs-

---

13 Was genehmigungspflichtig nach BImSchG ist, ergibt sich aus der 4. BImSchV (genehmigungsbedürftige Anlagen) i.d.F. vom 24.7.1985 (BGBl. I S. 1586) und der 13. BImSchV (Großfeuerungsanlagen-VO) vom 22.6.1983 (BGBl. I S. 719).

14 Dies muss während der Auslegungsfrist geschehen, § 10 Abs. 3 BImSchG, vgl. *Sellner* Rdnr. 160, sonst Ausschluss! Anders bei „schlichten Baugenehmigungen", vgl. oben III. 4. b.).

15 § 15 der 9. BImSchV; vgl. auch *Sellner,* Rdnr. 160: Verweisung stellt anfechtbaren Verwaltungsakt dar.

16 *Sellner*, Rdnr. 160 m.w.N.

17 Voraussetzung: Geltendmachung während des Auslegungszeitraums, § 10 Abs. 3 BImSchG, vgl. FN 14.

18 BVerwGE, 28,131 .

frist – § 10 Abs. 3 BImSchG – vorgebracht werden, oder wenn die immissionsschutzrechtliche Genehmigung unanfechtbar (= rechtskräftig) geworden ist, § 14 BImSchG.

(4) § 14 BImSchG gilt nur für genehmigungsbedürftige Anlagen nach BImSchG. Bei nichtgenehmigungsbedürftigen Anlagen nach §§ 22–25 BImSchG verbleibt es bei der materiell-rechtlichen und verfahrensrechtlichen Trennung der öffentlich-rechtlichen und zivilrechtlichen Seite, vgl. oben III.3. und 4[19].

5. Der zweite Obersatz – vgl. oben III.3.b) – verdeutlicht die **kumulative Geltung öffentlich-rechtlicher und privatrechtlicher Nachbarvorschriften**.

a) Die Zulässigkeit eines Vorhabens nach NRG (oder BGB) ersetzt in keinem Fall eine etwa notwendige öffentlich-rechtliche Genehmigung. Trotz Einhaltung der Vorschriften des NRG kann also ein Vorhaben nach öffentlich-rechtlichen Vorschriften rechtswidrig und nicht genehmigungsfähig sein.

b) Die Rechte des Nachbarn entsprechen in diesem Fall dem oben unter III.3.b) Beschriebenen.

---

19 *Baur*, JZ 74, 657.

1. Abschnitt
Gebäude

§1 Ableitung des Regenwassers und des Abwassers

Der Eigentümer eines Gebäudes hat das von seinem Gebäude abfließende Niederschlagswasser sowie Abwasser und andere Flüssigkeiten aus seinem Gebäude auf das eigene Grundstück so abzuleiten, dass der Nachbar nicht belästigt wird.

Einleitung

Die Vorschrift behandelt zwei Fälle:
- das Ableiten des Niederschlagwassers von einem Gebäude
- das Ableiten von Abwasser und anderen Flüssigkeiten aus einem Gebäude

jeweils auf das eigene Grundstück. In beiden Fällen hat das Ableiten so zu geschehen, dass der Nachbar nicht belästigt wird. Zum Ableiten des Niederschlagswassers von einem Gebäude auf das eigene Grundstück gehört auch das Versickernlassen.

Das Ableiten muss in den beiden genannten Fällen nach den einschlägigen bau- und wasserrechtlichen Vorschriften zulässig sein.

Dies ist der Fall, wenn entweder diese Handlungen genehmigungsfrei oder nach erteilter Genehmigung zulässig sind.[1]

Öffentlich-rechtliche **Vorschriften** über das **Beseitigen** und **Ableiten** von Flüssigkeiten und Wasser finden sich z.B. in:

§ 33 LBO: Wasserversorgungs- und Wasserentsorgungsanlagen, Anlagen für Abfallstoffe, Anlagen zur Lagerung von Abgängen aus Tierhaltungen; § 36 LBO: Toilettenräume und Bäder; §§ 46 ff. WG: Abwasserbeseitigung; §§ 44 ff. WG: Öffentliche Wasserversorgung.

Bei auftauchenden oder möglichen Belästigungen empfiehlt es sich deshalb für den Nachbarn, in erster Linie über das zuständige Baurechtsamt, die Wasserbehörde oder das Amt für öffentliche Ordnung zu klären, ob die Beseitigung – so wie tatsächlich gehandhabt – genehmigt, genehmigungsfähig oder genehmigungsfrei ist. Erst nach Klärung dieser Frage sollte versucht werden, Ansprüche auf Grund der vorliegenden Vorschrift **durchzusetzen**.

---

1 Einleitung III S. 49.

Anmerkungen

1. Eigentümer ist diejenige natürliche oder juristische Person, die im Grundbuch eingetragen ist. Bei einem Eigentumswechsel geht die Verantwortlichkeit erst mit der Umschreibung im Grundbuch auf den neuen Eigentümer über. Eigentümer i. S. dieser Vorschrift ist auch der Erbbauberechtigte und Nießbrauchberechtigte. Bei Wohnungseigentum ist die Eigentümergemeinschaft Eigentümer i. S. dieser Vorschrift, soweit das Ableiten vom Gemeinschaftseigentum ausgeht; der Wohnungseigentümer ist Eigentümer i. S. dieser Vorschrift, soweit das Ableiten vom einzelnen Sondereigentum ausgeht. Die Verpflichtung des Eigentümers bleibt auch dann bestehen, wenn er Grundstück und Gebäude nicht selber nutzt, sondern verpachtet bzw. vermietet hat. Auch dann hat sich der Nachbar an den Eigentümer zu wenden. Der Mieter kann allerdings nach Mietvertrag diese Verpflichtungen im Verhältnis zum Eigentümer übernommen haben. Auf jeden Fall ist der Mieter nach § 536 c BGB zur sofortigen Anzeige gegenüber dem Eigentümer verpflichtet, wenn Nachbarbelästigungen der hier beschriebenen Art auftauchen.

2.a) „**Gebäude** sind selbstständig benutzbare, überdeckte bauliche Anlagen, die von Menschen betreten werden können und geeignet sind, dem Schutz von Menschen, Tieren oder Sachen zu dienen."[2] Die Gebäude müssen nicht zum dauernden Aufenthalt geeignet sein.

b) Fraglich ist, ob nicht auf jede **bauliche Anlage**[3], die ein natürliches Abfließen des Wassers in den Untergrund verhindert oder erschwert – z. B. Bodenplatten, Hofbefestigungen, fest abgedeckte Stapel u. Ä. – die Vorschrift entsprechend anzuwenden ist. Dies ist zu bejahen; Sinn und Zweck der Vorschrift gebieten diese erweiternde Auslegung: **Jeder Eigentümer, der durch bauliche Maßnahmen in die natürliche Abfluss- und Versickerungsmöglichkeit des Niederschlagswassers eingegriffen hat, muss für die ordnungsgemäße, den Nachbarn nicht über den natürlichen Wasserabfluss hinausgehend belästigende Abflussmöglichkeit**

---

2 § 2 Abs. 2 LBO.

3 § 2 Abs. 1 LBO: „Bauliche Anlagen sind unmittelbar mit dem Erdboden verbundene, aus Bauprodukten hergestellte Anlagen …".

sorgen.[4] Dabei kann es nicht darauf ankommen, ob das Wasser von einem Gebäude, von einem abgedeckten Holzstapel oder einer befestigten Bodenplatte abläuft.[5] Es kann keinen Unterschied machen, ob das Wasser von einer mit dem Haus verbundenen Terrasse oder von einer davon getrennten (aber ebenso befestigten) Bodenplatte abläuft.

c) Durch den Wortlaut ist eindeutig geklärt, dass das Niederschlagswasser, das von unbebauten oder unbefestigten Flächen abläuft, nicht unter § 1 NRG fällt. Gärtnerisch oder landwirtschaftlich genutzte Flächen fallen damit auch dann nicht unter diese Vorschrift, wenn die Bewirtschaftung geändert wird und deshalb die Abflussverhältnisse des Niederschlagswassers sich ändern.[6]

3. Niederschlagswasser i. S. dieser Vorschrift ist Regen, Schnee (auch der von den Dächern abrutschende[7]), Schmelzwasser. Die Regelung betrifft nur das auf das Gebäude bzw. die bauliche Anlage aufgetroffene Niederschlagswasser, das von dort dann abläuft. Daraus folgt: Der Grundstückseigentümer muss nicht für das belästigungsfreie Ableiten des Niederschlagswassers sorgen, das auf den unbebauten bzw. unbefestigten Grundstücksteil fällt. Ebenso wenig gilt dies für Oberflächenwasser, das von anderen Grundstücken kommt und das Grundstück überfließt; z. B. bei starkem Regen, Hochwasser u. Ä. Nach § 37 WHG darf der Grundstückseigentümer das wild abfließende Wasser weder zum Nachteil eines höher liegenden Grundstückes hindern, noch zum Nachteil eines tiefer liegenden Grundstücks verstärken oder verändern.

---

4 Ausdrücklich für den befestigten Hofraum: OLG Karlsruhe (27. 3. 1990) 6 U 245/89; OLG Karlsruhe (11. 4. 2007) 6 U 141/05, Justiz 2007, 305: Gilt für alle baulichen Veränderungen, die das natürliche Abfließen behindern oder erschweren (hier: Beton-Aufkantung eines Pflanzbeetes).

5 A. A.: LG Karlsruhe (23. 1. 1976) 9 S 305/75: § 1 NRG gilt nur für Gebäude und VKK, § 1 Rdnr. 1.

6 Für die vergleichbare Rechtslage in Nordrhein-Westfalen: BGH (18. 4. 1991) III ZR 1/90,WF 91, 129.

7 *Pelka*, S. 84, AG Weinheim (16. 10. 1997) 1 C 332/97: Aus § 1 NRG ergibt sich keine direkte Verpflichtung eines Grundstückseigentümers zur Anbringung von Schneefanggittern; es bleibt aber bei der Verpflichtung des § 1, die auch auf andere Weise erfüllt werden kann.

4. §54 WHG unterteilt den Begriff Abwasser in Schmutzwasser[8] und Niederschlagswasser.[9] **Abwasser** ist gebrauchtes und verschmutztes Wasser, dessen sich der Grundstückseigentümer oder Nutzungsberechtigte entledigen will. Dazu gehören auch Fäkalien (Jauche), **die im Gebäude** („aus seinem Gebäude") anfallen, ebenso in ein Gebäude eindringendes Grundwasser, das von dort abgeleitet wird. Abwasser, das außerhalb des Gebäudes auf den befestigten Flächen anfällt (z.B. Autowaschen auf der befestigten Garagenzufahrt), fällt unter §1, wenn man – vgl. oben Ziff. 2b) – den Begriff „Gebäude" auf bauliche Anlagen[10] entsprechend anwendet. Wenig überzeugend ist die Ansicht, dass außerhalb baulicher Anlagen (Gebäude, Gruben, befestigter Hof) anfallendes Abwasser (z.B. beim Autowaschen, Reinigen von Geräten) nicht unter §1 fällt[11]. Auch hier kann von einer entsprechenden Anwendung ausgegangen werden.

Folgt man dem nicht, dann hat der Nachbar nur einen Anspruch aus §§1004, 903 BGB, soweit sein Grundstück durch das abfließende Wasser in Anspruch genommen wird, oder aus §§1004, 906 BGB, soweit andere Beeinträchtigungen auftreten.

5. Mit **„anderen Flüssigkeiten"** erfasst die Vorschrift auch all jene im Rahmen einer Produktion oder sonst möglichen Tätigkeit auf dem Grundstück anfallenden Flüssigkeiten, z.B. Galvanisierungsbad, Kühlflüssigkeiten o.Ä.

Ob Abwasser und andere Flüssigkeiten „auf das eigene Grundstück" abgeleitet werden dürfen, ergibt sich aus anderen – in der Regel öffentlich-rechtlichen – Vorschriften. Dort, wo das Grundstück und Gebäude an eine Kanalisation angeschlossen werden kann, muss dies auch geschehen.[12] Mit dem so genannten „Anschluss- und Benutzungszwang" haben die Gemeinden die Möglichkeit[13], den Grundstückseigentümer zu

---

8 *„Das durch häuslichen, gewerblichen, landwirtschaftlichen oder sonstigen Gebrauch in seinen Eigenschaften veränderte Wasser und das bei Trockenwetter damit zusammen abfließende Wasser."*

9 Das von Niederschlägen aus dem Bereich von …

10 Vgl. FN 3.

11 So *Bruns*, §1 Rdnr. 10.

12 Vgl. §33 Abs. 1 S. 2 LBO i.V.m. §46 WG.

13 §11 GO: Dort ausdrücklich unter anderem für Abwasserbeseitigung genannt.

zwingen, Grundstück und Gebäude an die Kanalisation anzuschließen und das anfallende Abwasser auch dorthin abzuleiten.

6. Unter **Ableiten** auf das eigene Grundstück ist sowohl das Zuführen zur Kanalisation, das Versickernlassen, als auch das Zuführen zu Behältern (z.B. Regentonne) oder Gruben (Jauchegrube) oder anderen Einrichtungen (Hauskläranlage, Tanks, Pumpensumpf) gemeint. Auch die Zuführung zu einem Bach o.Ä. fällt unter den Begriff des Ableitens, ebenso die Entwässerung über eine **Dachrinne**. Die Vorschrift erfasst die belästigungsfreie Wasser- und Flüssigkeitsbeseitigung auf dem Grundstück meist bis zum Anschluss an die öffentliche Kanalisation oder den Vorfluter (Bach).

7. Die genannten Flüssigkeiten sind stets **auf das eigene Grundstück abzuleiten**. Dies gilt auch für Gebäudeteile, die die Nachbargrenze überschreiten (Überbau; vgl. §§912 ff. BGB, 7c NRG unten). Das Ableiten über fremde Grundstücke regelt §7e NRG, vgl. dort.

Dieses Ableiten hat **ohne Belästigung** zu geschehen. Belästigungen können sein: **Geräusche**[14], z.B. Plätschern von Wasser; Gerüche[12], z.B. Jauchegrube, Hauskläranlage und **tatsächliche Einwirkungen,** z.B. Durchfeuchten des Bodens oder einer Hauswand, auf die das abfließende Wasser trifft[15]. Schmutzablagerungen usw.

Bei der Definition der **Belästigung** ist zu unterscheiden:

a) **Belästigung durch Niederschlagswasser** ist anzunehmen, wenn sich der Abfluss negativ gegenüber der Situation verändert, die ohne Gebäude oder bauliche Anlagen bestehen würde. Das kann durch den Wegfall von Versickerungsmöglichkeiten, die Fassung und damit Verstärkung des Niederschlagsabflusses geschehen.

b) Bei der **Belästigung durch Abwasser** ist dieses durch Vergleich des Grundstückes ohne und mit Abwasserbeseitigung festzustellen.

c) Maßstab für die Annahme einer Belästigung ist in beiden Fällen ein Vergleich der geschilderten unterschiedlichen Situationen. Bei aller Schwierigkeit im Einzelfall lässt sich so ein hinreichend objektiver Maßstab für die Belästigung finden.

---

14 A.A.: *Dehner* B §26, S.12: Nur Flüssigkeitseinwirkungen, wie hier: *VKK*, §1 Rdnr.4.

15 Vgl. LG Mannheim (18.10.1984) 10 S 38/84; OLG Karlsruhe (27.3.1990) 6 U 245/89, OLG Karlsruhe (27.10.1999) 6 U 56/98.

Im Einzelfall kann es trotzdem schwierig sein, eine Belästigung festzustellen: Geräusche lassen sich messen, Gerüche nur schwer. Die Abgrenzung einer Grundstücksdurchnässung wegen einer nach §1 unzulässigen Ableitung von einem (zulässigen) natürlichen Wasserablauf oder einer wasserführenden Schicht kann an Erkenntnisgrenzen stoßen. Die Beweislast hat in diesem Fall der Nachbar, der die Belästigung reklamiert.

Der Begriff **Belästigung** bedeutet aber im allgemeinen Sprachgebrauch deutlich weniger als z.B. Beeinträchtigung (§906 BGB), Schädigung (§6 Abs. 2 NRG) oder erhebliche Nachteile (§3 BlmSchG). Daraus folgt, dass auch nur geringfügige Beeinträchtigungen, die z.B. (noch) als unwesentlich i.S. des §906 Abs. 1 BGB anzusehen sind, schon Belästigungen i.S. des §1 NRG sein können. Ein Anspruch nach §1 NRG liegt auch dann vor, wenn die Belästigung zusätzlich andere Ursachen hat; entscheidend ist die Mitverursachung durch das Ableiten.[16]

Untersagt sind Belästigungen allgemein; andauernde also genauso wie kurzfristig immer wiederkehrende.

8.a) **Nachbar** i.S. der Vorschrift ist nicht nur der unmittelbare Grundstücksangrenzer, sondern **jeder, der zum Einwirkungsbereich des Grundstücks gehört, genauer: der von der Beeinträchtigung erreicht wird**. Danach ist Nachbar zumindest jeder, der durch das Ableiten des Regen-Abwassers und der sonstigen Flüssigkeiten noch tatsächlich betroffen ist und belästigt wird. Die Abgrenzung ist oft schwer und stets nur im konkreten Einzelfall vorzunehmen.

b) Nachbar ist nicht nur der Grundstücks**eigentümer** des so verstandenen Umgebungsgrundstückes, sondern auch der Mieter, Pächter oder sonstige Nutzungsberechtigte[17].

9. §1 NRG gibt dem betroffenen Nachbarn (vgl. Anm. 8.a) einen Beseitigungs- und Unterlassungsanspruch nach §1004 BGB, wenn die Tatbestandsvoraussetzungen dieser Vorschrift erfüllt sind. Dazu gehört, dass die Ableitung tatsächlich zu einer Belästigung führt: Ohne Belästigung – wie immer man diese definiert, vgl. Anm. 6 – besteht weder ein Beseiti-

---

16 Vgl. FN 13.

17 A. A. *Bruns*, §1 Rdnr. 18: Nicht der bloße Besitzer. Das überzeugt nicht, weil §1 von Grundstückseigentümer einerseits und Nachbar andererseits spricht.

gungs- noch ein Unterlassungsanspruch[18]. § 1 ist ein Schutzgesetz i. S. d. § 823 BGB; die Vorschrift ist damit auch eine Rechtsgrundlage für Schadenersatzansprüche, wenn das Ableiten schuldhaft Schäden verursacht. Hat der Nachbar die Belästigung zu dulden, steht ihm ein angemessener Ausgleich in Geld zu, wenn die Belästigung mehr als ortsüblich ist; der Anspruch ist verschuldensunabhängig, § 906 Abs. 2 S. 2 BGB.

Der Anspruch ist in entsprechender Anwendung der §§ 907, 924 BGB der **Verjährung nicht unterworfen**. Aus § 26 ergibt sich für die Verjährung der Ansprüche aus § 1 nichts, da dort nur von Beseitigungsansprüchen die Rede ist.

---

18 Unrichtig daher OLG Karlsruhe 6 U 153/79, das einen Beseitigungsanspruch für eine 1,5 m tiefe Abwasserleitung auf § 1004 BGB, 1 NRG stützt und es ausdrücklich für unerheblich erklärt, ob diese Abwasserleitung „beeinträchtigt“. Anders § 7 e NRG: Dort kommt es für den Beseitigungsanspruch nicht auf eine Beeinträchtigung an, vgl. dortige Anmerkungen.

§2 Traufberechtigung bei baulichen Änderungen

[1]Ist der Eigentümer eines Gebäudes auf Grund einer Dienstbarkeit verpflichtet, das vom Gebäude des Nachbarn abfließende Niederschlagswasser durch seine eigenen Rinnen und Ablaufrohre abzuleiten, so darf eine Veränderung des Gebäudes, durch welche die Dienstbarkeit beeinträchtigt wird, nur in der Weise geschehen, dass der Nachbar an der Anbringung eigener Rinnen und Ablaufrohre nicht gehindert ist. [2]Dem Nachbarn sind die durch die Abänderung entstehenden Kosten zu ersetzen.

Einleitung

Eigentümer i. S. dieser Vorschrift ist derjenige, der durch Dienstbarkeit gezwungen ist, das Niederschlagswasser des Nachbargrundstückes über die Leitungen auf dem eigenen, damit belasteten, Grundstück abzuleiten. **Nachbar** i. S. dieser Vorschrift ist der Eigentümer des begünstigten Grundstückes, von dem das Niederschlagswasser abgeleitet wird. Die Begriffe Eigentümer und Nachbar werden nachstehend ausschließlich in diesem Sinne verwendet.

In alten Ortslagen oder dicht bebauten Gebieten kann das Problem bestehen, dass der jeweilige Nachbar das Niederschlagswasser von seinem Haus nicht in eigenen Rinnen und Röhren ableiten kann, sondern dazu die entsprechenden Einrichtungen des Eigentümers benutzen muss.

Der durch Dienstbarkeit berechtigte Nachbar soll nach dieser Vorschrift gesichert sein, bei Umbaumaßnahmen des Eigentümers eigene **Ableitungen** anbringen zu können. Die Kosten hierfür hat der die Umbaumaßnahmen veranlassende Eigentümer zu tragen.

Notwendig ist diese Vorschrift, weil die Grunddienstbarkeit erlischt, wenn der Vorteil (hier: Ableiten des Niederschlagswassers) auf Dauer (hier: durch Umbaumaßnahmen) wegfällt[1]. Die Vorschrift schützt also den begünstigten Nachbarn vor dem Rechtsverlust durch Handeln (z. B. Umbaumaßnahmen) des Eigentümers.

---

1 *Palandt/Bassenge*, § 1018 Rdnr. 35.

Anmerkungen

1. Verpflichtet (zur Duldung der Ableitung) ist nach dieser Vorschrift der **Eigentümer** eines **Gebäudes** gegenüber dem Eigentümer des Nachbargebäudes (Nachbar).

Eigentümer ist der im Grundbuch Eingetragene. Der Erbbauberechtigte steht dem Eigentümer gleich. Zur Definition des Gebäudes vgl. § 2 Abs. 2 LBO (zitiert oben bei § 1 NRG Anm. 2 a). Voraussetzung für diese Verpflichtung ist ein durch Dienstbarkeit (dinglich) gesicherter Anspruch auf Ableitung des Niederschlagswassers. Liegt nur ein **schuldrechtlicher Anspruch** vor, so greifen die Regelungen des § 2 NRG **nicht**.

Liegt ein solch gesicherter Anspruch **nicht** vor, so ist der Nachbar nicht befugt, sein Niederschlagswasser über das Gebäude des Eigentümers bzw. dessen Leitungen abzuführen. Es gilt dann § 1 NRG. Im Übrigen hat der Eigentümer des benutzten (benachbarten) Grundstücks einen Anspruch auf Unterlassung, gegebenenfalls Beseitigung (§ 1004 BGB), und Schadensersatz nach § 823 BGB, wenn unberechtigterweise Niederschlagswasser abgeleitet wird[2].

2.a) Dienstbarkeit i. S. dieser Vorschrift ist sowohl die Grunddienstbarkeit, §§ 1018–1029 BGB, wie auch die beschränkte persönliche Dienstbarkeit[3], §§ 1090–1093 BGB: Der jeweilige Nachbar als Grundstückseigentümer (Grunddienstbarkeit) bzw. ein bestimmter Nachbar als Grundstückseigentümer (beschränkte persönliche Dienstbarkeit) des begünstigten Grundstückes ist berechtigt, das belastete Grundstück des Eigentümers in bestimmter Hinsicht zu nützen (hier: Ableiten von Niederschlagswasser). Praktische Bedeutung für die vorliegende Vorschrift hat nur die Grunddienstbarkeit.

Die Grunddienstbarkeit entsteht durch Einigung (notarielle Beurkundung) und Eintragung im Grundbuch (Abt. II) des belasteten Grundstücks. Eintragung beim begünstigten Grundstück ist möglich, § 9 GBO, aber nicht notwendig. Die Grunddienstbarkeit ist somit Bestandteil des belasteten und begünstigten Grundstückes – auch wenn sie bei Letzterem nicht im Grundbuch eingetragen ist – und geht bei Übertragung auf den jeweiligen Rechtsnachfolger über.

---

2 Vgl. § 1 Anm. 9.

3 A. A. *Bruns,* § 2 Rdnr. 6.

b) Dienstbarkeit i. S. dieser Vorschrift ist auch die sogenannte **altrechtliche Dienstbarkeit**. Das sind Dienstbarkeiten, die bei der Einführung der Grundbücher (1900) schon vorhanden waren. Art. 184, 187 EGBGB, und bisher nicht im Grundbuch eingetragen sind. Gemäß Art. 187 Abs. 1 S. 2 EGBGB besteht ein Anspruch auf Eintragung sowohl für den Eigentümer des berechtigten (= begünstigten) wie des belasteten Grundstückes.

Die Grunddienstbarkeit entsteht durch Einigung (formlos wirksam) und Eintragung im Grundbuch (Abt. II) aufgrund öffentlich beglaubigter Eintragungsbewilligung beim benutzten (benachbarten) Grundstück.

Schwierigkeiten bereitet jedoch oft der Nachweis des Bestehens einer altrechtlichen, nicht eingetragenen Dienstbarkeit in den früheren Landesteilen **Württemberg** und **Hohenzollern**: Hier kann sich der Begünstigte nur auf die so genannte **„unvordenkliche Verjährung“** berufen. Nach diesen Grundsätzen begründete ein rechtlicher Zustand, der bei In-Kraft-Treten des BGB (1900) seit Menschengedenken, d. h. seit mindestens 40 Jahren bestand[4] und für den innerhalb eines weiter zurückliegenden Zeitraumes von nochmals 40 Jahren nichts Gegenteiliges bekannt war[5], die Vermutung dafür, dass ein solcher rechtlicher Zustand in rechtsförmlicher und rechtswirksamer Weise begründet wurde[6]. Eine altrechtliche Dienstbarkeit im hier interessierenden Sinne (die einerseits eintragungsfähig ist, andererseits die aus dieser Vorschrift sich ergebenden Rechte gibt) liegt damit vor, wenn der Begünstigte nachweisen kann, dass schon seit mindestens 1860 das Niederschlagswasser über das Nachbargebäude abgeleitet wird und in den 40 Jahren zuvor dies nicht untersagt war[7].

Beweispflichtig für diese unvordenkliche Verjährung ist derjenige, der sich darauf beruft, in der Regel also der Begünstigte. Den Beweis wird man heute nur noch mit alten Bauakten, Lageplänen u. Ä. führen können.

---

4 *Palandt/Ellenberger*, Überblick vor § 194 Rdnr. 6 BGB.

5 Vgl. LG Stuttgart (26. 4. 1978) 5 S 346/77; mitgeteilt und besprochen in BWGZ 79, 54 ff. m. w. N.

6 LG Stuttgart (25. 1. 1977) 12 O 93/76.

7 Vgl. auch *Pelka*, II Überblick Ziff. 20, wonach – richtigerweise – seit In-Kraft-Treten des BGB die unvordenkliche Verjährung nicht mehr beginnen konnte; *Bruns* § 2 Rdnr. 9, unklar *VKK*, § 2 Rdnr. 3.

Im früheren **Baden** war die Rechtslage anders, da Dienstbarkeiten für Traufrechte durch Willenserklärung des belasteten Eigentümers, durch dessen Anerkenntnis, durch Ersitzung und durch Widmung entstehen konnten[8].

c) Im Gebiet des ehemaligen Landes Württemberg-Hohenzollern ist durch das Gesetz über die Eintragung altrechtlicher Dienstbarkeiten im Grundbuch vom 9. 1. 1951[9], für die übrigen Landesteile durch § 31 BW AGBGB, bestimmt worden, dass zur **Erhaltung des öffentlichen Glaubens des Grundbuches** (§ 892 BGB), damit zur Vermeidung des gutgläubig lastenfreien Erwerbs, altrechtliche Dienstbarkeiten in Württemberg-Hohenzollern bis 31. 12. 1952, in den übrigen Landesteilen bis 31. 12. 1977 im Grundbuch eingetragen sein müssen.

Für die Frage der heutigen Geltung einer altrechtlichen Dienstbarkeit folgt daraus:

(1) Eine altrechtliche Dienstbarkeit besteht noch, kann auch noch eingetragen werden, wenn seit dem 31. 12. 1952 (in Württemberg-Hohenzollern) bzw. 31. 12. 1977 (sonstige Landesteile Baden-Württembergs) kein Eigentumswechsel am belasteten Grundstück stattgefunden hat.

(2) Hat ein **Eigentumswechsel am belasteten Grundstück** nach dem unter (1) genannten Zeitpunkt stattgefunden, so führt § 892 BGB i. V. m. Art. 187 EGBGB zu einem lastenfreien Erwerb und einem **Erlöschen dieser altrechtlichen Dienstbarkeit[10], (und damit zu einem Erlöschen des Rechtes aus § 2 NRG), wenn der Erwerber nicht von dem bestehenden Recht (hier: Traufberechtigung) wusste, also gutgläubig erworben hat. Verlangt wird positive Kenntnis[11]. Diese ist vom Berechtigten (der sich darauf beruft) zu beweisen.**

3. Der begünstigte, durch die Dienstbarkeit gesicherte Nachbar ist berechtigt, das auf seinem Gebäude auftreffende Niederschlagswasser in das Entwässerungssystem des Eigentümers zu leiten. Diese Berechtigung ist gegen Veränderungen auf dem Eigentümergrundstück gesichert.

---

8 OLG Karlsruhe (23. 12. 1977) – 14 U 29/76 Justiz 78, 275; *VKK*, § 2 Rdnr. 4.

9 RegBl. Württ.-Hohenz. S. 11.

10 *Palandt/Bassenge*, § 892 Rdnr. 15 BGB, OLG Stuttgart (4. 7. 1997) 2 U 248/95, NJW-RR 1998, 308; OLG Karlsruhe (27. 1. 1988) 6 U 58/87, BWNotZ 1998, 94.

11 *Palandt/Bassenge*, § 892 Rdnr. 24 BGB.

4. Die durch Dienstbarkeit **gesicherte Berechtigung gilt** nach dem ausdrücklichen und eng auszulegenden Wortlaut **nur für „vom Gebäude des Nachbarn abfließendes Niederschlagswasser"**. Die Berechtigung bezieht sich **nicht** auf **Abwasser** aus dem Haus oder sonstige Flüssigkeiten; vgl. hierzu §§1 und 7e NRG. Die Berechtigung bezieht sich auch nicht auf sonstiges Niederschlagswasser und das vom Grundstück abfließende Wasser.

Niederschlagswasser ist Regen, Schnee, Schmelzwasser; vgl. §1 NRG Anm. 3.

5. Eine **Beeinträchtigung** der **Dienstbarkeit** liegt regelmäßig dann vor, wenn das Ableiten über das Eigentümergrundstück durch eine Veränderung (Umbaumaßnahme. Abbruch) unmöglich gemacht wird.

Beeinträchtigung ist schon (und nur) jede Veränderung der bisherigen Abflusssituation, die zu zusätzlichen Leitungen und Maßnahmen – also Kosten – für den begünstigten, weil abflussberechtigten Nachbarn führt.

6. Bei einer Beeinträchtigung (vgl. Anm. 5) der Dienstbarkeit darf das Gebäude des zur Ableitung verpflichteten Eigentümers **nur so abgeändert** werden, dass der begünstigte Nachbar „an der **Anbringung eigener Rinnen** und **Abflussrohre nicht gehindert** ist".

Der ändernde Eigentümer muss entweder die Anbringung eigener Leitungen des Nachbarn dulden oder eine neue Anschlussmöglichkeit an seine Dachentwässerung bieten. Dabei wird man dem begünstigten Nachbarn das Recht einräumen, die Leitungen entweder auf seinem eigenen Grundstück oder dem belasteten Grundstück zu führen. Wegen der Kostentragungspflicht des Eigentümers des belasteten Grundstückes (vgl. Anm. 7) ist der begünstigte Nachbar verpflichtet, die für eine ordnungsgemäße Dachentwässerung kürzeste, auf jeden Fall preiswerteste neue Anschlussmöglichkeit zu wählen, soweit es nicht der belastete Eigentümer anders verlangt und bezahlt.

7. Zu ersetzen sind die tatsächlich entstandenen Kosten. Der belastete **Eigentümer** hat einen Anspruch auf Rechnungslegung. Bei schwierigen Anschlussverhältnissen, schwierigen Eigentümern und Nachbarn oder hohen Kosten empfiehlt es sich, verbindliche Kostenvoranschläge vom zahlungspflichtigen Nachbarn genehmigen zu lassen. Ist eine Genehmigung nicht zu erreichen, oder besteht von Anfang an über die Höhe der Aufwendungen Streit, dann kann die im Baumängelrecht entwickelte so genannte Vorschussklage erhoben werden. Die Vorschussklage dient dazu, vor der Durchführung der Arbeiten das hierzu notwendige Geld zu erhalten.

Sinnvoll erscheint es, wenn der sein Gebäude ändernde Eigentümer selbst den neuen Anschluss dieser Dachentwässerung ausführen lässt und bezahlt. Einen Rechtsanspruch auf diese „Selbstausführung“ hat jedoch der begünstigte Nachbar und der belastete Grundstückseigentümer nur soweit, als die Leitungen auf dem jeweils eigenen Grundstück ausgeführt werden.

§3 Abstand von Lichtöffnungen

(1) Der Eigentümer eines Grundstücks kann verlangen, dass vor Lichtöffnungen in der Außenwand eines Nachbargebäudes, die einen Ausblick auf sein Grundstück gewähren, auf dem Nachbargrundstück Abstandsflächen eingehalten werden, die, rechtwinklig zur Außenwand und in Höhe der Lichtöffnung gemessen, eine Tiefe von mindestens 1,80m haben und in der Breite auf jeder Seite mindestens 0,60m über die Lichtöffnung hinausreichen.

(2) Das Verlangen nach Abs. 1 kann nicht gestellt werden für Lichtöffnungen, die verschlossen sind und nicht geöffnet werden können und entweder mit ihrer Unterkante mindestens 1,80m über dem Fußboden des zu erhellenden Raumes liegen oder undurchsichtig sind.

(3) [1]Das Verlangen nach Absatz 1 kann nicht gestellt werden, wenn keine oder nur geringfügige Beeinträchtigungen zu erwarten sind oder das Vorhaben nach öffentlich-rechtlichen Vorschriften, insbesondere nach den §§5 und 6 der Landesbauordnung, zulässig ist. [2]Nach Ablauf von zwei Monaten seit Zugang der Benachrichtigung nach §55 der Landesbauordnung ist das Verlangen ausgeschlossen. [3]Die Frist wird auch dadurch gewährt, dass nach §55 der Landesbauordnung Einwendungen oder Bedenken erhoben werden.

Einleitung

§§3 und 4 NRG beinhalten **zivilrechtliche Abstandsvorschriften**, sichern Freiräume und Intimsphären. In der Regel verlangen die öffentlich-rechtlichen Abstandsvorschriften der §§5 und 6 LBO größere Abstände als die zivilrechtliche Vorschrift des §3 NRG.

Bedeutung hat die Vorschrift im Wesentlichen dort, wo auf Grund von Ausnahmen o. Ä. die baurechtlichen Abstandsvorschriften nicht einzuhalten sind oder wenn an ein bestehendes Gebäude angebaut oder ein Fenster eingebaut wird.

In diesem Fall gilt allerdings, dass §3 NRG nur zivilrechtlich wirkt, von den Baurechtsbehörden also wegen §58 Abs. 3 LBO nicht beachtet werden muss. Das heißt, dass Baugenehmigungen trotz Verletzung der Abstandsvorschrift des §3 NRG erteilt werden können. Der beeinträchtigte Nachbar muss sich also in einem solchen Fall mit einer zivilrechtlichen Abwehrklage wehren.

Anmerkungen

1. § 3 NRG beinhaltet einen **Abwehranspruch** des benachbarten Grundstückseigentümers gegen Einblicke auf sein bebaubares (vgl. dazu Ziff. 3.) Grundstück vom Nachbargebäude aus. Eingehalten werden müssen Abstandsflächen vor Lichtöffnungen aller Art. Es handelt sich um eine Schutzvorschrift zu Gunsten des jeweiligen Nachbarn (dies ergibt sich indirekt aus § 5 Abs. 1 NRG).

2. Lichtöffnungen in der Außenwand sind Öffnungen, die zumindest auch der Beleuchtung der dahinter liegenden Räume dienen. Lichtöffnungen sind also Fenster[1], unabhängig in welchem Geschoss, also auch im Keller. Öffnungen vor Terrassen, Durchblicke, aber auch Terrassentüren oder Außentüren, die ganz oder teilweise verglast sind. Massive Türen ohne Fenster sind dann keine Lichtöffnungen, wenn der dahinter liegende Raum noch auf andere Weise beleuchtet ist. Anderes muss gelten, wenn diese Tür die einzige Lichtöffnung für den Raum darstellt (z. B. bei Schuppen, Garagen usw.). Zur Außenwand gehören auch die Dachfenster und -gauben; der baurechtliche Begriff der Außenwand (Abs. 2 u. 4 LBO) findet keine Anwendung[2].

Trotz Vorliegen der sonstigen Voraussetzungen muss dann kein Abstand vor Lichtöffnungen eingehalten werden, wenn (vgl. Abs. 2)

a) die Lichtöffnungen dauerhaft verschlossen sind und nicht geöffnet werden können[3]

und (kumulativ)

b) (1) entweder mit ihrer Unterkante 1.80 m über dem Fußboden liegen;

(2) oder undurchsichtig sind[2].

Der Abstand ist also stets dann **nicht** einzuhalten, wenn durch technische Maßnahmen dauerhaft verhindert wird, dass die Lichtöffnung zum Ausblick auf das Nachbargrundstück geeignet ist.

3. Abstandsbewehrt sind nur die Lichtöffnungen, die **einen Ausblick auf das Nachbargrundstück gewähren**. Das sind – rein tatsächlich bestimmbar – alle Lichtöffnungen, von denen aus man auf das Nachbar-

---

1 Es muss sich dabei nicht um so genannte notwendige Fenster gem. § 34 Abs. 2 LBO handeln. § 3 NRG gilt für jedes Fenster.

2 A. A. *Bruns*, § 3 Rdnr. 8.

3 Z. B. Glasbausteine; vgl. OLG Karlsruhe (25. 5. 1983) 6 U 11/82.

grundstück sehen kann. Mit Lichtöffnungen, von denen man nicht auf das Nachbargrundstück sehen kann, ist der Abstand nach §3 NRG also genauso wenig einzuhalten, wie mit sonstigen (fensterlosen) Bauteilen des Gebäudes.

Die Vorschrift gilt nicht nur gegenüber bebauten Nachbargrundstücken; der Abwehranspruch steht auch einem Eigentümer eines bebaubaren, aber noch nicht bebauten Grundstücks zu:

Grundstücke, die nach einem Bebauungsplan, nach §34 BauGB (unbeplanter Innenbereich) oder (im Ausnahmefall) nach §35 BauGB (Außenbereich) bebaubar sind, genießen auch den Schutz dieser Vorschrift. Bei unbebaubaren, rein landwirtschaftlich oder gärtnerisch genutzten Grundstücken kann der Eigentümer die Einhaltung des Abstandes nicht verlangen, weil keine oder nur geringfügige Beeinträchtigungen zu erwarten sind, §3 Abs. 3 S. 1 (vgl. unten Ziff. 5). Diese Ausnahme ist eine Ausprägung des Rechtsgedankens des §§226 und 242 BGB (allgemeines Schikaneverbot und Treu und Glauben). Ansatzpunkt ist jeweils die Nutzung des (an sich geschützten) Nachbargrundstückes[4].

Auf die Art der baulichen **Nutzung** der beiden Grundstücke kommt es nach §3 NRG **nicht** an. Die Abstände sind also, liegen die anderen Voraussetzungen vor, ohne Unterschied gegenüber Wohngebäude, gewerbliche Nutzung, Schuppen, Garagen, Ställe usw. einzuhalten.

4. Der **Mindestabstand** solcher Ausblick gewährender Lichtöffnungen beträgt 1,80m zur Grundstücksgrenze. Der Abstand ist einzuhalten auf der vollen Breite der Lichtöffnung zuzüglich 0,60m auf jeder Seite.

> **Beispiel:** Ein Fenster, das 2,00m breit ist, verlangt einen 1,80m Abstand auf einer Gesamtbreite von 3,20m.

Einzuhalten ist der Abstand nur im Bereich des Fensters, nicht darunter oder darüber; hier kann das Gebäude also näher heranrücken.

Gemessen wird der Abstand senkrecht zur Außenwand und in Höhe der Lichtöffnung, vgl. Abbildung 1. Der Abstand gilt somit unabhängig von der Stellung des Gebäudes zur Grenze und von der Lage (Stockwerk) der Lichtöffnung.

---

4 A. A.: *Pelka*, S. 88; Auf die Nutzung des Nachbargrundstückes kommt es nicht an.

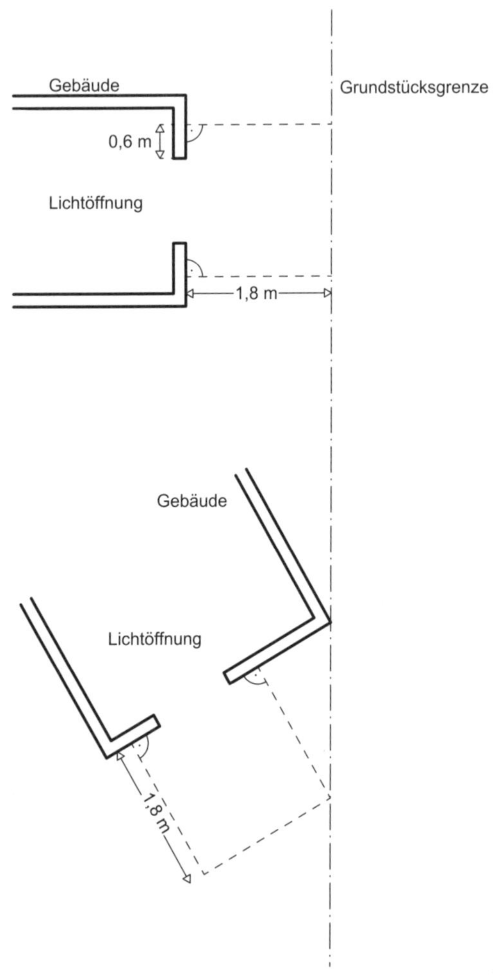

Abbildung 1 (zu §3, Ziffer 4)

Der Abstand ist auf dem **eigenen Grundstück** einzuhalten, d.h, das Gebäude muss mit der Lichtöffnung mindestens 1,80m von der Grenze entfernt sein. §3 NRG geht in seiner Grundkonstruktion davon aus, dass die Nachbarn gegenseitig diese Abstände einhalten müssen, sodass sich die 1,80m auf 3,60m verdoppeln[5]. Der (Einzel-)Abstand ist aber auch einzuhalten, wenn das Nachbargrundstück schon bebaut ist und die Abstände dort unterschritten wurden. Nach dem Sinn und Zweck der Vorschrift (Sicherung einer gewissen Intimsphäre) ist bei Nachbargrundstücken, die durch unbebaubare **Kleinstgrundstücke** getrennt sind, davon auszugehen, dass die Abstände, wenn nicht auf dem eigenen Grundstück, so doch unter Einschluss des dazwischen liegenden Kleinstgrundstückes einzuhalten sind. Die entsprechende Anwendung des §22 Abs.2 S.1 NRG bietet sich an: Die Mitte des (dazwischen liegenden) Kleinstgrundstückes wird zur Bemessung des Abstandes herangezogen. §22 NRG ist sonst nicht anwendbar, da der hier interessierende Abstand nicht von der Grenze aus gemessen wird, sondern von der Außenwand mit Lichtöffnung. Ein eigenes „Abstandsrecht“ des Kleinstgrundstückes wird regelmäßig wegen dessen Unbebaubarkeit entfallen.

5. Abs.3 regelt in seiner seit dem 1.1.1996 geltenden Fassung materielle und formelle **Ausschlussgründe**.

a) Die Einhaltung des Abstands kann – **materiell-rechtlich** – aus zweierlei Gründen nicht verlangt und daher auch nicht durchgesetzt werden:

- zum einen, wenn keine oder nur geringfügige Beeinträchtigungen zu erwarten sind, siehe nachstehend (1),
- zum anderen, wenn die Abstandsunterschreitung nach §§5 und 6 LBO zulässig ist, siehe nachstehend (2).

(1) Bei der zuerst genannten Voraussetzung für die Nichtanwendung der Abstandsvorschrift des Abs.1 („keine oder nur geringfügige Beeinträchtigungen“) stellt sich die Frage nach der Bezugsgröße. Mit dem OLG Karlsruhe[6] ist von einer „Gesamtbetrachtung“ auszugehen:

§3 Abs.1 und Abs.3 beinhalten einen Interessenausgleich. Ab einem Abstand von 1,8m und mehr sind alle Beeinträchtigungen- unabhängig von ihrer Art und Intensität – zivilrechtlich zu dulden. Liegt bei dem

---

5 Verdoppelung in der Regel auch bei den Abstandsflächen der LBO, vgl. §5 Abs.3 LBO.

6 (14.4.1999) 6 U 229/98. A.A. noch in der Vorauflage, §3 Ziff.5a (1).

vom Nachbarn hinzunehmenden Abstand von („nur") 1,8m eine verbleibende, mehr als geringfügige Beeinträchtigung vor, dann darf der jeweilige Abstand nicht weiter unterschritten werden.

Die Frage, was eine **nicht nur geringfügige Beeinträchtigung** ist, kann nur im Einzelfall entschieden werden. Nach der Schutznorm des Abs. 1 wird man davon ausgehen müssen, dass die „normale Einsicht" auf das Nachbargrundstück eine nicht nur geringfügige Beeinträchtigung darstellt. Keine oder eine nur geringfügige Beeinträchtigung liegt damit dann vor, wenn man tatsächlich nichts sieht oder auf untergeordnete Nutzungen blickt.

(2) Der Abstand nach Abs. 1 darf dann unterschritten werden, wenn die Vorschriften der Landesbauordnung (§§5 und 6) geringere Abstände zulassen. Die Abstandsregelungen des Bauordnungsrechtes haben gem. §3 Abs. 3 S. 1 Vorrang vor den Abstandsregelungen des §3 Abs. 1. Dies gilt ebenso für andere öffentlich-rechtliche Abstandsregelungen. Daraus folgt: Eine öffentlich-rechtlich zulässige Unterschreitung der öffentlich-rechtlich vorgeschriebenen Abstandsregelungen verdrängt die Abstandsregelungen des §3 Abs. 1.

Bedeutung kann der §3 Abs. 1 NRG aber noch in den Fällen erlangen, in denen das Bauvorhaben unter Verletzung der Abstandsvorschriften der §§5 und 6 LBO rechtswidrig errichtet wird.

Vor allem im Kenntnisgabeverfahren (§51 LBO) darf trotz Einwendungen der Nachbarn (§59 Abs. 4 Ziff. 2 LBO) mit der Bauausführung begonnen werden, wenn keine Untersagung nach §47 Abs. 1 LBO vorliegt. Stellt sich in einem solchen Fall ein Verstoß gegen die öffentlich-rechtlichen Abstandsvorschriften nach §§4 und 5 LBO heraus, dann kann der Nachbar einen zivilrechtlichen Anspruch nach §3 Abs. 1 NRG (ggf. neben einem Anspruch aus öffentlichem Baurecht) innerhalb der Frist des §3 Abs. 3 S. 2 geltend machen, wenn die Beeinträchtigung nicht nur geringfügig ist, vgl. oben.

b) Formell ist die Durchsetzung des Abstandes daran geknüpft, dass der Nachbar innerhalb von **zwei Monaten nach Mitteilung der Angrenzerbenachrichtigung** seinen Anspruch geltend macht, Abs. 3 S. 2. Für die Geltendmachung genügt, dass im Rahmen des baurechtlichen Verfahrens auf Grund der Angrenzerbenachrichtigung die Einhaltung des Abstandes nach Abs. 1 gegenüber der Gemeinde gem. §55 Abs. 2 LBO geltend gemacht wird; eine ausdrückliche Bezugnahme auf §3 NRG (Gesetzeszitat) ist nicht erforderlich[7]. Der Anspruch muss in diesem Fall (Übersendung der Angrenzerbenachrichtigung) nicht gegenüber dem Nachbarn ausgesprochen werden. §55 Abs. 2 S. 1 LBO verlangt, dass baurechtliche Einwendungen innerhalb von zwei Wochen nach Zugang der Angrenzerbenachrichtigung vorzubringen sind. Diese unterschiedlichen Fristen sind für den Bauherrn und den Nachbarn wenig glücklich. Beide Fristen haben aber ihre eigenständige Bedeutung: **Der Nachbar kann die Einhaltung der Abstände nach §3 NRG also noch verlangen, wenn die Frist für baurechtliche Einwendungen schon abgelaufen ist.**

Die Angrenzerbenachrichtigung dient in erster Linie der Baurechtsbehörde, nimmt also öffentlich-rechtliche Gegenvorstellungen auf. Die Ausschlussfrist des Abs. 3 S. 2 beginnt nach dem klaren Wortlaut der Vorschrift auch dann zu laufen, wenn die Baugenehmigungsbehörde in der Angrenzerbenachrichtigung nicht auf §3 NRG hingewiesen hat. Legt der Nachbar nach Ablauf der 14-Tages-Frist Einwendungen bei der Baurechtsbehörde ein, versäumt also insoweit die Frist des §55 Abs. 2 S. 1 LBO, so gelten seine Einwendungen trotzdem als fristgemäß erhoben, wenn die 2-Monats-Frist des §3 Abs. 3 S. 2 eingehalten ist. Die Baurechtsbehörde hat über den Anspruch nach §3 NRG nicht zu entscheiden, §58 Abs. 3 LBO.

Die Frist läuft nur, wenn eine Angrenzerbenachrichtigung erfolgt. Unterbleibt diese – aus welchen Gründen auch immer – so beginnt die Ausschlussfrist nicht. Der Bauherr selbst kann nach dem klaren Wortlaut des §3 Abs. 3 S. 2 NRG diese Frist durch Übersendung des Baugesuches nicht beginnen lassen[8]; er wird die Angrenzerbenachrichtigung veranlassen müssen, um die Frist in Gang zu setzen.

c) Auch wenn die Baurechtsbehörde **keine Mitteilung machen muss**, z. B. bei genehmigungsfreien oder kenntnisgabepflichtigen Vorhaben, sind – in sinngemäßer Auslegung dieser Regelung – **Einwendungen zwei Monate nach der tatsächlichen Kenntnisnahme** der Baumaßnahme

---

7 *Pelka*, S. 90.

8 Anders war dies noch im bisher geltenden §3 Abs. 3 NRG geregelt; vgl. *Birk*, NRG 2. Aufl., §3 Ziff. 5 c); vgl. auch OLG Karlsruhe (19. 9. 1991), 4 W 40/91, Justiz 92, 128.

durch den Abstandsberechtigten ausgeschlossen[9]. Beispiel: Sobald der Nachbar sieht, dass Lichtöffnungen eingebaut werden, muss er binnen zwei Monaten gegenüber dem Nachbarn vorstellig werden. Dem liegt der Gedanke der Verwirkung zugrunde, der im öffentlichen Baurecht dann eingreift, wenn ein Nachbar bei tatsächlichem Sichtbarwerden (Baufortschritt) eines Verstoßes gegen nachbarschützende Vorschriften keinen Widerspruch einlegt. Adressaten des Verlangens auf Einhaltung des Abstandes sind zulässigerweise immer der (bauende) Nachbar, im Falle einer Benachrichtigung nach §55 LBO zusätzlich auch die absendende Behörde[10]. Gegenüber diesem Adressaten kann die Frist gewahrt werden. Die Einhaltung der Frist hat der Eigentümer nachzuweisen, vgl. Ziff. 7.

6. Schwierig ist die Frage zu beantworten, was hinsichtlich **bestehender Lichtöffnungen** gilt, die den Abstand nicht einhalten.

Hier ist zu unterscheiden:

a) Ist die Lichtöffnung nach dem In-Kraft-Treten des Gesetzes (1.1.1960) geschaffen worden, so ist Abs. 3 analog auch dann anzuwenden, wenn der an sich abwehrberechtigte Nachbar nicht nach Abs. 3 vom Eigentümer (nach früherer Rechtslage) oder der Baurechtsbehörde benachrichtigt wurde. Das unter c) Gesagte gilt dann, unter dem Gesichtspunkt der Verwirkung, entsprechend.

b) Für Lichtöffnungen, die vor dem 1.1.1960 geschaffen wurden, ist die Rechtslage im vormalig württembergischen und hohenzollerischen Rechtsgebiet einerseits und dem badischen Rechtsgebiet andererseits zu unterscheiden:

(1) In **Baden** galten Art. 14 und 15 Bad. AGBGB, die in §3 NRG im Wesentlichen übernommen wurde[11]. – Nach Art. 18 Bad AGBGB waren die Ansprüche auf Einhaltung der Abstände vor Lichtöffnungen unverjährbar. Art. 18 Bad. AGBGB ist nach §37 Abs. 2 Nr. I NRG aufgehoben; diese

9 BGH (29.4.2011) V ZR 174/10, NVwZ 2011, 1148; LG Ulm (4.8.2010) 1 S 62/10, juris, spricht von einem „gesetzlich geregelten Fall der Verwirkung". Offen noch, da im konkreten Fall die Frist eingehalten wurde: OLG Karlsruhe (14.4.1999) 6 U 229/98.

10 *Bruns*, §3 Rdnr. 25.

11 Vgl. Begründung zum NRG-Entwurf, Beilage 2/2220 (12.12.1958), Seite 3555, zu §§3 und 4 NRG.

Unverjährbarkeit besteht demnach für Lichtöffnungen im ehemals badischen Landesteil nicht mehr[12]. §3 Abs. 3 NRG gilt aber nach seinem strengen Wortlaut nur für neue Baumaßnahmen[13]. Daraus folgt: Durch das NRG ist hinsichtlich der Lichtöffnungen **im badischen Landesteil die gesetzliche Verjährung nach §195 BGB (30 Jahre) eingeführt worden**[14]. Die Beseitigung bestehender Lichtöffnungen im badischen Landesteil kann also bis zum Ablauf dieser 30-jährigen Verjährungsfrist verlangt werden. Die Verjährungsfrist begann mit dem In-Kraft-Treten des NRG (1. 1. 1960),[15] nicht etwa früher mit dem Einbau[14], endete somit am 31. 12. 1989. §33 Abs. 1 S. 2 NRG bestätigt dies, da nur alte Vorschriften, die für den Verpflichteten günstig sind, weiter gelten. Beseitigungsansprüche bestehender, vor dem 1. 1. 1960 angelegter Lichtöffnungen, die den Abstand nach §3 Abs. 1 unterschreiten, sind ausgeschlossen[16].

Für Lichtöffnungen, die schon vor dem 1. 1. 1900 vorhanden waren, gilt §31 NRG; vgl. dort.

(2) In **Württemberg** und **Hohenzollern** gab es nur Vorschriften über die Verwahrung von Lichtöffnungen, Art. 194 Württ. AGBGB. Diese waren günstiger für den nach §3 NRG Verpflichteten (war der Abstand der Lichtöffnung geringer als 0,60 m, musste das Fenster starr vergittert werden, Art. 194 Abs. 1 Württ. AGBGB), sodass §33 Abs. 1 S. 2 NRG zu dessen Gunsten auch heute eingreift. Das heißt: Im württembergischen (und hohenzollerischen) Landesteil besteht für Lichtöffnungen, die vor dem 1. 1. 1960 geschaffen wurden und den Abstand des §3 NRG nicht einhalten, keine Beseitigungspflicht.

7. Für die **Geltendmachung des Anspruchs** ist keine Form vorgeschrieben. Gerichtliche Geltendmachung ist zur Fristunterbrechung nicht notwendig. Der Anspruchsberechtigte muss allerdings die Rechtzeitigkeit nachweisen; deshalb empfiehlt sich Schriftlichkeit mit Zustellungsnachweis (Einschreiben mit Rückschein, Quittung). Der Anspruch kann

---

12 BGH (29. 1. 1982) V ZR 157/81, EBE 82, 127 f. = NJW 82, 2385.

13 So ausdrücklich auch LG Karlsruhe (31. 10. 1975) 9 S 158/75.

14 Ein enteignungsgleicher Eingriff ist in der Aufhebung der Unverjährbarkeit nicht zu sehen. LG Offenburg (15. 1. 1980) 30 458/79.

15 BGH (29. 1. 1982) V ZR 157/81 , EBE 82, 127 f. = NJW 82, 2385.

16 Zu einer Dienstbarkeit nach badischem Landrecht, die zur Duldung der Unterschreitung des Abstandes verpflichtet, vgl. BGH NJW 71, 2071 ff.

gerichtlich durch Unterlassungs- und Beseitigungsklage[17] durchgesetzt werden.

17 Einen markanten Fall behandelt OLG Karlsruhe (14. 4. 1999) 6 U 229/98; vgl. dazu Anm. 3 und FN 4 zu § 4.

§4 Abstand von Ausblick gewährenden Anlagen

(1) Der Eigentümer eines Grundstücks kann verlangen, dass vor Balkonen, Terrassen, Erkern, Galerien und sonstigen begehbaren Teilen eines Nachbarhauses, die einen Ausblick auf sein Grundstück gewähren, auf dem Nachbargrundstück Abstandsflächen eingehalten werden, die in der Tiefe mindestens 1,80 m über die Vorderkante und in der Breite auf jeder Seite mindestens 0,60 m über die Seitenkante der genannten Gebäudeteile hinausreichen.

(2) §3 Abs. 3 findet entsprechende Anwendung.

Einleitung

Die Vorschrift ergänzt die Regelung des §3 NRG, indem Gleiches auch für sonstige begehbare und Ausblick gewährende Teile des Nachbargrundstückes gilt; vgl. im Übrigen §3 Einleitung und Novelle ’95.

Anmerkungen

1. §4 NRG beinhaltet ebenfalls einen Abwehranspruch; vgl. §3 NRG Anm. 1.

2. Balkone, Terrassen, Erker, Galerien und sonstige **begehbare Teile** des **Nachbarhauses** sind die fest verbundenen, zum Haus gehörenden, meist im Freien zu nutzenden Bereiche.[1]

3. Vom Gebäude getrennte Terrassen, Sitzplätze o. Ä.[2] (z. B. im Garten) fallen auf Grund des eindeutigen Wortlautes („begehbaren Teilen eines Nachbarhauses“) **nicht** unter diese Vorschrift[3].

4. Voraussetzung für die Pflicht zur Abstandshaltung ist, dass die Anlagen Ausblick auf das Nachbargrundstück gewähren; vgl. dazu §3 NRG Anm. 3.

5. Abstände gelten wie bei §3 NRG, vgl. dort Anm. 4. Gemessen wird, trotz des etwas anderen Wortlautes, wie in §3 NRG Anm. 4 angegeben.

---

1 Brücke vom Haus zum höher gelegenen Garten, OLG Karlsruhe (14. 4. 1999) 6 U 229/98.

2 So auch *Pelka*, Seite 89, *VKK*, §§ 3 – 5 Rdnr. 4.

3 Ebenso Treppenaufgang zur Haustür, OLG Stuttgart (31. 5. 1983) 10 U 215/82, OLG Stuttgart (4. 7. 1997) 2 U 248/95, OLG-Report 97, 73.

6. Nach §4 Abs. 2 NRG gelten die materiellen[4] und formellen Ausschlussregeln des §3 Abs. 3 NRG entsprechend; vgl. §3 NRG Anm. 5. Gleiches gilt auch für bestehende Anlagen; vgl. §3 NRG Anm. 5 d).

---

4 Brücke vom Haus zum höher gelegenen Garten, OLG Karlsruhe (14. 4. 1999) 6 U 229/98; Abbruch, weil der Abstand von 1,8 m um 0,2 unterschritten wird, da Brücke auch bei 1,8 m nicht nur geringfügig beeinträchtigt.

§5 Lichtöffnungen und andere Gebäudeteile, die auf öffentliche Wege oder Plätze Ausblick gewähren

(1) Die in §3 Abs. 1 genannten Lichtöffnungen und die in §4 Abs. 1 genannten Gebäudeteile sind den Beschränkungen der §§3 und 4 nicht unterworfen, soweit sie auf einen öffentlichen Weg oder einen öffentlichen Platz, der an das Grundstück angrenzt, Ausblick gewähren.

(2) Verliert ein Weg oder Platz die Eigenschaft der Öffentlichkeit, so behalten die Eigentümer der angrenzenden Grundstücke das Recht auf Fortbestand von vorhandenen, in den §§3 Abs. 1 und 4 Abs. 1 genannten Anlagen.

Einleitung

Die Abstandsvorschriften der §§3 und 4 NRG sind gegenüber öffentlichen Wegen und Plätzen nicht einzuhalten. Dies gilt auch bei einem späteren Wegfall der Öffentlichkeit des Weges (Entwidmung).

Anmerkungen

1. Die in §3 Abs. 1 und §4 Abs. 1 NRG genannten Lichtöffnungen und Anlageteile müssen die dort genannten Abstände nicht einhalten, wenn sie Ausblick auf einen Weg oder eine Straße gewähren, Abs. 1.

2. Von einem **öffentlichen Weg** oder **öffentlichen Platz** ist dann auszugehen, wenn gebaut ist und eine straßenrechtliche Widmung oder Festsetzung als öffentliche Verkehrsfläche (§9 Abs. 1 Nr. 11 BauGB) in einen Bebauungsplan vorliegt; Letztere gilt gem. §5 Abs. 6 StrGBW als Widmung, sobald der Weg oder Platz dem Verkehr übergeben worden ist. Auf die Eigentumsverhältnisse kommt es nicht an. Auch ein im Privateigentum stehender Weg kann öffentlich gewidmet sein. Die Widmung kann auch durch so genannte unvordenkliche Verjährung eingetreten sein[1]. Kein öffentlicher Weg ist die Zuwegung zu mehreren bebauten Grundstücken, wenn sie als private Verkehrsfläche (§9 Abs. 1 Ziff. 11 BauGB) und/oder mit einem Geh- oder Fahrrecht im Bebauungsplan festgesetzt sind. Auch von der Allgemeinheit genutzte Wege (Trampelpfade) unterfallen der Privilegierung des §5 nicht[2].

---

1 Vgl. dazu §2 Ziff. 1b; wie hier: *Bruns*, §5 Rdnr. 8.

2 A. A. wohl *Bruns*, §5 Rdnr. 6.

3. Angrenzend ist jeder öffentliche Weg oder Platz, der mit dem angesprochenen Grundstück eine **gemeinsame Grenze** hat. Entsprechend dem Gedanken in Anm. 4 zu §3 NRG muss die Befreiung von der Abstandsvorschrift auch gelten, soweit unbebaubare Kleinstgrundstücke (z.B. fremder Hausgarten) zwischen dem mit der Abstandseinhaltung belasteten Gebäude und dem öffentlichen Weg oder Platz liegen.

Das Angrenzen an einen öffentlichen Weg schließt nicht aus, dass an **Ecksituationen** gleichzeitig – z.B. bei Balkonen – die Abstandsverpflichtung nach §4 NRG mit der Nichtverpflichtung nach §5 NRG zusammentrifft: Ein Balkon muss zur seitlichen Grundstücksgrenze 1,80m Entfernung, zur Straße hin aber keinen Abstand einhalten.

4. Abs. 2 gibt einen **Bestandsschutz** für vorhandene Lichtöffnungen (vgl. §3 NRG Anm. 3) und begehbare Gebäudeteile (vgl. §4 NRG Anm. 3) auch nach der Entwidmung eines Weges oder Platzes. Das gilt nicht für neue Bauteile (z.B. Balkone, Terrasse, Fenster), die **nach** der Entwidmung errichtet werden. Diese sind dann den §§3 und 4 NRG unterworfen, müssen also die Abstände einhalten, soweit die Voraussetzungen hierfür gegeben sind.

Werden auf dem ehemaligen Weg oder Platzgrundstück selbst Gebäude errichtet, müssen diese auch dann die Abstände der §§3 und 4 NRG einhalten, wenn auf dem Nachbargrundstück dies wegen der früheren Privilegierung des §5 Abs. 1 NRG nicht gefordert werden konnte und wegen §5 Abs. 2 NRG jetzt nicht verlangt werden kann.

§ 6 Abstand schadendrohender und störender Anlagen

(1) Schadendrohende oder störende Anlagen dürfen nur in solcher Entfernung von der Grenze und nur unter solchen Vorkehrungen angebracht werden, dass sie den Nachbarn nicht schädigen.

(2) Anlagen im Sinne des Absatzes 1 sind insbesondere Lager für Chemikalien sowie im Freien gelegene Aborte, Treib- und Brennstoffbehälter, Waschkessel und Backöfen, Bienenstocke, Futtersilos, Düngerstätten, Jauchegruben und Ställe.

§ 907 BGB (Gefährliche Anlagen)

(1) [1]Der Eigentümer eines Grundstücks kann verlangen, dass auf den Nachbargrundstücken nicht Anlagen hergestellt oder gehalten werden, von denen mit Sicherheit vorauszusehen ist, dass ihr Bestand oder ihre Benutzung eine unzulässige Einwirkung auf sein Grundstück zur Folge hat. [2]Genügt eine Anlage den landesgesetzlichen Vorschriften, die einen bestimmten Abstand von der Grenze oder sonstige Schutzmaßregeln vorschreiben, so kann die Beseitigung der Anlage erst verlangt werden, wenn die unzulässige Einwirkung tatsächlich hervortritt.

(2) Bäume und Sträucher gehören nicht zu den Anlagen im Sinne dieser Vorschriften.

Einleitung

§ 6 NRG stellt die in § 907 Abs. 1 S. 2 BGB angesprochene landesrechtliche Vorschrift dar.

Anmerkungen

1. Die „Mechanik" beider Vorschriften präsentiert sich wie folgt:

a) Gemäß § 907 Abs. 1 Satz 1 BGB besteht ein **vorbeugender Unterlassungsanspruch** gegenüber Anlagen auf dem Nachbargrundstück, von denen mit Sicherheit vorauszusehen ist, dass sie zu unzulässigen Einwirkungen führen.

b) Liegen landesrechtliche Vorschriften mit bestimmten Abständen vor und werden diese eingehalten, so wandelt sich der vorbeugende Unterlassungsanspruch in einen (nur nachträglichen) Beseitigungsanspruch.

c) Die nach § 907 Abs. 1 S. 2 BGB angesprochene, nach Art. 124 EGBGB zulässige landesrechtliche Vorschrift des § 6 NRG beinhaltet damit eine einschneidende Beschränkung des zivilrechtlichen vorbeugenden Rechtsschutzes gegenüber störenden Einwirkungen. Die Rechtsfolge des §907 Abs. 1 S. 2 BGB kann nach den dort genannten Tatbestandsvoraussetzungen nur dann eintreten, wenn die landesrechtliche Vorschrift einen „bestimmten Abstand von der Grenze oder sonstige Schutzmaßregeln" vorschreiben. Ob §6 Abs. 1 NRG diesem Bestimmtheitsgrundsatz entspricht, erscheint zweifelhaft[1]. Ein „bestimmter Abstand" wird in §6 Abs. 1 NRG nicht festgelegt. Der „bestimmte Abstand" liegt nach §6 Abs. 1 NRG dann vor, wenn Schädigungen konkret nicht auftreten; der Abstand wird also über das Vorliegen/Nichtvorliegen von Einwirkungen definiert. Damit hat aber §6 Abs. 1 NRG keinen anderen Inhalt, sondern definiert nur anders als §907 Abs. 1 Satz 1 BGB: Unzulässig sind danach Anlagen, die stören; sind sie so weit weg, dass sie nicht mehr stören, sind sie auch nach §907 Abs. 1 S. 1 BGB nicht mehr unzulässig. §6 Abs. 1 NRG „bestimmt" nichts, sondern regelt dasselbe „aktiv" („dürfen nur ... angewandt werden"), was §907 Abs. 1 S. 1 „reaktiv" („kann verlangen, dass ... nicht Anlagen hergestellt ... werden") zum Ausdruck bringt; damit entfällt aber die Berechtigung für den „Entzug" der vorbeugenden Unterlassungsklage nach §907 Abs. 1 S. 2 BGB.

d) Neben §6 NRG sind andere landesrechtliche Vorschriften vorhanden, die Abstände hinreichend konkret bestimmen und deshalb zur Anwendung des §907 Abs. 1 S. 2 BGB führen: Abstandsvorschriften nach LBO, Baugrenzen oder -linien in einem Bebauungsplan usw.

Zahlreiche öffentlich-rechtliche Vorschriften behandeln die Einrichtung und das Betreiben störender Anlagen, so z.B. Bundes-Immissionsschutzgesetz, Landesbauordnung, Gewerbeordnung Atomgesetz, Luftverkehrsgesetz, Abfallgesetz. Soweit nach diesen Vorschriften Genehmigungen zur Errichtung und Betrieb von Anlagen notwendig sind, werden in den Genehmigungsverfahren stets **auch** die nachbarlichen Belange mitbehandelt. Nur bei einer ordnungsgemäßen Behandlung nachbarlicher Belange ist die Genehmigung rechtmäßig; vgl. im Einzelnen AE III 4d. Die nach unanfechtbar erteilter Genehmigung von einer Anlage ausgehenden Emissionen sind öffentlich-rechtlich zulässig[2]. Trotzdem kann nach herrschender Ansicht gemäß §§907 BGB, 6 NRG dagegen

---

1 A. A.: *Pelka*, Seite 53; *Bruns* §6 Rdnr. 6.

2 Schädigenden Emissionen nach erteilter Genehmigung ist öffentlich-rechtlich zu begegnen, z.B. §17 BImSchG.

vorgegangen werden, wenn die materiell-rechtlichen Voraussetzungen erfüllt sind[3]; dies wird angenommen, wenn die (öffentlich-rechtliche) Genehmigung auf einer Befreiung an sich zwingender Vorschriften beruht. Dieses „Auseinanderfallen" von öffentlichem und privatem Recht erscheint bedenklich[4]. Das öffentlich-rechtliche Genehmigungsverfahren prüft auch die Schadensfolgen für den Nachbarn, auch und gerade bei Befreiungen. Deshalb werden nach erteilter öffentlich-rechtlicher Genehmigung kaum noch privatrechtliche Abwehransprüche bestehen. Die Vorschriften der §§907 BGB, 6 NRG können in der Praxis somit im Wesentlichen nur dort Anwendung finden, wo öffentlich-rechtliche Genehmigungen nicht notwendig sind oder beim Zeitpunkt der Erstellung der Anlage noch nicht notwendig waren.

2. Anspruchsberechtigt ist der Eigentümer und sonstig dinglich Berechtigte, vgl. §907 Abs.1 S.1 BGB, nicht jedoch der Mieter oder Pächter[5]. Dieser hat gegebenenfalls vertragliche oder gesetzliche Ansprüche aus seinem Vertragsverhältnis gegen den Vermieter oder Verpächter.

3. Schadendrohende oder störende Anlagen

a) Anlagen i.S. der §§6 NRG und 907 BGB sind von Menschen geschaffene Werke von gewisser Selbständigkeit und Dauer[6], die mit dem Boden verbunden sind. Auf die dauerhafte Verbindung kommt es ebenso wenig an[7], wie auf die Häufigkeit und zeitliche Länge der Nutzung. Der schlichte Zustand eines Grundstückes (steiler Hang, Unkraut mit Samenflug, hässlicher Anblick durch Unordnung) stellt keine „Anlage" dar.

b) Schadendrohende Anlage

Schadendrohend sind Anlagen, von denen Beeinträchtigungen ausgehen können, die Schäden bei Menschen, an beweglichen oder unbeweg-

---

3 *VKK*, §6 Rdnr.1; *Pelka*, Seite 53. Ausnahme aber bei Anlagen nach dem BImSchG; dort sind bei genehmigungsbedürftigen Anlagen die zivilrechtlichen Ansprüche ausgeschlossen, §14.

4 Vgl. dazu in anderem Zusammenhang *Birk*, Umwelteinwirkungen durch Sportanlagen, NVwZ 85, 689ff., 696f.

5 So auch *VKK*, §6 Anm.2, *Bruns*, §6 Rdnr.18.

6 *Palandt/Bassenge*, §907, Rdnr.1.

7 *Bruns*, §6 Rdnr.10 verlangt „fest mit dem Erdboden verbunden". Diese Annahme engt den Anlagenbegriff ein; eine dahingehende Beschränkung ist dem Gesetz nicht zu entnehmen.

lichen Gegenständen auf dem Grundstück oder am Grundstück auslösen können. Eine Schadendrohung liegt vor, wenn die Wahrscheinlichkeit des Eintritts des Schadens objektiv höher ist als der Nichteintritt; hohe Anforderungen an den Nachweis sind nicht zu stellen[8].

c) **Störende Anlagen**
Aus der Unterscheidung zwischen schadendrohenden und störenden Anlagen in §6 ist abzuleiten, dass Störungen dann vorliegen, wenn dadurch die übliche Nutzung des Nachbargrundstückes objektiv eingeschränkt ist; dazu gehören auch Einwirkungen auf das Wohlbefinden der sich auf den Grundstücken aufhaltenden Menschen. Der Begriff der Störung in §6 umfasst die störenden Anlagen, die z.B. aus der BauNVO[9] und dem BImSchG[10] bekannt sind, geht jedoch (deutlich) darüber hinaus[11].

§6 geht von einem weiten Begriff der Störung aus; er umfasst Luftverunreinigungen (Rauch), Geräusche (Motorenlärm), Erschütterungen, Licht (helle Außenlampe, Flutlichtanlage), Wärme, Gerüche (Kompostanlage); vgl. auch nachstehend d) und e).

d) In Abs. 2 sind exemplarisch – also nicht etwa abschließend („insbesondere") – regelmäßig schadendrohende und störende Anlagen aufgezählt; das Gesetz nimmt in Abs. 2 keine Differenzierung zwischen schadendrohend und störend vor. Die von ihnen ausgehenden Emissionen sind jeweils unterschiedlich, aber für sich genommen geeignet, zu Schädigungen i.S. des Abs. 1 zu führen.

e) Als weitere störende Anlagen, die ebenfalls von §6 erfasst sind, können genannt werden: **Kamine** (auch von Wohnhäusern), die durch den Rauchabzug (z.B. in Hanglagen und bei besonders vorherrschenden Windrichtungen) stören; deshalb dürfte in §6 Abs. 2 auch der Backofen genannt sein, wohl auch wegen möglicher Gerüche. **Entlüftungsanlagen** stören gegebenenfalls durch Dauergeräusch oder durch dauernden Luftzug. **Freistehende Motoren** (Kompressoren) können durch Dauerge-

---

8 *Bruns*, §6 Rdnr. 10.

9 §§3 Abs. 3, 4 Abs. 2 Nr. 2 BauNVO sprechen von „nichtstörenden Handwerksbetrieben", die in Wohngebieten ausnahmsweise zulässig sind. Nach §6 Abs. 1 BauNVO sind in Mischgebieten „das Wohnen nicht wesentlich störende Gewerbebetriebe" zulässig. Vgl. auch §7 Abs. 2 Nr. 3 BauNVO.

10 §3 BImSchG.

11 A.A. noch 5. Auflage §5 Ziff. 3 d).

räusche stören[12]. **„Wurstbuden"** können wegen ihrer Gerüche, angelegte **Froschteiche** wegen ihres Lärms[13] störende Anlagen sein, ebenso Taubenschläge[14], Hundezwinger und eine Ziegenweide.

4. Diese störenden Anlagen „dürfen nur **in solcher Entfernung** von der Grenze und nur **unter solchen Vorkehrungen** angebracht werden, dass sie den **Nachbarn nicht schädigen**."

Zum Begriff des Nachbarn vgl. §1 NRG Anm. 7.

a) Schädigen i.S. dieser Vorschrift ist nicht nur die tatsächliche **Beschädigung** oder **Zerstörung** einer Sache oder gesundheitsschädliche Einwirkungen für Mensch, Tier oder Pflanze. **Schädigen** muss hier als eine, von dem objektiv Zumutbaren abweichende Beeinträchtigung verstanden werden, ohne dass es auf eine physische Beschädigung oder Beeinträchtigung ankommt. Die Zumutbarkeit richtet sich nach den konkreten Umgebungsverhältnissen (im Wohngebiet ist weniger zumutbar als im Gewerbegebiet). Damit sind sicher all die Einwirkungen auf das Grundstück erfasst, die z.B. nach den Festlegungen der TA-Lärm und TA-Luft als Schall- oder Staubwerte bei Anlagen – ob nach LBO oder Bundesimmissionsschutzgesetz – „unzulässig" sind. Für Gerüche findet die Geruchsimmissionsrichtlinie (GIRL) Anwendung. Diesen Werten sind aber auch jene störenden Anlagen unterworfen, die entweder keiner gesonderten oder überhaupt keiner Genehmigung bedürfen.

Was schädigend i.S. des §6 ist, kann rechtssicher nur im Einzelfall entschieden werden. Allgemein kann aber festgestellt werden:

(1) Eine Schädigung i.S. der Vorschrift ist gegeben, wenn die in der TA-Lärm und DIN 18 004 als hinnehmbar erachteten Lärmwerte für das konkrete Gebiet überschritten werden.

(2) Gleiches gilt bei Überschreitung der Werte der TA-Luft oder der GIRL.

(3) Darüber hinaus können Störungen aber auch vorliegen, wenn gesonderte Regelungssysteme nicht vorliegen, jedoch objektiv die Beeinträchtigung sich als nicht hinnehmbar erweist.

---

12 Eine Regentonne mit dem von ihr ausgehenden Geräusch ist keine störende Anlage i.S. des §6, so auch LG Stuttgart (27.3.1980) 16 S 279/79. Zu prüfen wäre aber in einem solchen Fall, ob es sich nicht um ein belästigendes Ableiten des Wassers i.S. des §1 NRG handelt.

13 *Pelka*, S. 52.

14 OLG Düsseldorf, OLGZ 80, 16.

Rein ästhetische (psychische) Beeinträchtigungen sind keine Schädigungen i.S. dieser Vorschrift (Beispiel: „Röhrender Hirsch“ an der Hauswand des Nachbarn).

In beiden Fällen kommt es auf eine bestimmte „Qualität“ der emitierenden Anlage nicht an.

b) Zur **Verhinderung von Schädigungen** im hier verstandenen Sinne besteht die Pflicht,

- **entweder** einen entsprechenden **Grenzabstand** einzuhalten
- **oder** bestimmte **Vorkehrungen** zu treffen.

Diese Alternativen beinhalten die beiden Bereiche technischer Möglichkeiten zur Verringerung von Emissionen. Entweder man rückt weiter weg (da z.B. der Lärm mit der Entfernung abnimmt), oder man baut Schutzvorrichtungen (z.B. gegen Staubemissionen) ein.

5. Helfen weder Abstand noch die technischen Vorkehrungen, um die Schädigung des Nachbarn zu verhindern, dann ist die störende Anlage **unzulässig**.

Der gestörte Nachbar hat einen Unterlassungs- bzw. Beseitigungsanspruch nach §1004 BGB, der zivilrechtlich durchgesetzt werden kann.

6. §6 beinhaltet, dass diese Anlagen nur nichtschädigend „angebracht werden“ dürfen. Damit ist ein von der Anlage einzuhaltender Dauerzustand beschrieben. §6 gilt also für neue und für bestehende Anlagen, ohne dass es auf eine Nutzungsänderung o.Ä. ankäme. Vgl. aber bezüglich bestimmter bestehender Anlagen §30 NRG und dortige Anmerkungen.

7. Die **Ansprüche** aus §907 BGB verjähren nicht, §924 BGB. Die Vorschrift ist auf Ansprüche auf §6 NRG entsprechend anzuwenden; §26 NRG gilt nicht.[15]

---

15 So auch *Pelka*, S.59; A.A. *Bruns*, §6 Rdnr.16.

§7 Gebäudeabstände und Einfriedigungen bebauter Grundstücke im Außenbereich

(1) [1]Bei der Errichtung oder Veränderung eines Gebäudes im Außenbereich ist der Bauherr auf Verlangen des Nachbarn verpflichtet, zu Gunsten von Grundstücken, die durch landwirtschaftliche Betriebe im Sinne des §201 des Baugesetzbuches landwirtschaftlich oder gartenbaulich genutzt werden (landwirtschaftliche Nutzung), mit jeder der Nachbargrenze zugewandten Außenwand einen mittleren Grenzabstand einzuhalten, welcher der Höhe der Außenwand entspricht: der Abstand ist senkrecht zur Außenwand zu messen. [2]Der Abstand darf nirgends weniger als 2m betragen.

(2) Für die Berechnung der Höhe der Außenwand gilt §5 Abs.4 Sätze 2 bis 4 und Absatz 5 der Landesbauordnung entsprechend.

(3) §3 Abs.3 Sätze 2 und 3 ist entsprechend anzuwenden.

(4) Der Bauherr ist auf Verlangen des Nachbarn verpflichtet, sein Grundstück einzufriedigen, soweit es zum Schutz des Nachbargrundstücks erforderlich ist und öffentlich-rechtliche Vorschriften nicht entgegenstehen.

Vorbemerkung

§7 NRG ist durch die Novelle '95 völlig neu formuliert worden, um eine Anpassung an die Terminologie des BauGB und der LBO zu erreichen. Gleichzeitig wurde auch eine nicht unbedeutende Änderung des materiellen Inhalts vorgenommen; mussten nach dem bisher geltenden §7 NRG die Abstandsvorschriften gegenüber allen landwirtschaftlich oder gärtnerisch genutzten Grundstücken eingehalten werden, so wird jetzt ausdrücklich auf §201 BauGB und damit auf den dort definierten Begriff der Landwirtschaft Bezug genommen.

§201 BauGB: „Landwirtschaft im Sinne dieses Gesetzbuches ist insbesondere der Ackerbau, die Wiesen- und Weidewirtschaft einschließlich Pensionstierhaltung auf überwiegend eigener Futtergrundlage, die gartenbauliche Erzeugung, der Erwerbsobstbau, der Weinbau, die berufsmäßige Imkerei und die berufsmäßige Binnenfischerei."

Neu ist auch die zeitliche Beschränkung der Möglichkeit, Einwendungen gegen eine Bebauung geltend zu machen.

Einleitung

Diese Vorschrift privilegiert die landwirtschaftliche und gärtnerische gegenüber der baulichen Nutzung im Außenbereich (§35 BauGB) und soll die dauerhafte Belichtung der Ersteren sicherstellen. Hierzu sind bestimmte Grenzabstände, die von der Gebäudehöhe abhängig sind, einzuhalten.

Anmerkungen

1. Die Vorschrift kommt **nur** bei der **Errichtung neuer oder Veränderung bestehender Gebäude** im Außenbereich gemäß §35 BauGB[1] zur Anwendung. Solange bestehende Gebäude nicht verändert werden, greift die Vorschrift nicht. Bei jeder Veränderung bestehender Gebäude ist der gesetzlich geforderte Abstand nur dann einzuhalten, wenn die Baumaßnahme Änderungen zur Außenbereichs-Grundstücksgrenze hin bringt: Die Erweiterung eines Gebäudes an der dieser Grenze abgewandten Seite vermag keine Abstandseinhaltung auszulösen, auch wenn an der Außenbereichs-Grundstücksgrenze bisher schon der vorgeschriebene Abstand nicht eingehalten wurde.

Der Schutzzweck dieser Vorschrift umfasst nicht Umbaumaßnahmen innerhalb des Gebäudes, auch wenn sie zu einer Nutzungserweiterung des Gebäudes führen (z.B. Dachausbau für zusätzlichen Wohnraum). Auf die **Nutzung** des zu errichtenden oder erweiternden Gebäudes kommt es **nicht** an. Diese Vorschrift gilt also für Wohnhäuser (auch für privilegiert nach §35 Abs.1 BauGB errichtete) genauso wie für gewerblich und landwirtschaftlich oder gärtnerisch genutzte Gebäude (z.B. Gewächshäuser).

§7 versucht einen Interessenausgleich zwischen landwirtschaftlichen und sonstigen Nutzungen. Der Wortlaut des §7 Abs.1 verdeutlicht, dass die Regelung für Grundstücke gilt, die aneinander grenzen, also eine gemeinsame Grundstücksgrenze haben, soweit zwischen dem im Außen-

---

1 Durch Ziff.1 des Artikel 63 Verwaltungsstruktur-Reformgesetz (VRG) vom 1.7.2004 (GBl. S.469, 507) wird in §7 Abs.1 S.1 die Angabe „§19 Abs.1 Nr.3 des Baugesetzbuches" gestrichen. Die in dieser Vorschrift früher enthaltene Legaldefinition des Außenbereiches ist durch das seit dem 1.1.1998 geltende BauGB entfallen. Außenbereich sind all jene Flächen, die nicht in qualifizierten oder vorhabenbezogenen Bebauungsplänen (§§30 Abs.1 und 2 BauGB) oder im unbeplanten Innenbereich (§34 BauGB) liegen.

bereich liegenden Baugrundstück und dem landwirtschaftlich genutzten Grundstück nicht ein Kleinstgrundstück liegt, vgl. §3 Anm. 4. Die Abstandsvorschriften dienen dazu, den landwirtschaftlich i.S. des §201 BauGB genutzten Flächen die notwendige Belichtung und Besonnung sicherzustellen. Interessant ist, dass das öffentliche Baurecht diese Abstandsregelung „benutzt", um das Rücksichtnahmegebot zu definieren: „Ein Vorhaben im Außenbereich verstößt jedenfalls unter dem Gesichtspunkt der Belüftung. Belichtung und Besonnung nicht gegen das Gebot der Rücksichtnahme, wenn es sogar den in §7 NRG auf Verlangen einzuhaltenden Abstand wahrt."[2]

2. Verpflichtet ist der **Bauherr**; Abs. 1. Dies ist der Grundstückseigentümer oder Erbbauberechtigte, wenn er selbst baut oder aber jener, der ohne Eigentümer zu sein, mit Zustimmung des Eigentümers baut[3].

Die Verpflichtung auf Abstandseinhaltung besteht nicht von Gesetzes wegen, sondern nur „auf Verlagen" desjenigen, der die landwirtschaftliche Fläche betreibt. Zur Frist vgl. §7 Abs. 3, unten Ziff. 6a.

3. Die Verpflichtung besteht zu Gunsten landwirtschaftlich oder gärtnerisch genutzter Nachbargrundstücke; es kommt nicht darauf an, ob diese eigen- oder fremdgenutzt (z.B. Pacht) sind. Die Nutzung muss nachhaltig und dauerhaft sein. Sie darf also nicht offensichtlich schon aufgegeben sein oder in Bälde – z.B. wegen Bebauung – aufgegeben werden. Stilllegungen aufgrund von EG-Recht gelten nicht als Aufgabe der landwirtschaftlichen Nutzung.[4]

Die landwirtschaftliche oder gärtnerische Nutzung muss im Rahmen eines landwirtschaftlichen oder gärtnerischen Betriebes i.S. des §201 BauGB erfolgen. Die Nutzung z.B. als Gemüsegarten für einen Haushalt, als Klein- oder Schrebergarten in einer entsprechenden Anlage oder getrennt hiervon, als Hobbygelände für Schafe oder Pferde (anders allerdings bei Pensionstierhaltung, da diese zur Landwirtschaft i.S. des §201 BauGB zählt; vgl. Text des §201 oben bei der Vorbemerkung), reicht nicht aus.

---

2 VGH Baden-Württemberg (2.3.1998) 8 S 538/98, NVwZ-RR 98, 551 = BauR 98, 1217.

3 *Bruns*, §7 Rdnr. 24 setzt den Bauherrn mit dem Eigentümer gleich. Dem ist schon vom Wortlaut her nicht zu folgen. Die Angrenzerbenachrichtigung nach §55 LBO verdeutlicht, wer Bauherr ist.

4 Vgl. dazu §19 Anm. 4; VKK §7 Rdnr. 5.

4. Der Verpflichtung unterworfen sind nur Grundstücke, die im Außenbereich gem. §35 BauGB liegen. Ob dies der Fall ist, kann nur an Hand der bauplanungsrechtlichen Vorschriften im Einzelfall geklärt werden. Es kommt allein auf die Lage des belasteten Grundstücks an. Grundstücke in Gebieten mit rechtsgültigen qualifizierten Bebauungsplänen[5], in Gebieten eines in Kraft getretenen vorhabenbezogenen Bebauungsplans (Vorhabens- und Erschließungsplans), im unbeplanten Innenbereich nach §34 BauGB (Innerortslage, vgl. §12 Abs. 2 NRG), einschließlich der Gebiete mit Abrundungssatzungen nach §34 Abs. 4 Ziff. 4 BauGB sind der Verpflichtung nach §7 NRG nicht unterworfen. Dies gilt auch für Grundstücke am Rande der Bebauung, solange sie noch in einem Bebauungsplangebiet liegen oder dem Innenbereich nach §34 BauGB zuzurechnen sind. Liegt das Grundstück im Gebiet eines nicht qualifizierten Bebauungsplans (§30 Abs. 3 BauGB), kommt es auf die Einordnung nach §§34 (Innenbereich) oder 35 (Außenbereich) BauGB an: Liegt das Baugrundstück im Außenbereich, findet §7 Anwendung.

Ist im Bebauungsplan eine Grünfläche, eine gärtnerisch oder landwirtschaftlich nutzbare Fläche festgesetzt (z.B. gemäß §9 Abs. 1 Nr. 18 BauGB), so gilt §7 NRG nach seinem klaren Wortlaut auch dann nicht, wenn diese Flächen von einem landwirtschaftlichen Betrieb bewirtschaftet werden, wenn das mit der Abstandseinhaltung nach §7 NRG belastete Grundstück ebenfalls in einem Bebauungsplan ausgewiesen ist. Andererseits muss der Abstand gegenüber landwirtschaftlich und gärtnerisch genutzten Grundstücken eines Betriebes nach §201 BauGB eingehalten werden, wenn diese in einem Bebauungsplangebiet liegen, das belastete Grundstück sich aber außerhalb im Außenbereich befindet.

5. Zur **Grundstücksgrenze** muss ein **Abstand** eingehalten werden, der der Höhe der Außenwand entspricht und **senkrecht zur Außenwand** gemessen wird[6]. Dieser Abstand ist in zweifacher Hinsicht ein Mittelwert:

a) Die **Gebäudehöhe** – die das Abstandsmaß bestimmt – ist gemäß der Verweisung in Abs. 2 auf §5 Abs. 4 S. 2 bis 4 und Abs. 5 LBO die im Mittel gemessene Außenwandhöhe zwischen der **Geländeoberfläche am Fuß der Wand** einerseits und dem Schnittpunkt zwischen **Außenwand**

---

5 Aufstellungsbeschluss gemäß §2 BauGB genügt nicht; es muss ein genehmigter Bebauungsplan vorliegen, OLG Stuttgart (22. 1. 1963) Justiz 63, 157.

6 Im Einzelnen: *Holch*, Das Nachbarrechtsgesetz und das Bauen, VerwPrax. 60, 5 ff.

und Dach andererseits; dieser Schnittpunkt liegt dort, wo die (fortgesetzt gedachte) Außenwand durch die Dachoberfläche (z.B. Ziegel) stoßen würde. Die Bezugnahme auf die Geländeoberfläche am Fuß der Wand (§§7 Abs. 2 NRG. 5 Abs. 4 S. 2 LBO) bedeutet:

(1) Bei einem Gebäude, das mit dem Fuß der Außenwand höher liegt als die Grenze, ist die Höhendifferenz zwischen Grenze und Fuß der Außenwand zur Abstandsbestimmung nicht heranzuziehen (siehe Abbildung 2). Der Höhenunterschied vergrößert also nicht den Abstand.

(2) Umgekehrt ist von der Außenwandhöhe für die Bestimmung des Grenzabstandes nicht die Differenz abzuziehen, um die die Grundstücksgrenze höher liegt als der Fuß der Außenwand (siehe Abbildung 2).

(3) Ist die Außenwandhöhe, gemessen über der Grundstücksgrenze, unterschiedlich hoch (z.B. bei Hanggrundstücken, wenn das Gebäude in den Hang hineingebaut ist), so gilt für den einzuhaltenden Grenzabstand als maßgebliche Außenwandhöhe das arithmetische Mittel, also die höchste und niedrigste Höhe über dem Wandfuß geteilt durch 2 (Beispiel 3.00 m + 4.00 m : 2 = 3.50 m mittlere Wandhöhe) (siehe Abbildung 2).

(4) Bei Giebelseiten berechnet sich die mittlere Außenwandhöhe nach §5 Abs. 5 LBO.

Das **Dach** wird hierbei einer Neigung vom mehr als 45° zu einem Viertel seiner Höhe, bei einer Neigung von mehr als 70° in seiner vollen Höhe zur Wandhöhe hinzugezählt, §7 Abs. 2 NRG i. V. m. §5 Abs. 5 LBO.

b) Auch der **Grenzabstand** ist ein Mittelwert, der jedoch in keinem Fall weniger als 2.00 m betragen darf: Mit jeder der Nachbargrenze gegenüberliegenden Außenwand muss ein mittlerer, senkrecht zur Außenwand gemessener Grenzabstand eingehalten werden, der der (mittleren – vgl. oben a) –) Außenwandhöhe entspricht, mindestens aber 2.00 m betragen muss. Das bedeutet:

(1) Gebäude, die parallel zur Grenze errichtet oder erweitert werden, müssen die mittlere Außenwandhöhe, mindestens jedoch 2.00 m, auf der ganzen Länge des Gebäudes gegenüber der Grenze einhalten.

(2) Gebäude, die schräg zur Grundstücksgrenze errichtet oder erweitert werden sollen, müssen die mittlere Außenwandhöhe (vgl. oben a) als mittleren Abstand einhalten: Der größte und der geringste Abstand – senkrecht zur Außenwand gemessen – werden addiert und durch 2 dividiert: Dies ergibt den mittleren Abstand. Dieser muss mindestens 2.00 m

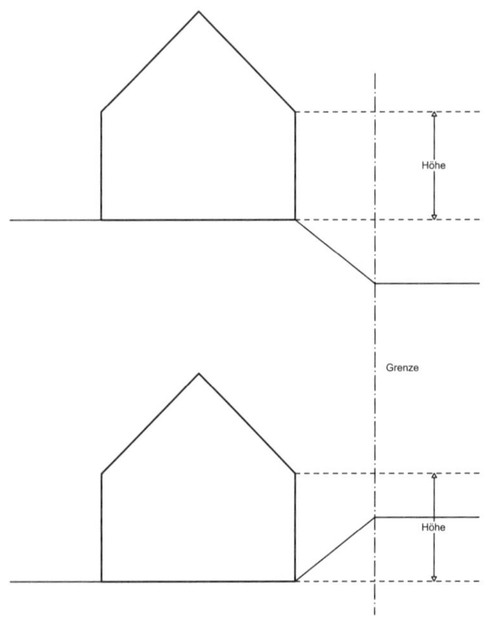

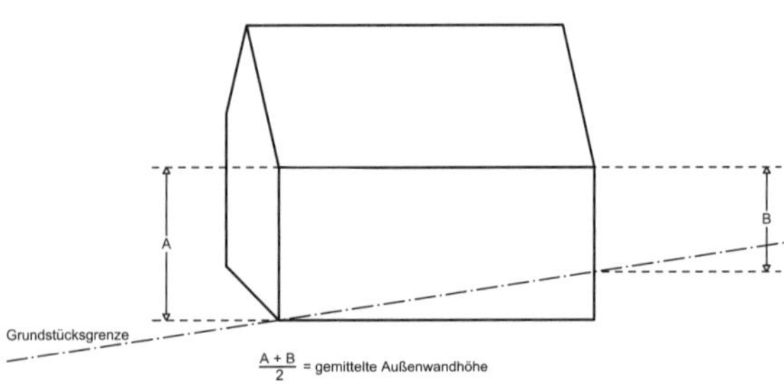

Abbildung 2 (zu §7, Ziffer 5a)

betragen, allerdings senkrecht zur Grenze, nicht zur Außenwand gemessen[7]; vgl. Abbildung 3.

Dies gilt auch nach dem durch die Novelle '95 geänderten Wortlaut des §7 Abs. 1 S. 2 NRG. Mit der Formulierung, dass der Abstand nirgends weniger als 2,00 m betragen darf, ist verdeutlicht, dass die Messung jeweils auf den kürzesten Abstand zur Grenze und nicht auf den senkrecht zur Außenwand festgestellten abhebt.

6. Die **Abstände nach §7** sind in der Regel **größer als jene der LBO**. Die Baurechtsbehörde hat auf die Abstände des §7 NRG nicht zu achten, da sie zivilrechtlich geregelt und nur auf Verlangen einzuhalten sind; vgl. §58 Abs. 3 LBO.[8]

a) §7 Abs. 3 beschränkt zeitlich die Möglichkeit, die Einhaltung des Gebäudeabstandes zu „verlangen", indem auf die entsprechende Anwendung der §3 Abs. 3 S. 2 und 3 NRG verwiesen wird:

„Nach Ablauf von zwei Monaten seit Zugang der Benachrichtigung nach §55 der Landesbauordnung ist das Verlangen ausgeschlossen. Die Frist wird dadurch gewährt, dass nach §55 der Landesbauordnung Einwendungen oder Bedenken erhoben werden."

Zu den Einzelheiten vgl. die Anmerkungen unter §3 NRG Ziff. 5 b und c.

b) §7 NRG stellt ein **Schutzgesetz** i. S. des §823 Abs. 2 BGB dar[9]. Wird der Abstand trotz „Verlangen" nicht eingehalten, so hat der Nachbar einen Anspruch auf Beseitigung. Die Regeln der §§912 ff. BGB – Überbau – sind nicht entsprechend anzuwenden wenn die Einhaltung des Abstandes rechtzeitig verlangt, aber nicht realisiert wird[10]. Der Nachbar hat einen Beseitigungsanspruch. Ist die Beseitigung unverhältnismäßig (§242 BGB), dann könnte an einen der Überbaurente entsprechenden Schadensersatzanspruch gedacht werden.

7.a) Nach Abs. 4 ist ein Grundstück durch den Bauherrn (vgl. dazu Ziff. 2) auf seine Kosten mit einer **Einfriedigung** zu versehen, soweit dies zum Schutz des Nachbargrundstückes erforderlich ist. Neu ist mit der

---

7 Vgl. Abs. 1 Satz 2; die Regelung „senkrecht zur Außenwand" ist hier nicht anzuwenden! So auch *Pelka*, S. 92; *VKK*, §7 Rdnr. 8; *Bruns*, §7 Rdnr. 15.

8 §58 Abs. 3 LBO: „Die Baugenehmigung wird unbeschadet privater Rechte Dritter erteilt."

9 BGH (20. 4. 1970) DB 70, 1126; vgl. auch Fundstelle 71, Rdnr. 503.

10 A. A. noch Vorauflage.

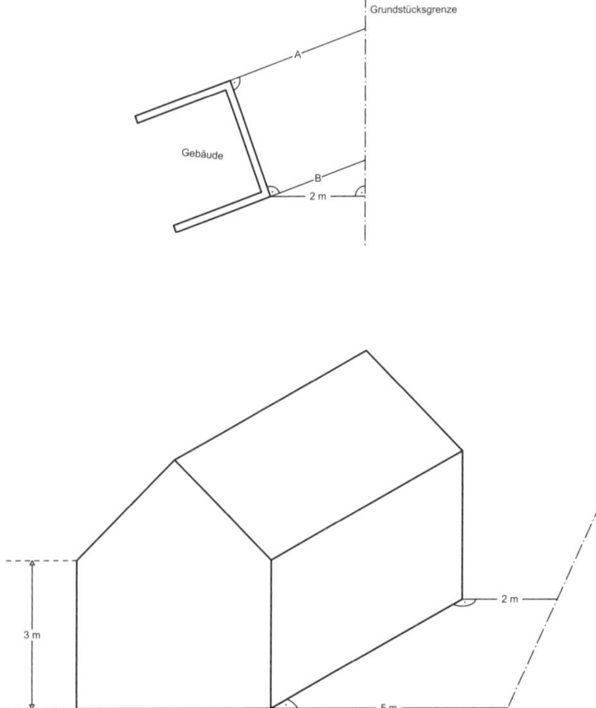

Abbildung 3 (zu § 7, Ziffer 5 b (2))

NRG-Novelle '95 eingeführt, dass eine Pflicht zur Setzung des Zauns nur dann besteht, wenn der (landwirtschaftliche) Nachbar dies verlangt. Dieses Verlangen ist nicht der Frist des Abs. 3 unterworfen[11]; es ist auch nicht an das Verlangen des Abs. 1 oder die Realisierung des Bauvorhabens gebunden[12]. Fällig wird der Anspruch mit der Geltendmachung des Verlangens, nicht mit sichtbarem Baubeginn auf dem (Außenbereichs-) Baugrundstück[13]. Die Verjährungsfrist beginnt mit der Geltendmachung des Verlangens. Eine Verwirkung ist möglich; es gelten insoweit die allgemeinen Voraussetzungen.

Materielle Voraussetzung für das Verlangen der Zaunsetzung ist die Erforderlichkeit des Schutzes des landwirtschaftlich genutzten Grundstücks: Eine solche Erforderlichkeit kann sich z. B. aus der Haustierhaltung (Hunde, Hühner) auf dem Baugrundstück ergeben. Die Erforderlichkeit wird sich in aller Regel nicht aus dem Bau, sondern aus der Nutzung ergeben. Deshalb räumt Abs. 4 den Anspruch unabhängig vom Bau und von der Frist des Abs. 3 ein.

Die Verpflichtung zur Errichtung des Zauns gilt – entgegen dem direkten Wortlaut des § 7 Abs. 4 NRG – nur gegenüber den in Abs. 1 genannten, also einem landwirtschaftlichen Betrieb dienenden Grundstücken, soweit das bebaute Grundstück im Außenbereich liegt, nicht etwa gegenüber allen Grundstücken unabhängig von ihrer Lage im Bebauungsplangebiet oder im unbeplanten Innenbereich (§ 34 BauGB). Die Erforderlichkeit bestimmt sich am Einzelfall, wie z. B. Verhinderung des Betretens und Befahrens des Nachbargrundstückes, Verhinderung von Störungen durch Haustiere (Hunde, Hühner usw.). Der mit dem Zaun einzuhaltende Abstand bestimmt sich nach § 11 NRG; vgl. dort. Zur baurechtlichen Genehmigungspflicht siehe § 50 Abs. 1 LBO i. V. m. Ziff. 45–47 des Anhangs der LBO.

b) Ein (bestehender) Anspruch auf Einfriedigung nach Abs. 4 kann nur dann durchgesetzt werden, wenn öffentlich-rechtliche Vorschriften nicht entgegenstehen, also das Bau- und Naturschutzrecht eine solche Einfriedigung nicht untersagt. Dies ist gerade im Außenbereich (§ 35 BauGB) dann nicht auszuschließen, wenn die freie Landschaft nicht durch Zäune „parzelliert" werden soll; vgl. z. B. § 35 Abs. 3 BauGB, der auf die Belange

---

11 *VKK*, § 7 Rdnr. 17.

12 *VKK*, § 7 Rdnr. 17; a. A. Bruns, § 7 Rdnr. 35 f.

13 A. A. *Bruns*, § 7 Rdnr. 36; wie hier *Pelka*, S. 94.

des Natur- und Landschaftsschutzes abhebt und §10 Abs. 2 LNatschG, der Regelungen über den Zugang zur freien Landschaft enthält. Die Vorschriften über die Genehmigungsfreistellung „offener Einfriedigungen ohne Sockel und Fundamente im Außenbereich, die einem land- oder forstwirtschaftlichen Betrieb dienen“ (Anhang Nr. 46 zu §50 Abs. 1 LBO) helfen in doppelter Hinsicht wenig: Zum einen müssen trotz der Genehmigungsfreistellung nach den Vorschriften der LBO die planungsrechtlichen Voraussetzungen des BauGB erfüllt sein[14]. Zum anderen stellt die zitierte Ziff. 46 nach ihrem Wortlaut nur den landwirtschaftlichen Betrieb und gerade nicht den zur Einhaltung des Abstands verpflichteten Nachbarn von der Genehmigungspflicht frei. Man wird die Ziff. 46 aber dahin auslegen können, dass ein „Dienen“ der Einzäunung zumindest dann vorliegt, wenn der landwirtschaftliche Betrieb einen Anspruch auf Einzäunung nach §7 Abs. 4 NRG geltend machen kann.

Entgegenstehende öffentlich-rechtliche Vorschriften können sich auch aus örtlichen Bauvorschriften oder Bebauungsplänen ergeben: Nach §74 Abs. 1 Ziff. 3 LBO kann die Gemeinde örtliche Bauvorschriften als Satzung erlassen über „Anforderungen an die Gestaltung und Nutzung der unbebauten Flächen der bebauten Grundstücke sowie über Notwendigkeit oder Zulässigkeit und über Art, Gestaltung und Höhe von Einfriedigungen“. Diese Satzungen sind nach den Bestimmungen der novellierten LBO nicht mehr Teil der Bebauungspläne, sondern eigenständige Satzungen.

---

14 BVerwG (19. 12. 1985) 7 C 65. 82, ZfBR 86, 82; BVerwG (22. 2. 1988) 7 B 28. 88, DÖV 88, 559.

§ 909 BGB (Vertiefung des Grundstücks)

Ein Grundstück darf nicht in der Weise vertieft werden, dass der Boden des Nachbargrundstücks die erforderliche Stütze verliert, es sei denn, dass für eine genügende anderweitige Befestigung gesorgt ist.

Vorbemerkung

§ 909 BGB schützt den Eigentümer gegen Veränderungen in der Standfestigkeit seines Grundstückes durch Vertiefung. Es kommt nicht auf die Auswirkungen der Vertiefung auf die Bebauung an; geschützt ist die Standfestigkeit des Grundstückes. § 7 a NRG erweitert und ergänzt diese Vorschrift. Gegen andere Folgen einer Vertiefung des Nachbargrundstücks, z. B. Versiegen einer Quelle, hilft die Vorschrift nicht. Hier sind ggf. andere Abwehransprüche (z. B. des Wasserrechtes) einschlägig. § 909 gilt nicht entsprechend für Erhöhungen[15].

Anmerkungen

1. **Vertiefung** i. S. dieser Vorschrift wird sehr weit verstanden. Gemeint sind damit oberirdische Abgrabungen (z. B. Aushub für ein Bauvorhaben), wie Niveauveränderungen, Gräben[16], Gruben, aber auch unterirdische Maßnahmen, wie Brunnenbau, Unterkellerung, Leitungsgräben, auch jede Maßnahme, die den Grundwasserstrom beeinflusst und dadurch oder aus anderen Gründen zu einem Nachgeben des Nachbargrundstücks führt[17], z. B. durch Abgraben eines Hangfußes[18], Abbruch eines Kellers[19]. Aushub ist nicht erforderlich, um von einer Vertiefung auszugehen. Auf die Dauer der Vertiefung kommt es nicht an; sie liegt auch bei nur vorübergehenden Maßnahmen vor. Vertiefung setzt eine Verursachung durch Handeln oder pflichtwidriges Unterlassen voraus, Naturkräfte (z. B. Abschwemmen durch starken Regen oder Hochwasser) genügen nicht.

---

15 BGH NJW 73, 54 m. w. N.

16 BGHZ 72, 289; BGH NJW 81, 50.

17 BGH VersR 64, 1070; BGH VersR 79, 768.

18 BGH NJW 80, 1679.

19 BGH NJW 80, 224.

2.a) Die **Vertiefung**, die dem Boden des Nachbargrundstückes[20] die erforderliche Stütze entzieht, ist **nur zulässig**, soweit für eine genügende anderweitige Befestigung gesorgt ist. Schlechter Zustand des Nachbargrundstückes lässt das Verbot nicht entfallen[21]; das Vertiefungsverbot gilt auch gegenüber künstlich aufgefüllten Grundstücken.

b) Dabei ist hier die **zivilrechtliche** Zulässigkeit geregelt[22]. Sie liegt nicht schon vor, wenn die Abgrabung baurechtlich genehmigt ist. Baurechtliche Genehmigungen werden stets „unbeschadet privater Rechte Dritter" erteilt, so ausdrücklich § 58 Abs. 3 LBO; einen Sonderfall regelt § 7 a NRG. Dies gilt nicht bei Planfeststellungen, § 75 Abs. 2 S. 1 VwVfG[23]: Nach Unanfechtbarkeit des Planfeststellungsbeschlusses sind (zivilrechtliche) Ansprüche auf Unterlassung des Vorhabens, auf Beseitigung oder auf Unterlassung der Nutzung ausgeschlossen. Einwendungen des Nachbarn sind während der Auslegung des Planes vorzutragen; danach ist der Betroffene ausgeschlossen (Präklusion).

c) Die §§ 9 und 10 NRG regeln die vergleichbaren Fälle von Grundstückserhöhungen. Die dort für notwendig angesehenen Vorkehrungen bei einer Grundstückserhöhung können in entsprechender Anwendung auch für die Bestimmung der **„anderweitigen Befestigung" nach** § 909 BGB herangezogen werden: Der Eigentümer, der sein Grundstück abgräbt oder sonst eine Vertiefung vornimmt, hat das Nachbargrundstück auf **seinem** Grundstück wahlweise durch eine **Böschung** oder **Stützmauer** zu sichern. Vgl. die Anmerkungen zu §§ 9 und 10 NRG.

d) Der **Umfang** der **Befestigungspflicht** bestimmt sich sowohl nach den im Zeitpunkt der Grundstücksvertiefung bestehenden Nutzungen (z. B. mit Gebäuden) als auch nach der zulässigen und realisierbaren Grundstücksnutzung (z. B. durch Bebauungsplan ausgewiesene Nutzung)[24]. Beweispflichtig für die notwendige Befestigung ist der die Stütze beanspruchende Grundstückseigentümer[25].

---

20 Schutzbereich ist weit zu ziehen: Nicht nur angrenzende Grundstücke, OLG Düsseldorf, VersR 77, 362.

21 BGH NJW 87, 2008, 2010.

22 BGH NJW 83, 872.

23 BGH, BauR 80, 582; SBS, Verwaltungsverfahrensgesetz, § 75 Rdnr. 58 ff. m. w. N.

24 BGH NJW 68, 1327; vgl. auch Fundstelle 68 Rdnr. 908.

25 BGH NJW 78, 1584; *Palandt/Bassenge*, § 908 Rdnr. 2.

Der Anspruch verjährt nicht, §924 BGB.

Die unzulässige Vertiefung gibt nach §909 BGB einen Unterlassungs- und Beseitigungsanspruch[26, 27]. §9 ist Schutzgesetz i.S. des §823 Abs. 2 BGB[28].

---

26 Vgl. im Einzelnen Palandt/Bassenge, §909 BGB.

27 Soweit es sich um öffentlich-rechtlich organisierte Straßenbauarbeiten handelt, ist der Rechtsweg zu den Verwaltungsgerichten gegeben. BGH NJW 79, 164.

28 BGH NJW 80, 1679. Zum (bejahten) Schadensersatzanspruch für abgestorbene Zypressen, die unter Verletzung der Abstandsvorschriften nach §16 gepflanzt worden sind, LG Mannheim (2.5.1985) 5 S 220/82, vgl. dazu Anmerkung 7 und FN 7 zu §16 NRG.

§ 7 a Gründungstiefe

(1) Darf nach den baurechtlichen Vorschriften auf benachbarten Grundstücken unmittelbar an die gemeinsame Grundstücksgrenze gebaut werden, so kann der Eigentümer des Nachbargrundstücks vom Erstbauenden eine solche Ausführung der Gründung verlangen, dass bei der späteren Durchführung seines Bauvorhabens zusätzliche Baumaßnahmen vermieden werden.

(2) [1]Dem Erstbauenden sind die durch dieses Verlangen entstehenden Mehrkosten zu erstatten. [2]Das Verlangen ist dem Erstbauenden vor Erteilung der Baugenehmigung mitzuteilen. [3]Er kann unter Setzung einer angemessenen Frist einen Vorschuss oder eine Sicherheitsleistung verlangen. [4]Wird ein ausreichender Vorschuss oder eine Sicherheitsleistung innerhalb der Frist nicht geleistet, so entfällt die Verpflichtung des Erstbauenden.

(3) [1]Wird die weitergehende Gründung zum Vorteil des Erstbauenden ganz oder teilweise ausgenutzt, so entfällt insoweit die Erstattungspflicht nach Absatz 2. [2]Bereits erstattete Kosten können zurückverlangt werden.

Einleitung

Die Vorschrift ist durch § 114 LBO a. F.[1] eingefügt worden. Sie stellt eine **Ergänzung und Erweiterung des § 909 BGB** dar.

Anmerkungen

1. Unmittelbar an die Grundstücksgrenze darf nur bei geschlossener Bauweise gebaut werden. Die Zulässigkeit der geschlossenen Bauweise muss sich aus den Festsetzungen eines Bebauungsplans (§ 22 BauNVO) oder aus § 34 BauGB – nicht beplanter Innenbereich – ergeben; §§ 5–7 LBO. Stets handelt es sich also um öffentlich-rechtliche Vorschriften, aus denen sich die Zulässigkeit des Grenzbaus ableitet.

2. Die Gründung ist beim Grenzanbau so auszuführen, dass **zusätzliche** Maßnahmen bei der späteren Erstellung eines Gebäudes auf dem Nachbargrundstück vermieden werden. Die Gründung des später erbauten Gebäudes wird also nicht etwa „vorgezogen"; sie muss auch durch

---

1 Vom 6. 4. 1964 (GBl. 151).

die genannten Maßnahmen nicht vereinfacht werden. Durch § 7a NRG sollen Mehraufwendungen beim Grenzbau verhindert werden, die allein dadurch entstehen, dass von der anderen Seite her schon an die Grenze gebaut wurde. Als Ausführungsmaßnahme kommt z. B. eine Tiefergründung o. Ä. in Betracht. Wird einem rechtzeitigen Tiefergründungsverlangen keine Folge geleistet, verpflichtet ein schuldhafter Verstoß gegen das Verlangen zum Schadensersatz der entstandenen Mehrkosten; § 7a NRG ist Schutzgesetz i. S. des § 823 Abs. 2 BGB[2].

3. Die durch die zusätzlichen Maßnahmen (vgl. Anm. 2) entstehenden Kosten sind zu erstatten, Abs. 2. S. 1. Zum sinnvollen Be- und Abrechnungsmodus vgl. unten Anm. 5. Der begünstigte, später bauende Nachbar hat Anspruch auf Rechnungslegung und – obwohl hier nicht geregelt – auf Übergabe genauer Pläne und Unterlagen, aus denen sich diese Zusatzmaßnahmen ergeben.

Nach Abs. 3 besteht kein Erstattungsanspruch des Erstbauenden, wenn seinem Grundstück und Bauvorhaben die zusätzlichen Baumaßnahmen (z. B. Gründung) nützen; dies ist z. B. der Fall, wenn durch eine Tiefergründung ein zusätzlich nutzbares Kellergeschoss entsteht; Abs. 3 S. 1. Schon vom Nachbarn an den Erstbauenden bezahlte Beträge sind in diesem Fall zurückzuerstatten. Abs. 3 S. 2. Es empfiehlt sich zusammen mit den erwarteten Mehrkosten auch diesen Fragenkomplex vorab zu regeln, vgl. Anm. 5.

4.a) Der begünstigte angrenzende Grundstückseigentümer hat sein Verlangen **vor Erteilung der Baugenehmigung** mitzuteilen. Er erfährt regelmäßig von dem Bauantrag durch die Angrenzerbenachrichtigung des Baurechtsamtes nach § 55 LBO. Eines gesonderten Hinweises auf die Rechte aus § 7a bedarf es jedoch nicht, weder vom Bauherrn noch von der Baurechtsbehörde. Das Verlangen ist dem Erstbauenden (nicht etwa dem Baurechtsamt) gegenüber mitzuteilen.

Die Forderung ist dem Erstbauenden gegenüber (nicht etwa dem Baurechtsamt) mitzuteilen. Gleichzeitig wird man aber aus dem besonderen nachbarschaftlichen Gemeinschaftsverhältnis eine Pflicht des Erstbauenden entnehmen müssen, den betroffenen Nachbarn auf die konkreten Bauabsichten hinzuweisen. Dies gilt vor allem dann und deshalb, weil die Angrenzerbenachrichtigung (z. B. versehentlich) vom Baurechtsamt vergessen werden kann. In einem solchen Fall kann der

2 OLG Karlsruhe (13. 3. 1983) 6 U 71/82.

Erstbauende nach Erteilung der Baugenehmigung die Forderung des angrenzenden Eigentümers dann nicht zurückweisen, wenn dieser nachweisen kann, dass er vom Bauantrag oder von der Grenzbebauung nichts gewusst hat.

Man wird in diesem Fall von einer Frist von 4 Wochen ausgehen, in denen der Nachbar das Verlangen geltend zu machen hat; die Frist entspricht der Nachbarbeteiligung nach § 55 Abs. 2 S. 1 LBO, also jener Frist, die der Nachbar Zeit hat, zu einem Baugesuch Stellung zu nehmen[3]. Ein Abheben auf die 2-Wochen-Frist nach § 55 Abs. 3 S. 2 und § 59 Abs. 4 LBO, nach deren Ablauf der Bauherr im Kenntnisgabeverfahren mit dem Bau beginnen darf, erscheint nicht richtig, da es nicht um ein Recht des Bauherrn, sondern um das des Nachbarn geht. Teilt der Bauherr seine Bauabsicht dem Nachbarn mit, so ist ihm in entsprechender Anwendung des § 55 Abs. 2 S. 1 LBO eine Frist zur Geltendmachung seines Verlangens nach § 7 a Abs. 1 einzuräumen. Die Frage, ob eine Baugenehmigung erforderlich ist oder ein Kenntnisgabeverfahren durchgeführt werden kann, ist nicht vom Nachbarn zu klären; Unklarheiten dürfen nicht zu seinen Lasten gehen.

Ein Anspruch gegen das Baurechtsamt bei vergessener Angrenzerbenachrichtigung auf Schadensersatz nach § 839 BGB (Amtspflichtverletzung) wegen der Nichtausführung dieser zusätzlichen Gründungsmaßnahmen besteht im Übrigen nicht. Die Angrenzerbenachrichtigung erfolgt aus baurechtlichen Gründen und nicht (auch) wegen § 7 a NRG[4,5]. Im Übrigen wird die Baugenehmigung gemäß § 58 Abs. 3 LBO unbeschadet privater Rechte Dritter erteilt.

b) Mit der seit 1. 1. 1996 geltenden neuen LBO ist für die in § 51 Abs. 1 LBO genannten Bauvorhaben das Kenntnisgabeverfahren anstatt dem Baugenehmigungsverfahren eingeführt, wenn das Grundstück innerhalb eines qualifizierten Bebauungsplans, § 30 Abs. 1 BauGB, und außerhalb eines Gebietes liegt, für das eine Veränderungssperre i. S. des § 14 BauGB gilt. Hier gilt das oben unter a) Gesagte entsprechend: Der Nachbar des

---

3 A. A. *Bruns*, § 7 e Rdnr. 9, der unter Verweis auf § 55 Abs. 2 Satz 1 LBO von 2 Wochen ausgeht.

4 A. A. *VKK*, § 7 a Rdnr. 14.

5 A. A. wohl *VKK*, § 7 a Rdnr. 3, danach soll der Anspruch nach Erteilung der Baugenehmigung entfallen.

Erstbauenden hat einen Anspruch auf Durchführung der Maßnahmen, sind diese nicht mehr realisierbar, hat er Schadensersatzansprüche.

5. Werden die zusätzlichen Maßnahmen verlangt, hat der Nachbar die dafür entstehenden (Mehr-)Kosten zu tragen. Der Erstbauende kann hierfür **Vorschuss** oder **Sicherheitsleistung** verlangen; er hat das Wahlrecht zwischen Vorschuss und Sicherheitsleistung.

Das Verlangen nach Vorschuss oder Sicherheitsleistung kann unter Setzung einer angemessenen Frist gestellt werden; hier scheinen 4 Wochen angemessen, kürzere Fristen problematisch[6], weil der Bauherr zusammen mit Fachleuten eine Prüfung vornehmen können muss. Wird es nicht erfüllt, entfällt die Verpflichtung zur Ausführung der zusätzlichen Maßnahme durch den Erstbauenden. Voraussetzung für den Vorschuss oder die Sicherheitsleistung und für die Fristsetzung ist, dass die zusätzlichen Maßnahmen konkretisiert und deren Kosten nachprüfbar kalkuliert oder gar bestimmt sind. Sinnvollerweise werden zwei alternative Kostenschätzungen erarbeitet:

Alternative 1: Kosten der Gründung ohne Berücksichtigung des Nachbargrundstückes.

Alternative 2: Kosten der Gründung mit Berücksichtigung des Nachbargrundstückes.

6. Die Differenz ist, es sei denn, der Erstbauende nutzt diese Maßnahmen selbst (Abs. 3 S. 1), auszugleichen (Abs. 2 S. 1). Mit diesen alternativen Kostenschätzungen wird gleichzeitig festzustellen sein, ob dem Erstbauenden ein Vorteil durch Alternative 2 entsteht oder ob er diesen ausnutzt. Im Falle des Ausnutzens der Baumaßnahme (auch) durch den Erstbauenden muss dieser, je nach seinem Vorteil, die aufgewendeten Kosten ganz oder teilweise selbst tragen. Schon bezahlte Beträge sind dann dem Nachbarn zurückzubezahlen; dies gilt auch dann, wenn das Ausnutzen erst zu einem späteren Zeitpunkt (z. B. durch einen Kellerausbau) erfolgt. Der Rückzahlungsanspruch verjährt nach §§ 195, 199 BGB drei Jahre nach dem (späteren) Ausnutzen, nicht drei Jahre nach der Baumaßnahme und damit dem Entstehen des Mehraufwandes[7], da der Erstattungsanspruch an das Ausnutzen der Baumaßnahme, nicht jedoch an das Ausführen der Baumaßnahme geknüpft ist, Abs. 3 S. 2.

---

6 *Bruns*, § 7 a Rdnr. 16 und 18.

7 So aber *Bruns*, § 7 a Rdnr. 14.

Es empfiehlt sich, die gegenseitigen Ansprüche in einem Vertrag zu regeln, der Art und Umfang der vom Erstbauenden zu erbringenden Zusatzleistungen genauso definiert wie die Gegenleistungen des Nachbarn. Regelungen über Beweissicherungen beim späteren Bau des Nachbarn und über Gewährleistungsansprüche hinsichtlich der vom Erstbauenden zu erbringenden Leistung sind anzustreben. Allein so können erhebliche Streitigkeiten vermieden werden.

7. Durch das Verlangen entsteht ein gesetzliches Schuldverhältnis; die Ansprüche gehen auf die Rechtsnachfolger über.

§ 912 BGB (Überbau)

(1) Hat der Eigentümer eines Grundstücks bei der Errichtung eines Gebäudes über die Grenze gebaut, ohne dass ihm Vorsatz oder grobe Fahrlässigkeit zur Last fällt, so hat der Nachbar den Überbau zu dulden, es sei denn, dass er vor oder sofort nach der Grenzüberschreitung Widerspruch erhoben hat.

(2) [1]Der Nachbar ist durch eine Geldrente zu entschädigen. [2]Für die Höhe der Rente ist die Zeit der Grenzüberschreitung maßgebend.

§ 913 BGB (Geldrente bei Überbau)

(1) Die Rente für den Überbau ist dem jeweiligen Eigentümer des Nachbargrundstücks von dem jeweiligen Eigentümer des anderen Grundstücks zu entrichten.

(2) Die Rente ist jährlich im Voraus zu entrichten.

§ 914 BGB (Rang und Eintragung der Rente)

(1) [1]Das Recht auf die Rente geht allen Rechten an dem belasteten Grundstück, auch den älteren, vor. [2]Es erlischt mit der Beseitigung des Überbaues.

(2) [1]Das Recht wird nicht in das Grundbuch eingetragen. [2]Zum Verzicht auf das Recht sowie zur Feststellung der Höhe der Rente durch Vertrag ist die Eintragung erforderlich.

(3) Im Übrigen finden die Vorschriften Anwendung, die für eine zu Gunsten des jeweiligen Eigentümers eines Grundstücks bestehende Reallast gelten.

§915 BGB (Wertersatz bei Überbau)

(1) [1]Der Rentenberechtigte kann jederzeit verlangen, dass der Rentenpflichtige ihm gegen Übertragung des Eigentums an dem überbauten Teil des Grundstücks den Wert ersetzt, den dieser Teil zur Zeit der Grenzüberschreitung gehabt hat. [2]Macht er von dieser Befugnis Gebrauch, so bestimmen sich die Rechte und Verpflichtungen beider Teile nach den Vorschriften über den Kauf.

(3) Für die Zeit bis zur Übertragung des Eigentums ist die Rente fortzuentrichten.

§916 BGB (Beeinträchtigung von Rechten bei Überbau)

Wird durch den Überbau ein Erbbaurecht oder eine Dienstbarkeit an dem Nachbargrundstück beeinträchtigt, so finden zu Gunsten des Berechtigten die Vorschriften der §§912 bis 914 entsprechende Anwendung.

Einleitung

Die §§912–916 BGB werden durch §7b NRG ergänzt; vgl. Einleitung zu §7b NRG.

Anmerkungen

1. Überbau i.S. der §§912–916 BGB ist jede dauernde Überschreitung der Grundstücksgrenzen mit einem **Gebäude**[8] (Definition vgl. §2 Abs.2 LBO). Dies gilt für ein **unterirdisches**[9] Überschreiten genauso wie für ein **oberirdisches**, oder ein Überschreiten im Luftraum[10].

§7b NRG regelt allein einen Sonderfall des Überbaus im Luftraum.

Die Vorschriften der §§912–916 BGB gelten nur für den Überbau mit Gebäuden, nicht mit anderen baulichen Anlagen, wie z.B. Aufschüttungen und Abgrabungen, Plätzen, Stützmauer[11]. Diese Überbauungen sind

---

8 Eine Grundstücksmauer unterfällt daher nicht den §§912ff. BGB. Ihr gegenüber besteht also keine Duldungspflicht aus §§912. Vgl. BGH MDR 73, 39; Fundstelle 73 Rdnr.417. Ebenso wenig Zufahrt zur Tiefgarage, OLG Karlsruhe (22.7.1998) 6 U 124/97.

9 *Palandt/Bassenge*, §912 Rdnr.6 BGB.

10 BGH NJW 76, 669; vgl. ausführlich zu §912 *Schmalzl*, Zum Tatbestand des Bauens über die Grenze, §912ff. BGB, BauR 81, 328 ff.

11 Vgl. FN 1.

stets unzulässig und daher zu beseitigen, wenn nicht eine allgemeine Duldungspflicht aus dem Gedanken der §§ 242, 251 Abs. 2 BGB besteht, vgl. unten Ziff. 5.

2. Die Vorschriften beinhalten einen gesetzlich normierten Interessenausgleich im Rahmen des nachbarrechtlichen Gemeinschaftsverhältnisses. Liegen die Voraussetzungen eines **zulässigen Überbaus** vor, dann bleiben die überbauten Gebäudeteile im Eigentum des Überbauenden[12] und der betroffene Grundstückseigentümer muss den Überbau, allerdings gegen Zahlung einer dauernden Bodenrente, dulden. Der überbaute Grundstücksteil bleibt im Eigentum des bisherigen Grundstückseigentümers, § 95 Abs. 1 S. 2 BGB.

3. Voraussetzung für diese **Duldungspflicht** ist:

a) Dem überbauenden Grundstückseigentümer darf weder Vorsatz noch grobe Fahrlässigkeit zu Last fallen[13], § 912 Abs. 1 BGB;

Ausnahme: § 7b NRG, der ausschließlich eine „vorsätzliche" Fallgestaltung regelt, vgl. dort.

b) Der betroffene Nachbar muss, soll ihn nicht die andauernde Duldungspflicht treffen, **vor** oder **sofort nach**[14] der Grenzüberschreitung Widerspruch gegenüber dem Überbauenden erhoben haben, § 912 Abs. 1 BGB. Es ist sinnvoll, den Widerspruch schriftlich und mit Zustellungsnachweis zu erheben, um den notwendigen Beweis auch sicher führen zu können.

c) Der Überbau ist rechtmäßig, wenn er ausdrücklich vertraglich vereinbart ist[15]; Überbaurente ist in diesem Fall nur dann zu bezahlen, wenn das (ausdrücklich) vereinbart ist.

---

12 BGH NJW 89, 221: der Überbauende hat auch das Recht den Überbau wieder zu beseitigen; dem kann der Eigentümer des überbauten Grundstücks nicht widersprechen.

13 Der BGH (NJW 77, 775) rechnet in ständiger Rechtsprechung das Verschulden der am Bau Beteiligten weder nach § 278 BGB, noch nach § 831 BGB dem Grundstückseigentümer zu. Allein die entsprechende Anwendung des § 166 BGB lässt der BGH zu. Der Architekt erfüllt die Voraussetzungen des § 166 BGB in der Regel (BGHZ 42, 63), sodass sich der Grundstückseigentümer dessen Handeln zurechnen lassen muss. Nicht zurechenbar ist dem Grundstückseigentümer dagegen das Verhalten des Bauunternehmers, BGH NJW 77, 775; vgl. auch Fundstelle 77 Rdnr. 306. A. A.: *VKK*, § 912, 2c.

14 BGH NJW 72, 1750; Fundstelle 72 Rdnr. 954.

15 OLG Karlsruhe, MDR 61, 761.

4. Folge der Duldungspflicht ist der Anspruch auf eine Überbaurente; § 912 Abs. 2 BGB. Hierfür gelten folgende Einzelregelungen:

a) Der **Rentenanspruch beginnt** mit dem Zeitpunkt des Überbaus, auch wenn dieser erst später entdeckt wird.

b) Der Anspruch besteht zwischen den jeweiligen Eigentümern; § 913 Abs. 1 BGB.

c) Die Zahlung ist jährlich im Voraus zu entrichten; § 913 Abs. 2 BGB. Der Zahlungsanspruch verjährt nach 3 Jahren, § 195 BGB. Die Verjährungsfrist beginnt am Ende des Jahres, in dem der Anspruch entstanden ist, wenn die anspruchsbegründenden Voraussetzungen und die Person des Überbauenden bekannt sind, § 199 BGB.

d) Die Höhe der Rente berechnet sich nach dem Verkehrswert zum Zeitpunkt des Überbaus, § 912 Abs. 2 S. 2 BGB[16].

e) Der Rentenanspruch geht – ohne Eintragung im Grundbuch – allen anderen Rechten an dem mit der Überbaurente belasteten Grundstück voraus; § 914 BGB.

Der Verzicht auf Überbaurente ist im Grundbuch des rentenverpflichteten Grundstücks einzutragen[17].

f) Der Rentenberechtigte (= Duldungsverpflichtete) kann die Übertragung des Grundstücksteils gegen Zahlung des Verkehrswertes zum Zeitpunkt des Überbaus jederzeit verlangen, § 915 BGB. Dieser Anspruch unterliegt nicht der Verjährung, § 924 BGB.

5. Der **Überbau ist unzulässig**, wenn ihm sofort widersprochen wird oder wenn er vorsätzlich oder grob fahrlässig geschah[18]. Dann besteht Beseitigungsanspruch nach § 1004 BGB, wenn dessen Geltendmachung nicht entsprechend § 251 Abs. 2 BGB rechtsmissbräuchlich ist.

6. Die Vorschriften gelten für die Beeinträchtigung eines Erbbaurechtes oder einer Dienstbarkeit (z. B. Überfahrtsrecht) entsprechend, § 916 BGB.

---

16 BGHZ 57, 304. Zur Bemessung der Überbaurente vgl. BGH NJW 76, 669 und OLG Stuttgart, MDR 76, 400.

17 Bay. OLG, DNotZ 77, 111; OLG Düsseldorf, DNotZ 78, 353.

18 Ein Eigentümer kann sich allerdings nicht erfolgreich mit einer verwaltungsgerichtlichen Anfechtungsklage gegen eine Baugenehmigung wehren, die ein Vorhaben zulässt, das sein Grundstück in Form eines Überbaus beansprucht, VGH Baden-Württemberg (4. 3. 1996) 5 S 1798/95, VBlBW 1996, 299. Der Grundstückseigentümer muss zivilrechtlich vorgehen.

§7b Überbau

(1) [1]Darf nach den baurechtlichen Vorschriften unmittelbar an die gemeinsame Grundstücksgrenze gebaut werden, so hat der Eigentümer des Nachbargrundstücks in den Luftraum seines Grundstücks übergreifende untergeordnete Bauteile, die den baurechtlichen Vorschriften entsprechen, zu dulden, solange diese die Benutzung seines Grundstücks nicht oder nur unwesentlich beeinträchtigen. [2]Untergeordnete Bauteile sind insbesondere solche Bestandteile einer baulichen Anlage, die deren nutzbare Fläche nicht vergrößern.

(2) Darf an beiden Seiten unmittelbar an die gemeinsame Grundstücksgrenze gebaut werden, so haben die Eigentümer der benachbarten Grundstücke zu dulden, dass die Gebäude den baurechtlichen Vorschriften entsprechend durch übergreifende Bauteile angeschlossen werden.

(3) [1]Der Eigentümer des Gebäudes, von dem Bauteile übergreifen, hat dem Eigentümer des Nachbargebäudes den durch den Anschluss nach Absatz 2 entstandenen Schaden zu ersetzen. [2]Auf Verlangen des Berechtigten ist vor Beginn dieser Maßnahme eine Sicherheitsleistung in Höhe des voraussichtlich entstehenden Schadens zu leisten.

Einleitung

Die §§912ff. BGB schließen die Zulässigkeit des bewussten (= vorsätzlichen) Überbaus aus. §7b NRG sieht die Zulässigkeit eines Überbaus unter den in der Vorschrift näher geregelten Voraussetzungen auch für diesen Fall vor, wenn das (öffentlich-rechtliche) Baurecht den Grenzbau erlaubt (Abs. 1) oder gar vorschreibt (Abs. 2 i.V.m. §22 Abs. 3 BauNVO).

§7b NRG beschränkt allerdings die Anwendung auf Bauteile, die in den **Luftraum** des Nachbargrundstückes übergreifen, ohne dass gleichzeitig Grund und Boden tatsächlich und direkt in Anspruch genommen wird. Einen Sonderfall des „unterirdischen Überbaus" behandelt neben den §§912–916 BGB im Übrigen §7a NRG, vgl. dortige Kommentierung. Es handelt sich also um eine Erweiterung des Überbaurechtes gegenüber §912 BGB. Die Erweiterung liegt nicht in der Art des Überbaus (im Luftraum[1]), sondern in der Tatsache, dass er auch „vorsätzlich" (weil baurechtlich erlaubt) zulässig ist.

---

1 Auch das ist ein Überbau nach §912 BGB, BGH NJW 76, 669.

§7b NRG wurde durch §114 LBO a.F.[2] eingefügt. Aus der Sicht der LBO handelt es sich um eine der Gestaltung und Bauordnung (z.B. Feuchtigkeitsschutz, Standsicherheit in Abs. 2) dienende Vorschrift, die mangels öffentlich-rechtlicher Regelungskompetenz dem Zivilrecht zugeordnet ist.

Bedenken dahingehend, ob der Landesgesetzgeber zum Erlass einer solchen Norm befugt sei[3], bestehen nicht. Über Art. 124 EGBGB darf der Landesgesetzgeber nicht das BGB ändern[4], wohl aber über das BGB hinausgehende Eigentumsbeschränkungen zu Gunsten eines Nachbarn vorsehen. Art. 124 EGBGB bestimmt ausdrücklich, dass das BGB insoweit keine abschließende Regelung enthält.

Anmerkungen

1. Die **Zulässigkeit des Anbaus an die gemeinsame Grundstücksgrenze** leitet sich allein aus der bestandskräftigen Baugenehmigung als der Konkretisierung der baurechtlichen Vorschriften für den Einzelfall ab, Abs. 1 S. 1; vgl. im Übrigen Anm. 1 zu § 7a NRG.

2. Zu dulden sind – unter den weiteren Voraussetzungen, vgl. unten Anm. 3 – **untergeordnete Bauteile**, die in den **Luftraum** des Grundstückes ragen. Untergeordnet sind nach Abs. 2 insbesondere solche Teile einer baulichen Anlage, die die **nutzbare Fläche nicht vergrößern**. Gemeint sind untergeordnete Bauteile wie Dachvorsprünge[5], Eingangs- und Terrassenüberdachungen; Gesimse, Dachrinnen, nicht aber unterirdische Lichtschächte[6]. Die Frage, ob ein außen am Gebäude angebrachter Vollwärmeschutz zu dulden ist, bestimmt sich nach der Änderung des NRG nicht mehr nach §7b[7].

---

2 Gesetz vom 6.4.1964 (GBl. 151).

3 Ausführlich *Bruns*, §7b Anm. 4.

4 *Palandt/Bassenge*, Art. 124 Rdnr. 1 EGBGB.

5 Auch das ist ein Überbau nach §912 BGB; BGH NJW 76, 669.

6 Unterirdische Lichtschächte gehören nicht zu den in §7b NRG genannten Bauteilen, da sie nicht in den Luftraum ragen. So aber unrichtigerweise OLG Karlsruhe (6 U 159/79). Anwendung findet gegebenenfalls §912 BGB.

7 In der Vorauflage (§ 7b Ziff. 2) wurde noch davon ausgegangen, dass ein nachträglich aufgebrachter Vollwärmeschutz (ca. 15 cm) bei einer baurechtlich zulässigen Grenzwand einen untergeordneten Bauteil i.S. dieses §7b darstellt;

Eine Werbetafel an einer grenzbündigen Giebelwand, die in den Luftraum des Nachbargrundstücks ragt, ist nicht untergeordnet; sie vergrößert auch die nutzbare Fläche (eben um diese Werbemöglichkeit)[8].

Durch das Wort „insbesondere“ wird verdeutlicht, dass die Duldungspflicht – bei Vorliegen der weiteren Voraussetzungen, vgl. Ziff. 3 – auch gegenüber untergeordneten Bauteilen bestehen kann, die die nutzbare Fläche vergrößern; vgl. auch § 5 Abs. 6 LBO und die dort genannten „untergeordneten Bauteile“, die z. T. die nutzbare Fläche vergrößern (z. B. Erker, Balkone).

Der Hintergrund dieser Duldungspflicht ergibt sich aus Folgendem: Wenn das Bauplanungs- oder Bauordnungsrecht die Bebauung an der Grenze will (§ 22 Abs. 3 BauNVO) oder zulässt (§ 6 LBO), dann gibt es – technisch bedingt – Bauteile, die über die Grenze ragen. Bestes Beispiel: die Grenzgarage. Nach § 6 Abs. 1 S. 2 LBO darf eine Garage bis zu einer bestimmten Größe direkt mit ihrer Außenwand an die Grenze gebaut werden. Hat diese Garage ein Flachdach, dann wird in der Regel die Attika über die Grenze ragen, wenn die Außenwand direkt an der Grenze steht; bei einem geneigten Dach wird der Dachüberstand und die Dachrinne in den Luftraum des Nachbargrundstücks ragen müssen, soll die Außenwand auf der Grenze stehen[9].

3. Weitere Voraussetzung neben dem Merkmal der Unterordnung ist die Unwesentlichkeit der Störung für das Nachbargrundstück. Voraussetzung für diese Unwesentlichkeit ist, dass durch den Überbau die Nutzbarkeit des in Anspruch genommenen Grundstückes in seinem zulässigen Umfang nicht oder nur unwesentlich gestört wird. Eine Störung

---

a. A. OLG Karlsruhe (9. 12. 2009) 6 U 121/09, NJW 2010, 620, das von einer Nutzungserweiterung ausgeht, weil als Alternative die Anbringung des Wärmeschutzes im Inneren des Gebäudes vorstellbar sei. BGH (11. 4. 2008) V ZR 158/07, NJW 2008, 2032 bejaht die Duldungspflicht, wenn eine Giebelwand noch nicht vollständig angebaut ist.

8 VGH Baden-Württemberg (7. 10. 1982) 3 S 1255/82.

9 A. A.: AG Emmendingen (18. 10. 1994) 3 C 628/93: Die Dachrinne eines an der Grenze stehenden Carports, die zwischen 2 und 12 cm über die Grenze ragt, sei auch nach § 7b NRG nicht zulässig, weil die Vorschrift „nach ihrem Sinn und Zweck ein Übergreifen von untergeordneten Bauteilen, zu denen auch Dachrinnen gehören, ermöglichen, wenn dies aus Gründen der Baugestaltung oder des Feuchtigkeitsschutzes wünschenswert ist“. Diese auf *Pelka* (S. 83)

kann auch vorliegen, wenn der Überbau indirekt zur Benachteiligung führen kann (z.B. Entstehen von Schmutzecken). Auch diese Störung muss wesentlich sein, soll sie die Duldungspflicht beseitigen[10]. Deshalb wird die Unwesentlichkeit im Regelfall nur dort zu verneinen sein, wo ein beidseitiger Grenzanbau insgesamt oder teilweise (in der Höhe und in der Breite der Grenzbebauung) stattfinden kann oder stattzufinden hat und jeder Überbau den jeweils anderen in seinem oberirdischen Grenzanbau behindert; einen Sonderfall behandelt Abs. 2, vgl. dazu Anm. Ziff. 4.

4. Abs. 2 regelt den „wechselseitigen" Überbau. Hier handelt es sich um tatsächlich notwendige Anschlüsse (= Verbindungen), bei beiderseitigem Anbau, z.B. gegenseitige Verankerung der Brandwände u.Ä. Die Vorschrift gilt nur insoweit, als zwingende (öffentlich-rechtliche) Bauvorschriften den Anschluss anordnen. Dies ist bei Festsetzungen der geschlossenen Bauweise (§ 22 BauNVO) gegeben, ebenso bei tatsächlich vorhandener geschlossener Bauweise nach § 34 BauGB (unbeplanter Innenbereich).

5. Etwaige Schäden am Nachbarhaus sind beim Anschluss nach Abs. 2 gemäß Abs. 3 S. 1 zu ersetzen. Die Vorschrift entspricht der Regelung in § 7 a Abs. 2 S. 1 NRG.

§ 7 b NRG, insbesondere Abs. 2 und Abs. 3 Satz 1 gelten **nicht**, wenn ein angebautes Gebäude abgerissen wird. Werden dadurch bauliche Maßnahmen am bestehenbleibenden Gebäude notwendig, so geht das allein zu dessen Lasten. Etwas anderes gilt nur, wenn eine gemeinsame Wand (z.B. halbscheidige Giebelwand) auf der Grenze steht, vgl. § 7 e NRG, §§ 921, 922 BGB; siehe dort Anmerkung 3 c).

6. Der Anschlussverpflichtete kann Sicherheitsleistung verlangen. Die Höhe bestimmt sich nach dem voraussichtlichen Schaden; § 7 Abs. 3 S. 2 NRG. Dieser ist entsprechend vorab festzustellen; vgl. § 7 a NRG Anm. 5.

---

sich stützende Ansicht ist durch den Wortlaut des § 7 b NRG nicht gedeckt, zumindest aber dort missverständlich formuliert: Gründe der Baugestaltung oder des Feuchtigkeitsschutzes sind für die Zulässigkeit des Überbaus nach § 7 b NRG nicht maßgebend; reine bautechnische Belange, ohne die die baurechtlich zulässige Grenzbebauung nicht realisiert werden kann, reichen aus.

10 Verneint für Laub- und Schmutzansammlungen in Lichtschächten, OLG Karlsruhe (6 U 153/79), vgl. aber oben Anm. 2.

Der Anschluss kann bis zur Erbringung der Sicherheitsleistung untersagt werden.

7. Die Vorschrift schafft eine über § 912 BGB hinausgehende Duldungspflicht. Das bedeutet, dass die Vorschriften hinsichtlich der **Überbaurente** (§§ 912, 913 ff. BGB) auch im Rahmen des § 7b NRG Anwendung finden. Dies wird nicht durch Abs. 3 ausgeschlossen; diese Vorschrift stellt allein eine Schadensregulierung im Falle eines Anbaus an den überragenden Gebäudeteil dar. Einer Überbaurente wird in diesem Fall von anderer Seite deutlich widersprochen: Bruns[11] hebt darauf ab, § 7c Abs. 3 enthalte einen ausdrücklichen Verweis auf die Regelung der Überbaurente, ein solcher Verweis fehle in § 7b; dies schließe einen Anspruch aus. Diesem (durchaus gewichtigen) Gegenargument ist nicht zu folgen: Eine unterschiedliche Behandlung des Überbaus in den Fällen der §§ 7b und 7c ist weder angezeigt noch begründbar. In beiden Fällen liegt eine Inanspruchnahme fremden Eigentums vor. §§ 7b und 7c auferlegen dem Nachbarn eine Duldungspflicht, wenn die Voraussetzungen des Überbaus erfüllt sind. Auf die Frage, welchen tatsächlichen Umfang der Überbau einnimmt, kommt es bei der Feststellung einer Überbaurente dem Grunde nach nicht an[12]; dies ist eine Frage der Höhe der Überbaurente. Ein Weiteres kommt hinzu: § 7b lässt in dem dort geregelten Umfang mit der statuierten Duldungspflicht auch den bewussten (i. S. des § 912 BGB: Vorsatz oder grobe Fahrlässigkeit) Überbau zu. Allein diese Tatbestandsvoraussetzung des § 912 BGB ändert § 7b, nicht aber die Rechtsfolge der Überbaurente: Jeder Überbau nach § 7b ist stets (!) auch ein solcher nach § 912 BGB[13]; es ist keine Rechtfertigung erkennbar, den nach § 912 Abs. 1 BGB nicht sofort Widersprechenden, vom Überbau Betroffenen besser zu stellen als den nach § 7b zur Duldung Verpflichteten. Mit dem Blick auf Art. 124 EGBGB und die Frage nach dessen Verfassungsmäßigkeit (Zuständigkeit des Landes)[14] spricht für die Zubilligung einer Überbaurente im Falle des § 7b auch die verfassungskonfor-

---

11 *Bruns*, § 7b Rdnr. 21.

12 *Palandt/Bassenge*, § 912 Rdnr. 6; vgl. auch BGH (21. 1. 1983) V ZR 184/81, NJW 1983, 1112, bei der der Streit um einer Überbaurente von DM 75,00 pro Jahr ging!

13 Vgl. BGH (23. 01. 1983), a. a. O.

14 Vgl. oben, Einleitung a. E.

me Auslegung: Der zur Duldung nach §7b verpflichtete Nachbar wird bei der Überbaurente so gestellt, wie bei der Anwendung des §912 BGB.

§7c Überbau durch Wärmedämmung

(1) [1]Eigentümer und Nutzungsberechtigte eines Grundstücks haben zu dulden, dass eine Wärmedämmung, die nachträglich auf die Außenwand eines an der Grundstücksgrenze stehenden Gebäudes aufgebracht wurde, sowie die mit dieser in Zusammenhang stehenden untergeordneten Bauteile auf das Grundstück übergreifen, soweit und solange

1. diese die Benutzung des Grundstücks nicht oder nur geringfügig beeinträchtigen und eine zulässige beabsichtigte Nutzung des Grundstücks nicht oder nur geringfügig behindern und
2. die übergreifenden Bauteile nach öffentlich-rechtlichen Vorschriften zulässig oder zugelassen sind.

[2]Eine nur geringfügige Beeinträchtigung im Sinne von Satz 1 Nummer 1 liegt insbesondere dann nicht vor, wenn die Überbauung die Grenze zum Nachbargrundstück in der Tiefe um mehr als 0,25 m überschreitet. [3]Die Duldungspflicht besteht nur, wenn im Zeitpunkt der Anbringung der Wärmedämmung eine vergleichbare Wärmedämmung auf andere, die Belange der Eigentümer beziehungsweise Nutzungsberechtigten schonendere Weise mit vertretbarem Aufwand nicht vorgenommen werden konnte.

(2) Die Duldungspflicht nach Absatz 1 ist ausgeschlossen, wenn

1. die Errichtung des betroffenen Gebäudes an der Grundstücksgrenze öffentlich-rechtlichen Vorschriften widerspricht, es sei denn, der jeweilige Eigentümer beziehungsweise Nutzungsberechtigte des überbauten Grundstücks kann sich hierauf nach den Vorschriften des öffentlichen Rechts nicht oder nicht mehr berufen, oder
2. die Anbringung einer Wärmedämmung mit zumindest entsprechender räumlicher Ausdehnung bereits im Zeitpunkt der Errichtung des Gebäudes üblich war.

(3) [1]Den Eigentümern und dinglich Nutzungsberechtigten des überbauten Grundstücks ist ein angemessener Ausgleich in Geld zu leisten. [2]Soweit nichts anderes vereinbart wird, gelten §912 Absatz 2 und §§913 und 914 des Bürgerlichen Gesetzbuchs (BGB) entsprechend.

(4) Eigentümer und Nutzungsberechtigte des überbauten Grundstücks können verlangen, dass die Eigentümer des durch den Wärmeschutz-

überbau begünstigten Grundstücks die gedämmte Fassade in einem ordnungsgemäßen Zustand erhalten.

(5) [1]Die Veranlasser des Überbaus haben den Eigentümern oder Nutzungsberechtigten des überbauten Grundstücks den durch den Überbau entstehenden Schaden ohne Rücksicht auf Verschulden zu ersetzen. [2]Veranlassern stehen Eigentümer des durch den Wärmeschutzüberbau begünstigten Grundstücks gleich, wenn sie den Überbau zwar nicht veranlasst haben, ihn aber dulden.

Einleitung

§ 7 c ist durch das „Gesetz zur Änderung des Nachbarrechtsgesetzes" vom 4. 2. 2014 neu in das Gesetz aufgenommen worden[1]; die bisherigen §§ 7 c bis e sind entsprechend aufgerückt.

Die Vorschrift soll sicherstellen, dass **Wärmedämmungen an bestehenden Gebäuden** unter näher bestimmten Voraussetzungen auch dann angebracht werden können, wenn dadurch ein Überbau des Nachbargrundstückes stattfindet[2]. Das OLG Karlsruhe[3] hatte die Anwendung des § 7 b mit der Begründung verneint, eine außen aufgebrachte Wärmedämmung würde die nutzbare Fläche des Gebäudes vergrößern, weil die Alternative die innen aufgebrachte Dämmung wäre[4].

Anmerkungen

1. Regelungssystem

a) Überbau

§ 7 c regelt die Voraussetzungen, unter denen die Grenze mit einer Wärmedämmung überbaut werden darf. Für den Überbau nach § 7 c kommt es nicht darauf an, dass das Gebäude auf der Grenze steht. Die Regelung gilt auch für nahe an der Grenze stehende Gebäude; der Begriff „an der Grenze" deckt beide Situationen ab[5]. Eine auf der Grenze stehende, zum

---

1 GBl. 2014, 65.

2 Zu den verfassungsrechtlichen Bedenken, die nicht geteilt werden, *Bruns*, § 7 c Rdnr. 3 und hier: § 7 b.

3 OLG Karlsruhe (9. 12. 2009) 6 U 121/09, NJW 2010, 620

4 Vgl. dazu auch § 7 b.

5 A. A. *Pelka*, S. 81; wie hier *Bruns*, § 7 c Rdnr. 6.

Anbau bestimmte Wand (geschlossene Bauweise) schließt die Anwendung des §7c nicht aus[6]; das „solange“ in Abs. 1 Satz 1 stellt sicher, dass der Anbau später erfolgen kann[7].

b) Duldungspflicht

Duldungsverpflichtet sind der Eigentümer des zu überbauenden Grundstückes, ebenso jeder Nutzungsberechtigte. Die Nutzungsberechtigung kann sich auf ein obligatorisches (z. B. Miete) oder dingliches (z. B. Nießbrauch) Recht stützen.

2. Wärmedämmung

Zur Wärmedämmung i. S. der Regelung gehören das eigentliche Dämmmaterial, genauso aber dessen Befestigung und die Maßnahmen, die durch die Dämmung ausgelöst werden; z. B. Versetzen eines Regenfallrohrs, Erweiterung des Dachs, Vergrößerung einer Fensterbank[8]. Nicht unter den Begriff der Wärmedämmung fallen Bauteile oder sonstige Maßnahmen, die ihrerseits (auch) der Wärmedämmung dienen (können) und benutzbar sind[9]. §7c beschränkt den Umfang der Wärmedämmung nicht; die Vorgaben der Energiesparverordnung (EnEV) definieren die hier interessierende, zulässige Wärmedämmung weder allgemein noch in der zulässigen Stärke[10].

3. Duldungspflicht, Abs. 1 und 2

Die Duldungspflicht des Überbaus unterliegt mehreren Voraussetzungen, konkretisiert durch „Gegenausnahmen“. Die Vorschrift des §7c ist (unnötig) kompliziert aufgebaut. Die nachfolgende Kommentierung versucht, ein **System zur Überprüfung des Vorliegens der Duldungspflicht** darzustellen. Präsentiert wird eine Abfolge nach dem „KO-System“: Ist eine der Voraussetzungen nicht erfüllt, kann die Duldungspflicht nicht entstehen; die weitere Prüfung erübrigt sich.

a) Vorhandenes Gebäude, Abs. 1 S. 1

Die Duldungspflicht setzt ein **vorhandenes Gebäude** voraus, an dem **nachträglich** die grenzüberschreitende Wärmedämmung angebracht

---

6 A. A. wohl *Bruns*, §7c Rdnr. 6.

7 Siehe unten Ziff. 3b, bb und dd.

8 §7c Abs. 1 S. 1: ... *Die im Zusammenhang mit der Wärmedämmung stehenden untergeordneten Bauteile ...*

9 Z. B. wintergartenähnliches Fenster, vorgehängte Glaswand.

10 *Bruns*, §7 Rdnr. 4.

werden soll. Vom Sinn und Zweck der Regelung her sollen bestehende Gebäude mit einer Wärmedämmung versehen werden können, auch wenn dies zu einer Grenzüberschreitung führt. Dieser Ausgangspunkt der Regelung führt zu den Auslegungskriterien des „nachträglich“, die z.T. (erst) in Abs. 2 Ziff. 2 angesprochen sind:

- Der Begriff setzt voraus, dass das Gebäude errichtet ist und bisher ohne Wärmedämmung genutzt wird. Dies schließt ein „nachträglich“ in einem engen zeitlichen Zusammenhang mit der Errichtung des Gebäudes aus.
- Erweiterung eines bestehenden Gebäudes (z.B. Anbau) erfüllen für sich genommen nicht die Voraussetzungen des „nachträglich“; diese liegen nur vor, wenn die Wärmedämmung an ein bestehendes Gebäude angebracht werden soll. Insoweit wird der Anbau wie ein Neubau behandelt.
- Das „nachträglich“ schließt eine Duldungspflicht des Eigentümers des zu überbauenden Grundstücks auch dann aus, wenn zum Zeitpunkt der Errichtung des Gebäudes Wärmedämmmaßnahmen schon üblich und von der EnEV angeregt oder gefordert werden, **so ausdrücklich Abs. 2 Ziff. 2**. Ob insoweit ein „nachträglich“ vorliegt, ist im Einzelfall zu bestimmen.
- Gebäude, die ab Inkrafttreten des §7c errichtet werden (ab Februar 2014), können den Tatbestand des „nachträglich“ nicht (mehr) erfüllen, da diese Gebäude von vorneherein mit dem für die Wärmedämmung notwendigen Abstand errichtet werden können, Abs. 2 Ziff. 2.

Ob in einem solchen Fall §7b Anwendung finden kann, erscheint zweifelhaft[11], ist auf jeden Fall nach den dortigen Kriterien zu prüfen.
Ist die Voraussetzung des „nachträglich“ nicht erfüllt, kann keine Duldungspflicht des Eigentümers oder des Nutzungsberechtigten entstehen. Die Überprüfung der nachfolgenden Schritte entfällt.

b) Keine nur geringfügige Beeinträchtigung, Abs. 1 S. 1 Ziff. 1
Die Duldungspflicht wird an der Beeinträchtigung des überbauten Grundstücks gemessen, dabei ist ein räumliches und ein zeitliches Kriterium zu unterscheiden. Die Duldungspflicht besteht, wenn die **Benutzung des Grundstücks in seinem jetzigen Zustand** nicht oder nur geringfügig beeinträchtigt wird und eine **beabsichtigte Nutzung** nur

11 Vgl. §7b Ziff. 2 und OLG Karlsruhe (9.12.2009) 6 U 121/09, NJW 2010, 620.

geringfügig oder nicht behindert wird. Die Regelung unterscheidet also zwischen ausgeübter und beabsichtigter Nutzung.

aa) Ausgeübte Nutzung

Räumlich wird die Beeinträchtigung an der möglichen Einschränkung der konkret ausgeübten Nutzung des zu überbauenden Grundstücks beurteilt. Wird diese nicht nur geringfügig[12] eingeschränkt, besteht keine Duldungspflicht (z.B. erschwerte oder ausgeschlossene Befahrbarkeit einer Zufahrt zwischen zwei Gebäuden).

bb) Beabsichtigte Nutzung

Eine beabsichtigte Nutzung liegt vor, wenn im Zeitpunkt der Anbringung der grenzüberschreitenden Wärmedämmung die zukünftige Nutzung hinreichend klar ist, nur mit deren Vollzug noch nicht begonnen wurde. Eine beabsichtigte Nutzung i.S. dieser Regelung setzt also eine hinreichende Konkretisierung und Ernsthaftigkeit ihres Vollzuges voraus. Sie muss baurechtlich zulässig sein.

cc) Geringfügige Behinderung und Beeinträchtigung

Voraussetzung für die Duldungspflicht ist, dass die Benutzung des überbauten Grundstückes nur geringfügig behindert (tatsächlich) oder beeinträchtigt (in der Zukunft) wird. Dies ist stets im Einzelfall anhand der vorhandenen Verhältnisse festzustellen, dabei ist ein strenger Maßstab zu Lasten des Überbauenden anzulegen, weil es letztlich um die Einschränkung fremden Eigentums geht. Abs. 1 S. 1 enthält insoweit eine Einschränkung, die den Überbauenden verpflichtet, Dämmstoffe zu wählen, die hocheffizient sind[13].

Die Duldungspflicht besteht, anders als in §7b, auch dann, wenn sie die nutzbare Fläche des Grundstückes, auf dem die Wärmedämmung angebracht werden soll, vergrößert[14]. Dies wird regelmäßig der Fall sein, weil die Wärmedämmung sonst im Gebäude unterzubringen wäre.

Eine absolute Grenze, ohne dass es auf eine Behinderung oder Benachteiligung ankäme, setzt Abs. 1 S. 2: Mehr als 0,25 m darf die Wärmedämmung nicht betragen[15].

---

12 Vgl. dazu unten dd).

13 *Busch*, in: *SHB*, LBO Baden-Württemberg, §5 Rdnr. 101.

14 *Pelka*, S. 82.

15 Eine Überschreitung lässt die Duldungspflicht entfallen und führt zur Rückbauverpflichtung, wie hier: *Bruns*, §7c Rdnr. 8.

dd) Zeitliche Begrenzung der Duldungspflicht
Abs. 1 S. 1 bringt mit dem Wort „solange" eine zeitliche Begrenzung der Duldungspflicht. Sie entfällt, wenn zu einem späteren Zeitpunkt auf dem überbauten Grundstück Nutzungen (mit und ohne vorherige Baumaßnahmen) realisiert werden sollen, für die die vorhandene, grenzüberschreitende Wärmedämmung mehr als nur geringfügig beeinträchtigt (z. B. Realisierung einer zulässigen Grenzbebauung auf dem überbauten Grundstück).

Der Eigentümer oder Nutzungsberechtigte des überbauten Grundstückes muss sich nicht entgegenhalten lassen, er könne sein Grundstück auch ohne Beseitigung des Überbaus durch die Wärmedämmung bebauen; deren Rechte am Grundstück gehen vor. Ob ein rechtsmissbräuchliches Verhalten vorliegt[16], ist im Einzelfall zu klären; das gilt vor allem bei geringem Abstand zum Überbau, da sich dann die Frage stellt, ob der Überbau nicht schon unter dem Gesichtspunkt der „beabsichtigten Nutzung" unzulässig gewesen wäre und damit dem Überbauenden die Beseitigungskosten erspart geblieben wären.

Der Eigentümer oder Nutzungsberechtigte des überbauten Grundstücks hat einen Beseitigungsanspruch nach §§ 1004, 903 BGB. Die Kosten der Beseitigung trägt der Überbauende oder sein Rechtsnachfolger.

Die zeitliche Begrenzung „belastet" den Überbau, losgelöst von einer gesetzlichen (z. B. gesetzliche Erbfolge) oder vertraglichen (z. B. Kauf) Eigentumsänderung auf Seiten des Überbauenden oder des Eigentümers oder Nutzungsberechtigten des überbauten Grundstückes. Etwas anderes kann gelten, wenn über § 7 c hinaus Vereinbarungen getroffen sind; die Eintragung einer Dienstbarkeit zu Gunsten des überbauenden Grundstückseigentümers geht der zeitlichen, gesetzlichen Beschränkung des „solange" in § 7 c Abs. 1 S. 1 vor.

ee) Folgen
Liegt eine mehr als geringfügige Beeinträchtigung der vorhandenen oder zulässigerweise beabsichtigten Nutzung vor, dann besteht keine Duldungspflicht; die Prüfung der weiteren Voraussetzungen unterbleibt, der Überbau ist unzulässig.

c) Rechtliche Zulässigkeit des Überbaus
Sind die vorstehend behandelten Voraussetzungen gegeben, liegt insoweit also eine Duldungspflicht vor, ist für die Duldungspflicht er-

16 § 226 BGB.

forderlich, dass der Überbau nach öffentlich-rechtlichen Vorschriften, also baurechtlich, zulässig ist. Die Zulässigkeitsvoraussetzung betrifft sowohl die bauplanungsrechtlichen (§§30–35 BauGB), wie die bauordnungsrechtlichen Regelungen der LBO. Die baurechtliche Zulässigkeit ist in diesem Zusammenhang eine zivilrechtliche Vorfrage, die im Rechtsstreit um die Duldungspflicht von den Zivilgerichten zu prüfen und zu entscheiden ist, wenn kein Baugenehmigungsverfahren vorausgeht; Letzteres ist aber eher die Ausnahme; vgl. nachstehend.

aa) Bauplanungsrechtliche Zulässigkeit
Der Überbau ist bauplanungsrechtlich nicht zu beanstanden, wenn geschlossene Bauweise zulässig ist, sei es nach den Festsetzungen eines Bebauungsplans und §22 Abs. 3 BauNVO oder das bestehende Gebäude im unbeplanten Innenbereich (§34 BauGB) oder Außenbereich (§35 BauGB) zulässigerweise auf oder an der Grenze steht[17]. Bauplanungsrechtlich zu prüfen ist in der Anwendung des §7c immer die Erweiterung eines bestehenden Gebäudes (nachträgliche Anbringung der Wärmedämmung). Eine bauplanungsrechtliche Unzulässigkeit der Wärmedämmung dürfte sich letztlich nur aus §7c Abs. 2 Ziff. 1 ergeben[18].

bb) Bauordnungsrechtliche Zulässigkeit
Die Duldungspflicht besteht nur, wenn der Überbau auch bauordnungsrechtlich zulässig ist.

(1) Anwendung der LBO

Das Aufbringen der Wärmedämmung ist den Regelungen der LBO unterworfen, §2 Abs. 13 LBO[19].

(2) Verfahrensfreiheit

---

17 Vgl. dazu §7c Abs. 2 Ziff. 1, unten d), e).

18 Vgl. dazu unten c), ff) u. gg).

19 §2 Abs. 13 LBO: *Es stehen gleich*
1. der Errichtung, das Herstellen, Aufstellen, Anbringen, Einbauen, Einrichten, Instandhalten, Ändern und die Nutzungsänderung,
2. dem Abbruch das Beseitigen, soweit nichts anderes bestimmt ist.

Nach Ziff. 2e der Anlage zu §50 Abs. 1 LBO sind Maßnahmen der Wärmedämmung verfahrensfrei, soweit sie nicht an Hochhäusern anzubringen sind[20]. Daraus folgt, dass eine Baugenehmigung in aller Regel nicht erforderlich ist.

(3) Erforderlichkeit eines Antrags

Da das Aufbringen mit § 2 Abs. 3c dem Errichten gleichgestellt ist, findet §4 Abs. 2 LBO[21] für die die Grenze überschreitende Wärmedämmung Anwendung. Die Ansicht, mit dieser Grenzüberschreitung läge keine „Errichtung" eines Gebäudes auf mehreren Grundstücken vor, wenn lediglich der Luftraum mit Bauteilen überbaut wird[22], überzeugt zum einen wegen der Regelungen des §2 Abs. 13 LBO nicht, zum anderen stellt sich die Frage, ab welcher Tiefe der Grenzüberschreitung im Luftraum denn ein Überbau baurechtlich i. S. des §4 Abs. 2 LBO angenommen werden kann oder soll[23]? §4 Abs. 2 LBO hebt weder auf die Tiefe des Überbaus, noch auf die Örtlichkeit (Luftraum oder am Boden) ab. Daraus folgt, dass §4 Abs. 2 LBO Anwendung findet.

Ist der Eigentümer oder dinglich Nutzungsberechtigte nicht bereit, eine Baulast für den Überbau mit der Wärmedämmung zu unterzeichnen, was eher der Regelfall sein dürfte, stellt sich die Frage, ob die Notwendigkeit der Baulast „überwunden" werden kann. Dies ist mit einer **Abweichungsentscheidung**[24] nach §56 Abs. 2 Ziff. 3 LBO[25] möglich, wenn diese mit öffentlichen Belangen vereinbar ist. Die der Energieein-

---

20 Legaldefinition des Hochhaus findet sich in §38 Abs. 2 Nr. 1 LBO: Gebäude mit einer Höhe von 22 m und mehr.

21 §4 Abs. 2 LBO: *Die Errichtung eines Gebäudes auf mehreren Grundstücken ist zulässig, wenn durch Baulast gesichert ist, dass keine Verhältnisse eintreten können, die den Vorschriften dieses Gesetzes oder den aufgrund dieses Gesetzes erlassenen Vorschriften zuwiderlaufen.*

22 So *Schlotterbeck* in: *SHB*, LBO Baden-Württemberg, §4 Rdnr. 8.

23 Fenstervorbau mit 0,4 m, Erker mit 0,6 m oder Balkon mit 2 m?

24 Die LBO unterscheidet zwischen zwingender Abweichungsentscheidung, dem Ermessen unterworfenen Ausnahmen und Befreiungen, §56 LBO.

25 §56 Abs. 2 Ziff. 3: *Ferner sind Abweichungen von den Vorschriften in den §§4–37 dieses Gesetzes oder aufgrund dieses Gesetzes zuzulassen ... 3. Zur Verwirklichung von Vorhaben zur Energieeinsparung und zur Nutzung erneuerbarer Energien ...* Die Wärmedämmung stellt ein Vorhaben zur Energieeinsparung dar.

sparung dienende Wärmedämmung ist für sich genommen mit öffentlichen Belangen vereinbar. Ob andere öffentliche Belange (z. B. Brandschutz) vorgehen, ist im Einzelfall zu entscheiden.

cc) Erforderlichkeit eines Antrags auf Abweichungsentscheidung
Nach §56 Abs. 6 S. 1 LBO[26] setzt die Überbauung, fehlt die Baulast nach §4 Abs. 2 bei verfahrensfreien Vorhaben[27], einen schriftlichen Abweichungsantrag des Bauherrn voraus. **Ohne die Abweichungsentscheidung ist der Überbau rechtlich unzulässig.** Die Duldungspflicht nach §7c Abs. 1 S. 1 Ziff. 2 besteht nicht. Der Grundstückseigentümer oder Nutzungsberechtigte kann gegen die Abweichungsentscheidung Rechtsmittel einlegen; dies muss getan werden, um die Duldungspflicht nach Abs. 2 Ziff. 1 abzuwenden[28].

dd) Wertung
Das bauordnungsrechtliche Regelungsgeflecht ist wenig überzeugend und hätte durch eine entsprechende Regelung im Zusammenhang mit der letzten LBO-Novelle[29] in §4 Abs. 2 LBO vermieden werden können, indem dort ausdrücklich der Überbau mit Wärmedämmung von der Notwendigkeit einer Baulast und damit Abweichungsentscheidung ausgenommen worden wäre. Dieser Vorschlag wurde mit dem nicht zutreffenden Hinweis abgewiesen, der Überbau mit Wärmedämmmaßnahmen falle nicht unter §4 Abs. 2 LBO[30].

ee) Gebäude baurechtlich zulässig, Abs. 2 Ziff. 1
Die Duldungspflicht liegt weiter nur vor, wenn der Überbau als solcher rechtlich zulässig ist (Abs. 1 S. 1 Ziff. 2), sondern auch das Gebäude selbst, an das die Wärmedämmung angebracht werden soll, baurechtlichen Vorschriften nicht widerspricht und der Eigentümer oder Nutzungsberechtigte des zu überbauenden Grundstücks sich hierauf (noch) berufen kann. Ein rechtswidrig an der Grenze erbautes Gebäude soll nicht noch durch den Überbau privilegiert werden. Dieser Grundsatz

---

26 §56 Abs. 6 LBO: *Ist für verfahrensfreie Vorhaben eine Abweichung, Ausnahme oder Befreiung erforderlich, so ist diese schriftlich besonders zu beantragen.*

27 S. o. 3c), aa) (2).

28 Vgl. unten ff).

29 Gbl. 2014, 501.

30 Vgl. oben 3. c), bb).

gilt sehr eingeschränkt. Die Vorschrift wird deshalb in der Praxis dem Überbau entgegengehalten werden können.

Im Einzelnen:

(1) Erteilte Baugenehmigung

Ist für das Gebäude, an dem eine Wärmedämmung angebracht werden soll, eine Baugenehmigung erteilt und diese unanfechtbar geworden, kommt es auf die Rechtmäßigkeit/Rechtswidrigkeit dieser Baugenehmigung nicht an; aufgrund der Unanfechtbarkeit kann sich der Eigentümer/Nutzungsberechtigte auf die Rechtswidrigkeit nicht mehr berufen.

Ist die Baugenehmigung erteilt und ist ein Rechtsmittel eingelegt, über das noch nicht abschließend entschieden ist, so setzt sich das zivilrechtliche Abwehrrecht nur durch, wenn mit der Baugenehmigung nachbarschützende Rechte des Eigentümers/Nutzungsberechtigten verletzt sind. Es geht also nicht um die objektive Rechtmäßigkeit/Rechtswidrigkeit des Bauvorhabens, sondern allein darum, ob der Eigentümer/Nutzungsberechtigte des zu überbauenden Grundstückes in seinen subjektiven Rechten verletzt ist. Die Klärung dieser Frage hat im baurechtlichen, nicht (erst) im zivilrechtlichen Verfahren stattzufinden, also durch Rechtsmittel gegen die Baugenehmigung oder die Abweichungsentscheidung nach §56 Abs. 6 i.V.m. §4 Abs. 2 LBO[31]. Die Situation wird schon deshalb in der Praxis für Neubauten selten (bis nie) auftreten, weil erst jüngst genehmigte Gebäude von vorneherein mit Wärmedämmung zu planen sind und damit entweder Abs. 1 S. 1 („nachträglich“) oder Abs. 2 Ziff. 2 (Üblichkeit der Wärmedämmung) die Duldungspflicht ausschließt. Diese Ausschlüsse gelten im Übrigen auch bei Erweiterung bestehender Gebäude[32].

ff) Gebäude ohne Genehmigung („Schwarzbau“)

Ist das Gebäude, das mit einer Wärmedämmung versehen werden soll, insgesamt (oder zu Teilen) nicht genehmigt, so besteht keine Duldungspflicht, es sei denn, der Eigentümer/Nutzungsberechtigte kann fußend auf öffentlich-rechtliche Vorschriften sich auf die fehlende Genehmigung nicht berufen. Dabei spielt die **Jahresfrist des §58 Abs. 2 VwGO keine Rolle**, die Vorschrift schließt ein Rechtsmittel dann nicht aus,

31 Vgl. dazu oben 3. c), cc).

32 Siehe oben 3. a).

wenn eine Entscheidung nicht ergangen ist[33]. In diesem Fall kann sich die Duldungspflicht nur aus der Verwirkung ergeben; dazu muss zum „Umstandselement" (das Wehren gegen die Wärmedämmung würde gegen Treu und Glauben verstoßen) ein „Zeitmoment" kommen, wonach die nicht genehmigte Bebauung vom Grundstückseigentümer/Nutzungsberechtigten, der den (zusätzlichen) Überbau dulden soll, über längere Zeit akzeptiert hat, sodass daraus eine Zustimmung abzuleiten ist[34]. Die Frage der Verwirkung eines Rechtsmittels gegen die Bebauung kann nur im Einzelfall geklärt werden. Festzuhalten ist, dass diese Frage am (vorhandenen) Gebäude und nicht an der Wärmedämmung festzumachen ist.

gg) Keine andere Wärmedämmung, Abs. 1 S. 3

Sind die Fragen der Geringfügigkeit[35] und der baurechtlichen Zulässigkeit der Überbauung[36] und des vorhandenen Gebäudes[37] so geklärt, dass eine Duldungspflicht besteht, ist die nächste Voraussetzung zu überprüfen:

Die Duldungspflicht setzt voraus, dass zum Zeitpunkt der Anbringung der Wärmedämmung eine Alternative nicht zur Verfügung steht, die die Belange des Eigentümers oder Nutzungsberechtigten des überbauten Grundstückes einerseits mehr schont, andererseits für den Überbauenden einen noch vertretbaren Aufwand darstellt. Es handelt sich um zwei Alternativen, die vergleichend und abwägend gegeneinander zu stellen sind:

Ausgangspunkt ist der zur Wärmedämmung notwendige Überbau. Dem ist zum einen eine mögliche **technische Alternative** gegenüberzustellen, die einerseits daraufhin zu überprüfen ist, ob sie den Eigentümer oder Nutzungsberechtigten des überbauten Grundstückes mehr schont, als die übliche außen am Gebäude aufgebrachte Wärmedämmung. Zu diesen technischen Alternativen gehört: Andere, weniger Raum benötigende Dämmmaterialien, Wärmedämmung innen im Gebäude usw. Voraussetzung für die Annahme einer technischen Alternative ist die Vergleichbarkeit der Dämmwirkung (z. B. zwischen Innen- und Außendämmung).

---

33 *Kimmel*, in: BeckOK, VwGO, § 58, Rdnr. 24.

34 *Kopp/Ramsauer*, VwVfG, § 53 Rdnr. 41.

35 Vgl. 3. b), cc).

36 Vgl. 3. c).

37 Vgl. 3. c).

Die (möglichen) technischen Alternativen dürfen, um die Duldungspflicht auszuschließen, nur einen **vertretbaren Aufwand** beim Überbauenden auslösen. Dieser wird durch einen Vergleich der Kosten festgestellt, die dem Überbauenden mit der von ihm bevorzugten oder einer (auch) üblichen Wärmedämmung entstehen.

4. Überbaurente, Abs. 3

Abs. 3 räumt dem zur Duldung verpflichteten Eigentümer/Nutzungsberechtigten eine Überbaurente ein. Es kann hierzu eine einmalige Zahlung oder eine jährliche Rente vereinbart werden[38]; die Vorschriften des BGB gelten insoweit entsprechend[39].

5. Unterhaltspflicht, Abs. 4

Abs. 4 gibt dem Grundstückseigentümer/Nutzungsberechtigten des überbauten Grundstücks einen Anspruch auf Schaffung und Aufrechterhaltung eines „ordnungsgemäßen Zustands“. Dieser Anspruch umfasst die Aufrechterhaltung der Funktionsfähigkeit, damit auch des Gesamtanblicks einschließlich der (ursprünglich) enthaltenen Farbgebung: Beschädigte oder zerstörte Teile sind auszuwechseln.

6. Verschuldensfreier Schadenersatzanspruch

Abs. 5 räumt dem Eigentümer/Nutzungsberechtigten einen verschuldensfreien Schadenersatzanspruch für sämtliche **durch den Überbau entstehende Schäden ein.** Das können Schäden sein, die bei der Anbringung der Wärmedämmung entstehen (Zerstörung von Blumenbeeten, Beeinträchtigung einer Zufahrt), genauso Schäden durch später auftretende Ereignisse (z. B. Wärmedämmung löst sich z. T. und fällt auf einen parkenden Pkw).

Der Anspruch steht dem Eigentümer/Nutzungsberechtigten auch gegen den Rechtsnachfolger des Veranlassers der Überbauung zu, Abs. 5 Satz 2. Dies gilt auch umgekehrt: Der Rechtsnachfolger des Grundstückseigentümers und des Nutzungsberechtigten (neuer Mieter) haben diesen Schadenersatzanspruch.

Sonstige Regelungen

a) Bei der Aufbringung der Wärmedämmung finden sonstige einschlägige Regelungen des NRG Anwendung, z. B. §§ 1 und 2 NRG oder § 7 e.

---

38 Zur Überbaurente bei § 7 b vgl. dort Anm. 7.

39 Vgl. Kommentierung oben zu §§ 912–916 BGB.

b) Eine gesonderte **Ankündigungspflicht** der beabsichtigten Aufbringung der Wärmedämmung besteht nach § 7 c nicht. Sie wird sich aber in aller Regel aus § 7 e Abs. 2 (Hammerschlags- und Leiterrecht, vgl. dort) ergeben. Im Übrigen tut derjenige, der mit der Wärmedämmung über die Grenze bauen will, (mehr als) gut daran, die Frage der Zulässigkeit, also der Duldungspflicht, vorab zu klären.

Die Duldungspflicht unterliegt nicht der Verjährung.

§7d Hammerschlags- und Leiterrecht

(1) Kann eine nach den baurechtlichen Vorschriften zulässige bauliche Anlage nicht oder nur mit erheblichen besonderen Aufwendungen errichtet, geändert, unterhalten oder abgebrochen werden, ohne dass das Nachbargrundstück betreten wird oder dort Gerüste oder Geräte aufgestellt werden oder auf das Nachbargrundstück übergreifen, so haben der Eigentümer und der Besitzer des Nachbargrundstücks die Benutzung insoweit zu dulden, als sie zu diesen Zwecken notwendig ist.

(2) [1]Die Absicht, das Nachbargrundstück zu benutzen, muss dem Eigentümer und dem Besitzer zwei Wochen vor Beginn der Benutzung angezeigt werden. [2]Ist der im Grundbuch Eingetragene nicht Eigentümer, so genügt die Anzeige an den unmittelbaren Besitzer, es sei denn, dass der Anzeigende den wirklichen Eigentümer kennt. [3]Die Anzeige an den unmittelbaren Besitzer genügt auch, wenn der Aufenthalt des Eigentümers kurzfristig nicht zu ermitteln ist.

(3) [1]Der Eigentümer des begünstigten Grundstücks hat dem Eigentümer des Nachbargrundstücks den durch Maßnahmen nach Absatz 1 entstandenen Schaden zu ersetzen. [2]Auf Verlangen des Berechtigten ist vor Beginn der Benutzung eine Sicherheit in Höhe des voraussichtlich entstehenden Schadens zu leisten.

Einleitung

Ein Grundstückseigentümer hat die vorübergehende Inanspruchnahme seines Grundstückes in einem bestimmten Umfang zu dulden, soweit dies wegen Arbeiten für oder an baulichen Anlagen am Nachbargrundstück notwendig ist[1].

Anmerkungen

1.a) Bauliche Anlagen sind **nicht nur Gebäude**, sondern alle unmittelbar „mit dem Erdboden verbundene, aus Bauprodukten hergestellte Anlagen" (§2 Abs.1 S.1 LBO). Dazu gehören also auch Aufschüttungen und Abgrabungen, Mauern, Abstellplätze usw. Der Begriff der baulichen Anlage in §7d NRG ist aber nicht auf die Definition in §2 Abs.1 LBO

---

1 Zu den Sonderregelungen bei den toten Einfriedigungen, siehe §11 Ziff.5 NRG.

oder auf jene Anlagen beschränkt, die der LBO unterfallen. Auch Wege und Straßen sind bauliche Anlagen i.S. dieser Vorschrift.[2]

b) Die Vorschrift gilt für alle Maßnahmen an bestehenden oder zu errichtenden zulässigen baulichen Anlagen. Die **Zulässigkeit** baulicher Anlagen bestimmt sich allein nach öffentlichem Baurecht. Soweit eine Baugenehmigung oder eine andere Genehmigung (z.B. Planfeststellung für Straßen) notwendig ist, muss diese unanfechtbar vorliegen[3]. Unterliegen Bauvorhaben nur dem **Kenntnisgabeverfahren** (§51 LBO), müssen sie trotzdem den öffentlich-rechtlichen Vorschriften gehorchen. Sie gelten aber als zulässig, solange gegen sie nicht mit Rechtsmitteln vorgegangen wird. Der **Verfahrensfreiheit** unterliegen die baulichen Maßnahmen, die in Abs. (1) und im dazugehörigen Anhang der LBO genannt sind; dazu gehören in großem Umfang **Abbruchmaßnahmen**.

Ist die Erteilung einer Baugenehmigung erforderlich, stellt sich die Frage, ob die zwischenzeitlich durch Gesetz angeordnete sofortige Vollziehbarkeit eine Zulässigkeit der Maßnahmen nach §7d beinhaltet. Hier ist zu differenzieren:

(1) Legt der Eigentümer des in Anspruch genommenen Grundstückes keinen Widerspruch gegen die Baugenehmigung ein, dann ist die baurechtliche Entscheidung – wurde sie zuvor zugestellt – nach einem Monat unanfechtbar. So lange muss der Begünstigte warten.

(2) Legt der Eigentümer des in Anspruch genommenen Grundstückes Widerspruch ein, so hat dieser keine aufschiebende Wirkung[4]. Mit dem Bau darf – auf Risiko des Bauenden – nach öffentlich-rechtlichen Vorschriften begonnen werden. Die Frage, ob es sich um eine „zulässige bauliche Anlage“ handelt, ist damit noch nicht entschieden. Die Rechte des §7d können noch nicht in Anspruch genommen werden, da der gesetzlich vorgesehene Sofortvollzug nicht abschließend über die Zulässigkeit des Vorhabens entscheidet. Der Eingriff in fremdes Eigentum, den §7d zulässt, hat weitergehende Zulässigkeitsvoraussetzungen, als das Bauen auf eigenem Grund.

---

2 Vgl. BWGZ 80, 778: Vorübergehende Inanspruchnahme eines Nachbargrundstückes wegen Erschließungsmaßnahmen (auch an der Straße).

3 So auch OLG Stuttgart (8.3.1996) 2 U 251/95.

4 §212a BauGB: „Widerspruch und Anfechtungsklage eines Dritten gegen eine bauaufsichtliche Zulassung eines Vorhabens haben keine aufschiebende Wirkung.“

(3) Beantragt der Eigentümer des in Anspruch genommenen Grundstücks zusätzlich zum Widerspruch die Herstellung der aufschiebenden Wirkung gem. § 80 VwGO, gegebenenfalls beim Verwaltungsgericht, so ändert sich gegenüber (2) bis zur rechtskräftigen Entscheidung über das Bauvorhaben nichts. Auch bei einer Ablehnung des Antrags auf Herstellung der aufschiebenden Wirkung, also einer Entscheidung zu Lasten des Eigentümers des in Anspruch zu nehmenden Grundstücks, ist nur über die Zulässigkeit des Bauens trotz Rechtsmittel des Nachbarn entschieden, nicht über die Zulässigkeit des Bauvorhabens. Auch in diesem Fall dürfen also die Rechte des § 7 d nicht in Anspruch genommen werden.

Zu einem anderen Ergebnis gelangt man nur dann, wenn man die „zulässige bauliche Anlage" in § 7 d Abs. 1 nicht vom „Endprodukt" her (der unanfechtbaren Baugenehmigung) beurteilt, sondern als „Vorgang" einordnet und auf das „zugelassene Bauen" abhebt[5]. Da § 7 d NRG eine Einschränkung des Eigentumsrechtes darstellt, kann dieser Umdeutung nicht gefolgt werden.

Ein Bau ohne notwendige Genehmigung berechtigt also nicht zur Inanspruchnahme fremder Grundstücksflächen; dies gilt ebenso, wenn im Widerspruch zur erteilten Baugenehmigung gebaut wird.[6]

c) Nicht anwendbar ist § 7 c NRG nach dem strengen Wortlaut auf **bestehende genehmigungspflichtige, aber ungenehmigte bauliche Anlagen**. Hier wird man die Vorschriften entsprechend anwenden, wenn die bauliche Anlage geduldet wird, d.h. nicht durch eine unanfechtbare Verfügung deren Beseitigung angeordnet ist[7].

2.a) § 7 d Abs. 1 beschreibt bestimmte Tätigkeiten an baulichen Anlagen; die genannten Beispiele zeigen, dass neben dem Neubau, die bauliche Änderung, aber auch der Abbruch gemeint ist. Die Unterhaltung der baulichen Anlage mit deren Säuberung, Renovierung und Reparaturen sind mitumfasst. Entgegen dem Wortlaut der Überschrift des Paragraphen umfasst § 7 d nicht nur die eigentliche Tätigkeit an der baulichen

---

5 Wie hier *Pelka*, S. 97. So wohl (in einem obiter dictum) OLG Stuttgart (8. 3. 1996) 2 U 251/95; ausdrücklich a. A. – sofort vollziehbare Genehmigung genügt: OLG Stuttgart (6. 9. 1996) 2 U 171/96; *VKK*, § 7 c Rdnr. 1.

6 LG Karlsruhe (9. 7. 1976) 9 S 94/76.

7 So auch LG Baden-Baden (22. 6. 1990) 2 S 14/90; OLG Karlsruhe (28. 5. 2008) 6 U 149/06, Justiz 2008, 277.

Anlage (die „Baustelle"), sondern auch den Zugang zum Arbeitsbereich, wenn dieser auf dem eigenen Grundstück nicht zu bewerkstelligen ist.

Auf die Art und Intensität der Tätigkeit kommt es nicht an; man wird bei den Unterhaltungsarbeiten allerdings eine am üblichen ausgerichtete, tatsächliche, zur Substanzerhaltung notwendige Tätigkeit verstehen (z.B. Streichen einer Hauswand in den dafür üblichen Zeitabständen, nicht aber jedes Jahr). Insgesamt sind die Tätigkeiten schonend, d.h. mit Rücksichtnahme auf den betroffenen Nachbarn, auszuführen[8].

b) Auf die tatsächliche Nutzung des in Anspruch genommenen Nachbargrundstücks kommt es nicht an. Der Duldungsanspruch besteht gegenüber bebauten und unbebauten Grundstücken genauso wie gegenüber öffentlich genutzten (z.B. Straße).

3. Unabdingbare Voraussetzung für die Nutzung des Nachbargrundstückes ist, dass die genannten Arbeiten, vgl. Anm. 2, **nicht oder nur mit erheblichen besonderen Aufwendungen** auf dem eigenen Grundstück ausgeführt werden können.

a) Nicht ausgeführt werden können Arbeiten für beabsichtigte oder an bestehenden baulichen Anlagen, wenn diese auf der Grenze stehen oder einen Überbau bilden, vgl. §§ 912 ff. BGB, 7b, 7c NRG[9]. Gleiches gilt, wenn sie so nahe an der Grenze stehen, dass der notwendige Arbeitsraum für die konkreten Arbeiten nicht zur Verfügung steht.

b) Ist die Ausführung nur mit erheblichen besonderen Aufwendungen möglich, darf ebenfalls das Nachbargrundstück benutzt werden. Nicht jede Erschwernis (z.B. besonderer Gerüstbau) reicht aus. Damit ist die Benutzung des Nachbargrundstückes aus Gründen der Arbeitserleichterung, einer allgemeinen Kostenersparung oder gar zur Schonung des eigenen Grundstücks ausgeschlossen. Erhebliche besondere Aufwendungen liegen vor, wenn die zu ergreifenden Maßnahmen tatsächlich und/oder kostenmäßig deutlich über die für diese Arbeiten normale tatsächliche Aufwendungen hinausgehen. Wann dies der Fall ist, kann nur am Einzelfall entschieden werden. Die Bestimmung dessen, was „erhebliche besondere Aufwendungen" im konkreten Einzelfall sind,

---

8 Dazu kann die Ausführung der Arbeiten durch Dritte gehören, wenn zwischen den Nachbarn Spannungen bestehen; AG Ludwigsburg (03.02.2010) 1 C 2138/09, DVW 2010, 191!

9 Vgl. jeweils dort.

hängt nicht von der Intensität des Eingriffs in das zu benutzende Nachbargrundstück ab, sondern allein von den notwendigen technischen oder finanziellen Aufwendungen für den Eigentümer des „begünstigten Grundstücks“[10]. Der Eigentümer des belasteten Grundstücks hat über Abs. 3 einen gesetzlich definierten Schadensersatzanspruch, mit dem auch die Intensität des Eingriffs berücksichtigt wird, vgl. unten Ziff. 6.

4. Die Eigentümer und Besitzer des Nachbargrundstücks haben bei Vorliegen der oben genannten Voraussetzungen die Benutzung zu dulden.

Berechtigt ist dagegen allein der Eigentümer, nicht auch der Besitzer (ergibt sich aus Abs. 3 S. 1), wie z. B. Mieter oder Pächter.[11]

Gegenstände der Duldung sind ausschließlich folgende Inanspruchnahmen:

a) Aufstellung und Benutzung von Gerüsten, z. B. für Baumaßnahmen, Malerarbeiten, usw.

b) Aufstellung und Benutzung von Geräten, z. B. Beton- oder Gipspumpe usw.[12]; vorübergehende Leitung für Baustrom, Bauwasser usw., jedoch nur, wenn sie nicht auf dem eigenen Grundstück untergebracht und durch Leitungen oder mit einem Zuweg mit der Baustelle verbunden werden können. Stehen mehrere Alternativen zur Verfügung, ist stets die konkret Schonendste anzuwenden. Dies ist eine Frage des Einzelfalls.

c) Benutzung des Grundstückes mit Geräten, z. B. Überfahren mit Raupe, Lkw o. Ä. zur eigentlichen Baustelle, weil dazu auf dem Baugrundstück kein Platz ist.[13]. § 7 d kann nicht in diese Richtung ausgelegt und damit erweitert werden. Von der Grundkonstruktion her regelt § 7 d nichts über Zufahrt oder Zugang[14]. Vielmehr beinhaltet diese Vorschrift eine Ausnahme von der Regel, dass für Bau-, Abbruch- und sonstige Arbeiten nur das eigene Grundstück zur Verfügung steht; daran ist die Vorschrift auszurichten. Können bestimmte Arbeiten nicht auf dem

---

10 LG Baden-Baden (22. 6. 1990) 2 S 14/90.

11 So auch *Pelka*, S. 97. *VKK*, § 7 Rdnr. 5: Auch Besitzer, wenn er „seinem“ Eigentümer gegenüber verpflichtet ist.

12 LG Tübingen (20. 11. 2008) 1 S 233/05, BauR 2009, 663.

13 OLG Stuttgart (6. 6. 1996) 2 U 171/96; LG Stuttgart (2. 2. 1998) 23 O 44/97.

14 Keine Duldungsverpflichtung gegenüber einem Kran, der über das Grundstück schwenkt; OLG Karlsruhe (11. 12. 1991) 6 U 121/91, NJW-RR 1993, 91.

Grundstück selbst ausgeführt werden, darf unter den Voraussetzungen des §7d das Nachbargrundstück für diese Arbeiten (und nur für diese) benutzt werden.

Die Zufahrt zum Grundstück, um dort (ohne Inanspruchnahme des Nachbargrundstücks) bauen zu können, stellt demgegenüber einen anderen Tatbestand dar, der (allein) über das Notwegerecht des §917 BGB gelöst werden kann. Dieser andere Ansatz hat Folgen: Der bauende Grundstückseigentümer muss zuerst eigene Möglichkeiten realisieren, auch wenn diese teurer sind, als die Benutzung des Nachbargrundstückes. Stehen solche nicht zur Verfügung, dann bestimmt sich die Zufahrt zum Baugrundstück allein nach dem Recht des Notweges (§917 BGB)[15].

d) Eine weitergehende Benutzung, z.B. **Abgrabung** des Nachbargrundstücks als Arbeitsraum zur Erstellung einer zulässigen Kellerwand an der Grundstücksgrenze (Grenzbau) oder zeitweises Setzen von unterirdischen **Ankern**[16] zur Anbringung einer Verschalung, ist zulässig. Diese Frage ist mit dem LG Stuttgart[17] zu bejahen.

Danach hat jeder Nachbar einen Anspruch auf Duldung auch einer Abgrabung, soweit dies für geplante, baurechtlich zulässige Maßnahmen auf seinem Grundstück notwendig ist. Gegen eine solche Auslegung könnte sprechen, dass in §7d Abs.1 (auch) von Betreten die Rede ist; aus dem Zusammenhang ergibt sich jedoch, dass damit die Nutzung des Nachbargrundstückes umschrieben wird[18].

Vorübergehende Eingriffe in das Grundstück im Rahmen des §7d NRG sind zu dulden, da der Wortlaut des Abs.1 gleich zu Beginn auf erhebliche besondere Aufwendungen bei der Errichtung, Änderung, Unterhaltung und dem Abbruch von zulässigen baulichen Anlagen abhebt. Die in §7d NRG angesprochene Notwendigkeit, ein Nachbargrundstück nutzen zu müssen, taucht nur dann auf, wenn eine bauliche Anlage (z.B.

---

15 So auch *Pelka*, S.97.

16 Zu den verlorenen Ankern vgl. Anm. 4e.

17 (26.11.1992) 16 S 290/92.

18 So *Dehner* B §28 Ziff.4 zur Rechtslage in Baden-Württemberg: „In BW gestattet das Gesetz seinem Wortlaut nach das ‚Benutzen' schlechthin, jedoch legt der Gesetzeszusammenhang die Annahme nahe, dass damit nur das Betreten des Nachbargrundstücks sowie das Aufstellen oder Hinübergreifen von Geräten und Gerüsten gemeint ist." Ebenso hier in der Vorauflage: Anm.4 und LG Ravensburg (15.6.1979) 2 O 537/79.

Gebäude) direkt an der Grenze steht oder so nahe, dass auf dem eigenen Grundstück keine Arbeiten mehr durchgeführt werden können. Ist ein Grenzbau baurechtlich zulässig, dann kann er nicht ohne „Benutzung“ des Nachbargrundstücks, z. B. Abgrabungen oder zeitweises Anker setzen, errichtet werden. Die Errichtung einer baulichen Anlage ist in Abs. 1 ausdrücklich genannt. Für diese Auslegung spricht im Übrigen auch der Abs. 3 des § 7 d NRG[19]. Der begünstigte Nachbar hat die Schäden des zur Duldung Verpflichteten an dessen Grundstück zu ersetzen. Dieser Ersatz ist in erster Linie durch Wiederherstellung des bisherigen Zustands zu leisten. Durch eine im Voraus zu erbringende Sicherheitsleistung ist der belastete Grundstückseigentümer im Übrigen hinreichend gesichert, vgl. unten Ziff. 6.

Die Duldung ist weiter auf das notwendige Maß der Inanspruchnahme beschränkt. Das gilt tatsächlich wie zeitlich: Ein Gerüst z. B. darf nicht größer als notwendig und nicht länger als für ordnungsgemäße Arbeiten erforderlich aufgestellt werden. Eine übliche und im konkreten Fall auch notwendige Baustelleneinrichtung (Baubaracke, WC, Materiallagerplatz) ist nach § 7 d NRG nicht zu dulden, da dieser Einrichtung die in Abs. 1 ausformulierte unabdingbare Notwendigkeit der Inanspruchnahme des fremden Grundstückes fehlt; Baustelleneinrichtungen können auch an anderer Stelle untergebracht werden.

e) Manche Hanggrundstücke sind (mit wirtschaftlich vertretbaren Mitteln) nur zu bebauen, wenn die gesetzten, in das Nachbargrundstück hinüberreichenden Anker dauerhaft in diesem Grundstück verbleiben können, auch wenn sie nach Fertigstellung des Rohbaus ihre Funktion verlieren, sog. **verlorene Anker**. Diese Form der Inanspruchnahme ist **durch § 7 d NRG nicht gedeckt**[20], weil verlorene Anker das Nachbargrundstück dauerhaft in Anspruch nehmen, dies aber § 7 d NRG gerade nicht erlaubt. Mit dem OLG Stuttgart ist aber davon auszugehen, dass

---

19 A. A. *Kniep/Spieth*, Haus und Grund Württemberg, September 1999, S. 18: Die Verfasser übersehen bei der Kritik an der hier vertretenen Auffassung, dass die Zulässigkeit des zeitweisen Abgrabens allein aus Abs. 1 abgeleitet wird; Abs. 3 beinhaltet nur die Schadensbeseitigung aller nach Abs. 1 zulässigen Maßnahmen; a. A. in Bezug auf die hier vertretene Ansicht auch: *VKK*, § 7 c Rdnr. 3; *Pelka*, S. 97.

20 OLG Stuttgart (2. 12. 1993) 7 U 23/93, NJW 94, 739 = BauR 94, 545; a. A. *Kniep/Spieth* (FN 15).

nach §905 S.2 BGB ein verlorener, im Übrigen jetzt und in Zukunft nicht störender Anker vom Nachbarn zu dulden ist[21].

5. Die **Benutzung ist zwei Wochen vor Beginn anzuzeigen**, Abs. 2 S. 1. Der Zeitraum von zwei Wochen wird ab Zugang der Anzeige beim Nachbarn gerechnet. Zum Zwecke des Nachweises sollte der Zugang dokumentiert werden (Empfangsbestätigung, Einschreiben mit Rückschein). Mit der Anzeige ist mitzuteilen, wie das Nachbargrundstück und für welche Zwecke es genutzt werden soll. Ebenso ist der voraussichtliche zeitliche Umfang mitzuteilen. Die Anzeige geht an den Grundstückseigentümer **und** an den Besitzer, soweit der Eigentümer das Grundstück nicht selbst nutzt, Abs. 2 S. 1. Ist der Eigentümer nicht bekannt, so reicht die Anzeige an den unmittelbaren Besitzer, Abs. 2 S. 2 und 3. Stimmt der Nachbar zu oder meldet er sich innerhalb der 14 Tage nicht, dann darf mit den Arbeiten begonnen werden. Einer – wie auch immer gearteten oder zum Ausdruck gebrachten – Zustimmung des Nachbarn bedarf es nicht. Verweigert der Nachbar die Benutzung, dann muss der Anspruch gerichtlich durchgesetzt werden, vgl. unten Ziff. 7.

6.a) Der Duldungspflicht korrespondiert der **Schadensersatzanspruch des Grundstückseigentümers**. Der durch die Maßnahme entstandene Schaden ist zu ersetzen, Abs. 3 S. 1. Es ist nach allgemeinen schadensersatzrechtlichen Grundsätzen der vor der Inanspruchnahme bestehende Zustand wiederherzustellen (z.B. Wiederherstellung von Rasen, Einpflanzen von Sträuchern, Wiederaufbau von Zäunen usw.) oder – ist dies nicht möglich – eine Geldzahlung zu leisten. Gegebenenfalls empfiehlt sich vor Beginn der Maßnahmen, den Zustand des Nachbargrundstückes zusammen mit dem Nachbarn oder einem Dritten festzustellen (evtl. selbständiges Beweisverfahren gemäß §§485 ff. ZPO). Dieser mögliche Schadensersatzanspruch ist auf Verlangen des zur Duldung verpflichteten Grundstückseigentümers vor Beginn der Nutzung in seiner erwarteten Höhe zu sichern. Dies kann durch Hinterlegung eines Geldbetrages oder Übergabe einer Bürgschaft entstehen. Die Höhe der Sicherheit wird durch die geschätzte Höhe des Schadens bestimmt.

b) §7d Abs. 3 NRG gibt also dem Eigentümer des belasteten Grundstücks **keinen Anspruch auf eine Bodenrente, Miete oder Pacht**. Er hat die zulässige Inanspruchnahme unentgeltlich zu dulden. Dies gilt auch

21 Vgl. FN 16.

bei der Nutzung öffentlicher Flächen (z.B. Gehweg zum Aufstellen eines Gerüstes); eine (entgeltliche) Sondernutzung liegt in diesem Fall regelmäßig nicht vor. Der Anliegergebrauch deckt eine solche Nutzung[22].

7.a) Soweit die **Voraussetzungen des §7d NRG gegeben** sind und der Nachbar die Benutzung ausdrücklich verweigert, vgl. oben Ziff. 5, kann der begünstigte Eigentümer den Anspruch auf Duldung der Benutzung gerichtlich durchsetzen[23]. Eine eigenmächtige Inanspruchnahme ist unzulässig; ausgenommen sind die Fälle des Notstandes, §228 BGB, z.B. Dacheindeckung nach Sturm. Verweigert der Verpflichtete rechtswidrig die Benutzung seines Grundstückes, so stehen dem Berechtigten Schadensersatzansprüche aus positiver Vertragsverletzung des nach §7d NRG bestehenden gesetzlichen Schuldverhältnisses zu.[24]

b) Sind die **Voraussetzungen des §7d NRG nicht gegeben** (unabhängig, ob eine der Voraussetzungen fehlt oder alle nicht gegeben sind) und sollen die Arbeiten durchgeführt werden, dann hat der Nachbar einen Unterlassungs- und Beseitigungsanspruch, §1004 BGB; ebenso gegebenenfalls einen Schadensersatzanspruch, allerdings aus §823 BGB[25], da im jetzt behandelten Fall (Voraussetzungen des §7d NRG nicht gegeben) ein gesetzliches Schuldverhältnis (vgl. oben §7a) gerade nicht besteht.

c) Ein Verstoß gegen die 14-tägige „Anmeldungsfrist" macht die Benutzung nicht unzulässig; duldet der Nachbar den Beginn der Arbeiten nicht oder gibt er nachträglich seine Zustimmung nicht, dann muss die Benutzung des Grundstückes eingestellt und gerichtliche Hilfe in Anspruch genommen werden.

d) In unklaren oder streitigen Fällen ist es sinnvoll, dass sich die Nachbarn vertraglich einigen und anstatt der unentgeltlichen Duldung, vgl. Anm. 6b), ein Nutzungsentgelt vereinbaren. Dies gilt auch für Flächen, die für Baustelleneinrichtungen benutzt werden.

§921 BGB (Benutzung und Unterhaltung gemeinsamer Grenzeinrichtungen)

Werden zwei Grundstücke durch einen Zwischenraum, Rain, Winkel, einen Graben, eine Mauer, Hecke, Planke oder eine andere Einrichtung,

22 *Lorenz*, §13 Rdnr. 46.

23 OLG Karlsruhe (11.12.1991) 6 U 121/91, NJW-RR 1993, 91.

24 So auch *VKK*, §7c Anm. 3.

25 LG Ravensburg; vgl. Anm. 5.

die zum Vorteile beider Grundstücke dient, voneinander geschieden, so wird vermutet, dass die Eigentümer der Grundstücke zur Benutzung der Einrichtung gemeinschaftlich berechtigt seien, sofern nicht äußere Merkmale darauf hinweisen, dass die Einrichtung einem der Nachbarn allein gehört.

§922 BGB (Grenzanlagen)

[1]Sind die Nachbarn zur Benutzung einer der im §921 bezeichneten Einrichtungen gemeinschaftlich berechtigt, so kann jeder sie zu dem Zwecke, der sich aus ihrer Beschaffenheit ergibt, insoweit benutzen, als nicht die Mitbenutzung des anderen beeinträchtigt wird. [2]Die Unterhaltungskosten sind von den Nachbarn zu gleichen Teilen zu tragen. [3]Solange einer der Nachbarn an dem Fortbestande der Einrichtung ein Interesse hat, darf sie nicht ohne seine Zustimmung beseitigt oder geändert werden. [4]Im Übrigen bestimmt sich das Rechtsverhältnis zwischen den Nachbarn nach den Vorschriften über die Gemeinschaft.

Anmerkungen

1. Rechtsverhältnisse von grenzüberschreitenden Einrichtungen sind schwer festzustellen und leicht andauernder Anlass zu Streitigkeiten. §921 BGB beinhaltet eine widerlegbare Vermutungsregelung: Einrichtungen, die auf zwei Grundstücken stehen, können von beiden Grundstückseigentümern genutzt werden, wenn nichts anderes bestimmt ist.

2. Voraussetzung für diese gemeinschaftliche Benutzung von Grenzanlagen ist:

a) Die genannte Einrichtung (Mauer, Hecke, Planke, Graben usw.) steht auf beiden Grundstücken, wird also durch die Grenze getrennt. Eine direkt an der Grenze stehende Mauer, die aber die Grenze nicht überschreitet, ist also keine Einrichtung nach §921 BGB[26]. Eine Ausnahme regelt §7e NRG. Die Vorschriften gelten auch, wenn z.B. zwischen zwei Gebäuden, getrennt durch die Grundstücksgrenze, eine **Einfahrt** besteht[27].

26 BGHZ 68, 350; OLG Karlsruhe (23.7.1991) 6 U 221/96.

27 AG Garmisch-Partenkirchen, Blätter für Grundstücks-Bau- und Wohnungsrecht 67, 154 LG Mannheim, NJW 67, 408; vgl. auch Fundstelle 68, 138.

b) Äußere Merkmale weisen nicht darauf hin, dass die Einrichtung einem Grundstückseigentümer allein gehört. Dies ist z. B. bei einem zulässigen Überbau nach §§ 912 ff. BGB bzw. § 7 b NRG gegeben.

Vermutet wird bei Vorliegen dieser Voraussetzungen allein das Recht zur gemeinschaftlichen Nutzung. Eigentum behält jeder Grundstückseigentümer an dem auf seinem Grundstück stehenden Teil der Einrichtung, §§ 94, 946 BGB.[28]

3.a) Die **Benutzung** der gemeinschaftlichen Einrichtung unterliegt dem **Rücksichtnahmegebot**, § 922 S. 1 BGB. Genutzt werden darf räumlich die gesamte Einrichtung, tatsächlich allerdings nur so, dass die Mitbenutzung durch den Nachbarn nicht beeinträchtigt wird. Der Nutzungsumfang beider Grundstückseigentümer wird also letztlich stets gleich groß sein.

b) Die **Unterhaltungskosten** sind von den Nutzungsberechtigten zu gleichen Teilen zu tragen. Eine prozentuale Verteilung nach dem Nutzen o. Ä. wird also nicht vorgenommen, § 922 S. 2. Die **Kosten der Erstellung** der Einrichtung gehen dagegen zu Lasten des Erbauenden.

c) **Beseitigung** und **Änderung** einer solchen in der gemeinschaftlichen Nutzung stehenden Einrichtung ist nicht zulässig, solange der Mitberechtigte am Fortbestand ein Interesse hat[29]. Dies ist dann der Fall, wenn die Einrichtung tatsächlich genutzt wird, aber auch wenn die Nutzung unmittelbar bevorsteht. Dies gilt für Mauern ebenso wie für Zufahrten, die der gemeinschaftlichen Benutzung unterliegen[30]. Einer Sicherung im Grundbuch bedarf es nicht, um dieses Recht zu beanspruchen oder durchzusetzen.

---

28 Vgl. im Übrigen *Palandt/Bassenge*, § 921 BGB.

29 Zu Sicherungsmaßnahmen bei Teilabriss vgl. BGH (28.11.1980) BauR 81, 405. Anders beim Überbau! Vgl. § 7 b NRG Anm. 5; zum Fortbestand des Interesses (verneint) OLG Karlsruhe (24.11.1999) 6 U 50/99.

30 Vgl. FN 2.

§7e Benutzung von Grenzwänden

(1) Grenzt ein Gebäude unmittelbar an ein höheres, so hat der Eigentümer des höheren Gebäudes zu dulden, dass die Schornsteine und Lüftungsleitungen des niedrigeren Gebäudes an der Grenzwand seines Gebäudes befestigt werden, wenn dies zumutbar und die Höherführung zur Betriebsfähigkeit erforderlich ist.

(2) In den Fällen des Absatzes 1 hat der Eigentümer des höheren Gebäudes auch zu dulden, dass die Reinigung der Schornsteine und Lüftungsleitungen, soweit erforderlich, von seinem Gebäude aus vorgenommen wird und die hierfür nötigen Einrichtungen in oder an seinem Gebäude hergestellt und unterhalten werden.

(3) §7d Abs. 3 gilt entsprechend.

Einleitung

Die Vorschrift regelt das Anbringen von Schornsteinen und Lüftungsleitungen am Nachbargebäude, wenn zwei verschieden hohe Häuser aneinanderstoßen; die Höhe bestimmt sich nicht nach der Gebäudehöhe an sich, sondern aus deren Stellung zueinander. Es handelt sich um eine andauernde Duldungspflicht. Die Vorschrift regelt eine Lücke zwischen §912 (Überbau) und §921 (Grenzeinrichtung). Vgl. §§921ff. Anm. 2a am Ende.

Anmerkungen

1. Die Duldungsverpflichtung besteht unter zwei Voraussetzungen:

a) Die Höherführung muss **zur Betriebsfähigkeit erforderlich** sein. Die Schornsteinhöhe und damit deren Betriebsfähigkeit wird von der Baurechtsbehörde bestimmt. Erforderlich ist damit jede baurechtlich genehmigte Kaminhöhe.

b) Die Befestigung an der Grenzwand muss **zumutbar** sein. Sie darf weder die Funktion der Wand beeinträchtigen, noch zur Hinderung der Nutzung führen (z.B. keine Befestigung vor Fenster u.Ä.).

2. Das Duldungsrecht nach Abs. 2 geht weiter, als das Hammerschlags- und Leiterrecht des §7d. Aus den Worten „hergestellt und unterhalten“

leitet sich ab, dass die Einrichtungen zur Reinigung der Schornsteine dauerhaft angebracht werden können und dies zu dulden ist[1]. Die Duldungspflicht kann z.B. das Anbringen einer Steigleiter umfassen.

3. Abs. 3; vgl. § 7 d Anm. 6.

4. Ein Überbau i.S. der §§ 912 ff. liegt nicht vor. Der zur Duldung verpflichtete Nachbar hat deshalb keinen Anspruch auf Entschädigung (Überbaurente).

1 Unklar *Bruns*, § 7 e Rdnr. 17.

§ 7f Leitungen

(1) [1]Wenn der Anschluss eines Grundstücks an eine Versorgungsleitung, eine Abwasserleitung oder einen Vorfluter ohne Benutzung eines fremden Grundstücks nicht oder nur unter erheblichen besonderen Aufwendungen oder nur in technisch unvollkommener Weise möglich ist, so hat der Eigentümer des fremden Grundstücks die Benutzung seines Grundstücks insoweit, als es zur Herstellung und Unterhaltung des Anschlusses notwendig ist, zu dulden und entgegenstehende Nutzungsarten zu unterlassen. [2]Überbaute Teile oder solche Teile des fremden Grundstücks, deren Bebauung nach den baurechtlichen Vorschriften zulässig ist, dürfen für den Anschluss nicht in Anspruch genommen werden. [3]Sind auf den fremden Grundstücken Versorgungs- oder Abwasserleitungen bereits vorhanden, so kann der Eigentümer gegen Erstattung der anteilmäßigen Herstellungskosten den Anschluss an diese Leitungen verlangen, wenn dies technisch möglich und zweckmäßig ist.

(2) Ergeben sich nach Verlegung der Leitung unzumutbare Beeinträchtigungen, so kann der Eigentümer des fremden Grundstücks verlangen, dass der Eigentümer des begünstigten Grundstücks auf seine Kosten Vorkehrungen trifft, die solche Beeinträchtigungen beseitigen.

(3) [1]Der Eigentümer des begünstigten Grundstücks hat dem Eigentümer des fremden Grundstücks den durch eine Maßnahme nach den Absätzen 1 und 2 oder durch Beschränkungen der Nutzung oder durch den Betrieb der Leitung entstandenen Schaden zu ersetzen. [2]Auf Verlangen des Berechtigten ist vor Beginn der Maßnahmen nach den Absätzen 1 und 2 eine Sicherheit in Höhe des voraussichtlich entstehenden Schadens zu leisten.

(4) Der Eigentümer eines beanspruchten Grundstücks kann gegen Erstattung der Mehrkosten eine solche Herstellung der Leitung verlangen, dass sein Grundstück ebenfalls angeschlossen werden kann.

(5) Die Kosten für die Unterhaltung gemeinsamer Leitungen nach Absatz 1 Satz 3 und Absatz 4 sind von den beteiligten Eigentümern gemeinsam zu tragen.

§917 BGB (Notweg)

(1) [1]Fehlt einem Grundstück die zur ordnungsmäßigen Benutzung notwendige Verbindung mit einem öffentlichen Weg, so kann der Eigentümer von den Nachbarn verlangen, dass sie bis zur Hebung des Mangels die Benutzung ihrer Grundstücke zur Herstellung der erforderlichen Verbindung dulden. [2]Die Richtung des Notwegs und der Umfang des Benutzungsrechts werden erforderlichen Falles durch Urteil bestimmt.

(2) [1]Die Nachbarn, über deren Grundstücke der Notweg führt, sind durch eine Geldrente zu entschädigen. [2]Die Vorschriften des §912 Abs. 2 Satz 2 und §§913, 914, 916 finden entsprechende Anwendung.

§918 BGB (Wegfall der Notwege)

(1) Die Verpflichtung zur Duldung des Notwegs tritt nicht ein, wenn die bisherige Verbindung des Grundstücks mit dem öffentlichen Weg durch eine willkürliche Handlung des Eigentümers aufgehoben wird.

(2) [1]Wird infolge der Veräußerung eines Teiles des Grundstücks der veräußerte oder der zurückbehaltene Teil von der Verbindung mit dem öffentlichen Weg abgeschnitten, so hat der Eigentümer desjenigen Teiles, über welchen die Verbindung bisher stattgefunden hat, den Notweg zu dulden. [2]Der Veräußerung eines Teiles steht die Veräußerung eines von mehreren demselben Eigentümer gehörenden Grundstücken gleich.

Einleitung

§7f NRG regelt die **Befugnis, Leitungen über fremde Grundstücke** zu führen. Die Vorschrift geht deutlich weiter als das außerhalb Baden-Württembergs für Leitungen ebenfalls anwendbare Notwegrecht der §§917 und 918 BGB[1]. §917 BGB gibt nur dann einen Anspruch zur Benutzung eines anderen Grundstückes, wenn jede Verbindung zu einem öffentlichen Weg „fehlt“. §7f NRG eröffnet darüber hinaus die Benutzung fremder Grundstücke für Leitungen auch in den Fällen, in denen „nur unter erheblichen besonderen Aufwendungen oder nur in technisch unvollkommener Weise“ ein Anschluss möglich ist.[2]

1 Vgl. *Palandt/Bassenge*, §917 Rdnr. 1 BGB. §7e NRG gilt in Baden-Württemberg als lex specialis gegenüber dem Notleitungsrecht aus §917 BGB; BGH (22.6.1990) V ZR 59/89, NJW 91, 176ff.

2 OLG Karlsruhe (14.11.1984) 6 U 61/84.

Die Vorschrift beinhaltet einen starken Eingriff in das Eigentum des jeweils belasteten Grundstückes. Sie ist deshalb insgesamt streng und restriktiv auszulegen.[3]

§ 7 f hat erhebliche praktische Bedeutung. Das zeigt sich insbesondere auch an der großen Zahl ergangener gerichtlicher Entscheidungen.

§ 93 WHG[4] regelt ein behördlich verfügtes Durchleitungsrecht von Wasser und Abwasser. Einer solchen Verfügung kann nicht entgegengehalten werden, § 7 f NRG habe Vorrang, das öffentlich-rechtliche und zivilrechtliche Durchleitungsrecht stehen „zweigleisig" nebeneinander[5]. § 93 WG hat zudem einen weitergehenden Regelungsgehalt.

Anmerkungen

1. In Abs. 1 S. 1 ist geregelt, dass der Eigentümer eines fremden Grundstückes unter bestimmten Voraussetzungen eine Leitungsführung zu Gunsten eines dadurch begünstigten anderen Grundstückes zu dulden hat. **Fremde Grundstücke** sind nicht nur die unmittelbar angrenzenden, sondern alle Grundstücke, die zwischen dem begünstigten Grundstück und der z. B. in öffentlichem Grund verlegten Versorgungsleitung o. Ä. liegen. Die Ansprüche aus § 7 f stehen (gegenseitig) nur den Eigentümern zu, § 7 f Abs. 1 S. 1, Abs. 2[6].

2. Voraussetzungen für diese Duldung sind:

---

3 So ausdrücklich auch: OLG Karlsruhe (26. 11. 1997) 6 U 224/96.

4 § 93 WHG: ***Durchleitung von Wasser und Abwasser.*** *Die zuständige Behörde kann Eigentümer und Nutzungsberechtigte von Grundstücken und oberirdischen Gewässern verpflichten, das Durchleiten von Wasser und Abwasser sowie die Errichtung und Unterhaltung der dazu dienenden Anlagen zu dulden, soweit dies zur Entwässerung oder Bewässerung von Grundstücken, zur Wasserversorgung, zur Abwasserbeseitigung, zum Betrieb einer Stauanlage oder zum Schutz vor oder zum Ausgleich von Beeinträchtigungen des Natur- oder Wasserhaushalts durch Wassermangel erforderlich ist. § 92 Satz 2 gilt entsprechend.*

5 So ausdrücklich: VGH BW (19. 11. 2013) 3 S 1525/13, VBlBW 2014, 335; BGH (4. 7. 2008) VZR 172/07, UPR 2008, 443.

6 OLG Karlsruhe (15. 5. 2014) 12 U 170/13, MDR 2014, 708.

a) Das Grundstück benötigt zur **zulässigen Nutzung**[7] einen Anschluss an

(1) die **Versorgungsleitungen:** Dies sind alle Leitungen, die der andauernden Versorgung eines Grundstückes dienen; z.B. Leitungen für Wasser, Strom, Antennen- und Kabelanschluss, Fernheizung, Gas, Telefon.

(2) die **Abwasserleitung:** Über diese erfolgt die ordnungsgemäße Entsorgung der auf dem Grundstück anfallenden Abwässer. Es kommt nicht darauf an, ob es sich um ein Mischsystem (Oberflächenwasser und häusliches Abwasser werden gemeinsam entsorgt), um ein Trennsystem oder um die Ableitung des Regenwassers in einem offenen Graben handelt;

(3) den **Vorfluter**[8], z.B. Graben oder Bach.

Voraussetzung für das Leitungsrecht nach §7f ist die **zulässige Nutzung** des begünstigten Grundstücks. Bei unbefugter Nutzung entsteht das Leitungsrecht nicht[9]. Zulässige Nutzung meint nicht nur die baurechtliche (z.B. Gebäude), sondern jede andere nicht verbotene Grundstücksnutzung (z.B. intensive gärtnerische Nutzung). Das Leitungsrecht des §7f setzt keine vorhandene, bestandskräftige Genehmigung voraus; die Genehmigungsfähigkeit reicht[6]. §7f kann zum Nachweis der Sicherung der Erschließung herangezogen werden; d.h. dem Anspruch auf Durchleitung kann nicht die mangelnde Bebaubarkeit wegen mangelnder Erschließung entgegengehalten werden[10]. Zivilrechtlich gesichert ist die Erschließung i.S. des Baurechtes (erst) dann, wenn der belastete Grundstückseigentümer der Leitungsführung gem. §7f zugestimmt hat oder ein (gerichtlicher) Titel gegen ihn vorliegt. Für die **baurechtliche**

---

7 OLG Karlsruhe (26.8.1992) 6 U 61/92. BGH (22.6.1990) V ZR 59/89, NJW 91, 176: eine bestandskräftige Baugenehmigung muss nicht vorliegen. §7e unterscheidet sich insoweit von §7c (Hammerschlag- und Leiterrecht). Dort ist ausdrücklich von „nach den baurechtlichen Vorschriften zulässigen baulichen Anlagen" die Rede. Die rechtlich zulässige Bebaubarkeit genügt; bei einer erstmaligen Bebauung eines Grundstückes wird die Frage der Leitungsführung zusammen mit der Planung und Baugenehmigung entstehen.

8 OLG Karlsruhe (14.11.1984) 6 U 61/84.

9 BGH (22.6.1990) V ZR 59/89, NJW 91, 176ff.

10 So ausdrücklich BGH (vgl. FN 7): „Aus dieser Sicht bestehen keine Bedenken dagegen, dass der Bauherr zunächst ein benötigtes Leitungsrecht erstreitet, bevor er mit erheblichem Kostenaufwand (Notwendigkeit eines Bauplans) das Baugenehmigungsverfahren betreibt."

Sicherung der Erschließung ist zu verdeutlichen: Nach §4 Abs. 1 LBO ist die wegemäßige Erschließung gesichert, wenn ein Grundstück in angemessener Breite an einer befahrbaren Verkehrsfläche liegt oder eine öffentlich-rechtlich gesicherte Zufahrt an einer solchen Verkehrsfläche vorliegt. Die Baulast (§71 LBO) ist eine solche öffentlich-rechtliche Sicherung[11]. Für **Wasserversorgungs- und Abwasserentsorgungsanleitungen** verlangt §33 Abs. 1 und 3 LBO keine öffentlich-rechtliche, sondern nur eine **dauernde Sicherung**; die Eintragung einer Baulast ist in diesem Fall nicht notwendig. Ausreichend für die dauernde Sicherung ist die oben genannte **Zustimmung des Eigentümers** des belasteten Grundstücks oder ein **rechtskräftiger Duldungstitel**.

b) Die **Duldungspflicht** besteht **nur** dann, wenn:

(1) **Entweder** – 1. Alternative – der Anschluss ohne Benutzung eines fremden Grundstückes tatsächlich nicht möglich ist: Diese Alternative entspricht dem Notwegrecht, §917 BGB. Gemeint sind hier die Fälle, in denen das Grundstück keine eigene grundstücksmäßige Verbindung zu der bestehenden Leitung hat, an die angeschlossen werden muss. Beispiel: Ein Hausgrundstück, das wohl bergseits an eine öffentliche Straße angrenzt (somit von dort verkehrsmäßig erschlossen im baurechtlichen Sinne ist), in der aber kein öffentlicher Entwässerungskanal liegt. Dieses Grundstück ist in diesem Fall tatsächlich nur über ein anderes Grundstück (oder andere Grundstücke) an den öffentlichen Kanal anzuschließen. Diese tatsächliche, objektive Unmöglichkeit ist meist ohne allzu große Schwierigkeit konkret festzustellen. Der Grundstückseigentümer, der ein fremdes Grundstück für seine Leitung in Anspruch nehmen muss, ist in der Leitungsführung nicht frei. Es muss stets die das belastete Grundstück am geringsten behindernde Leitungsführung gewählt werden. Dieses Kriterium gilt auch, wenn mehrere Grundstücke für die Leitungsführung alternativ in Frage kommen; vgl. dazu unten 3c.

(2) **Oder** – 2. Alternative – der Anschluss ist ohne Inanspruchnahme des fremden Grundstücks nur unter **erheblichen besonderen Aufwendungen** möglich; vgl. zu diesem Begriff §7c NRG Anm. 3.

---

11 Zum Anspruch auf Eintragung einer Baulast bei gemeinschaftlichem Grundstückseigentum, BGH (8.3.2004) II ZR 5/02, NJW-RR 04, 809.

Ausgangspunkt dieser Alternative ist, dass es tatsächlich mindestens zwei Möglichkeiten der Leitungsführung gibt, nämlich eine über eigenen und eine über fremden Grund. Die genannten „erheblichen besonderen Aufwendungen" werden sich stets in Geld, nämlich Baukosten, darstellen. Ob „erhebliche besondere Aufwendungen" notwendig sind, kann letztlich nur am konkreten Einzelfall entschieden werden. Folgende allgemein anzuwendende Kriterien helfen bei der Entscheidung: Die gesonderte Nennung der erheblichen besonderen Aufwendungen neben der objektiven Unmöglichkeit (vgl. oben) bedeutet einerseits, dass erhebliche tatsächliche und wirtschaftliche Erschwernisse für die Duldungspflicht ausreichen. Andererseits reicht **nicht schon jede Erleichterung der Leitungsführung und Anschlussmöglichkeit** aus, um dem Grundstückseigentümer dieses Recht einzuräumen. Die Voraussetzungen sind nicht erfüllt, wenn der Grundstückseigentümer eine Anschlussmöglichkeit ohne Inanspruchnahme eines fremden Grundstückes zu gleichen oder nur unwesentlich höheren Gesamtkosten realisieren kann. Die Voraussetzungen dürften z. B. erreicht sein, wenn jede andere Ausführung zu einem mindestens doppelt so hohen finanziellen Aufwand führt und dieser insgesamt nicht im Bereich der „Kleinbeträge" liegt.

Verglichen werden die Aufwendungen für die Leitung auf eigenem Gelände mit denen über fremdes Gelände. Zugrunde gelegt wird jeweils die aktuelle Preisbasis.

> **Beispiel:** Der eigene Anschluss macht besondere Erdbewegungen (z. B. Sprengungen) notwendig, die bei Führung der Leitung über das Nachbargrundstück nicht vorgenommen werden müssen.

Verglichen werden müssen immer zwei selbständige Leitungen. Erhebliche besondere Aufwendungen können also nicht dadurch „produziert" werden, dass die Kosten der eigenen Leitung mit den Kosten eines Anschlusses an eine bestehende Leitung auf dem belasteten Nachbargrundstück verglichen werden. Der gegenteiligen Ansicht[12] ist nicht zu folgen: Danach sollen die Kosten einer eigenen Leitung mit denen der „tatsächlichen Beeinträchtigungen des Nachbarn in seinem Eigentum in der konkreten Situation" verglichen werden. Diese Überlegungen halten einer rechtlichen Überprüfung nicht Stand, weil die „erheblichen besonderen Aufwendungen" ausschließlich für das begünstigte Grund-

---

12 OLG Karlsruhe (26. 11. 1997) 6 U 224/96.

stück bestimmt und bemessen werden[13]. Geht man davon aus, dass der Anschluss an eine bestehende Leitung trotz Kostenbeteiligung (deutlich) billiger ist, als der Bau einer eigenen Leitung, so führt diese Ansicht[9] dazu, dass die „erheblichen besonderen Aufwendungen" je nachdem unterschiedlich sind, ob der begünstigte Eigentümer eine eigene Leitung bauen muss oder anschließt; dies hat zur Folge, dass mit Anschluss an die bestehende Leitung ein Leitungsrecht leichter entsteht (und durchsetzbar ist), weil die (relative) Kostendifferenz größer ist, als beim Vergleich zweier selbständiger Leitungen. Dies entspricht nicht einer an objektiven Kriterien ausgerichteten Bestimmung der Voraussetzungen der „erheblichen besonderen Aufwendungen". Im Übrigen: Das Anschlussverlangen des belasteten Grundstückseigentümers an seine bestehende Leitung setzt den Anspruch des begünstigten Grundstückseigentümers auf Durchleitung voraus. Schon deshalb kann die Anschlussmöglichkeit nicht für die Bestimmung der „besonderen erheblichen Aufwendungen" herangezogen werden.

Der begünstigte Eigentümer hat nur einen Anspruch auf eine eigene Leitung, nicht auf eine „Beteiligung" an einer fremden privaten Leitung; über den Anschluss an die bestehende Leitung auf dem belasteten Grundstück entscheidet allein der Grundstückseigentümer des belasteten Grundstücks. Dies verdeutlicht Abs. 1 S. 3: Der Eigentümer des belasteten Grundstücks kann – wenn er die Leitung dulden muss – den Anschluss des begünstigten Grundstücks an seine bestehende Leitung verlangen[14], um damit eine weitere Leitung zu verhindern; ein Anspruch des begünstigten Grundstückseigentümers ergibt sich daraus aber nicht. Anders ist die Situation für den belasteten Grundstückseigentümer, wenn er an die (fremde) Leitung auf seinem eigenen Grundstück anschließen will, vgl. dazu unten Ziff. 4.

Besondere erhebliche Aufwendungen dürften auch vorliegen, wenn z. B. bei einer Abwasserableitung auf eigenem Grundstück neben den Leitungskosten auch eine nach Anschaffungs- und Betriebskosten teure Abwasserhebeanlage wegen mangelndem Gefälle notwendig ist.[15] Zu den besonderen Aufwendungen können also auch andauernde hohe Betriebskosten, eine besondere Reparatur- und Wartungsanfälligkeit

---

13 OLG Stuttgart (4. 2. 1999) 13 U 218/97.

14 BGH (22. 6. 1990) V ZR 59/89, NJW 91, 176 ff.

15 OLG Karlsruhe (14. 11. 1984) 6 U 61/84.

zählen (z. B. Drucksteigerungs- oder -minderungsanlage bei der Wasserversorgung).

(3) **Oder** – 3. Alternative – der Anschluss ist nur in **technisch unvollkommener Weise** möglich. Hier wird nicht auf die finanziellen oder tatsächlichen Aufwendungen abgehoben, sondern auf technisch perfekte (den Regeln der Technik entsprechende) Lösungen.

Beispiel: Problematische geologische Verhältnisse: Rutschgefährdung

Auf Grund der heute bestehenden technischen Möglichkeiten spielt diese Alternative in der Praxis nur noch eine untergeordnete Rolle.

3. Liegt eine der unter Anm. 2 genannten Voraussetzungen vor, so hat der Eigentümer des fremden Grundstückes die **Leitungsführung** über sein Grundstück zu dulden. Diese Duldungspflicht ist begrenzt. Sie reicht nur so weit, wie die Inanspruchnahme notwendig ist. Sie unterliegt zudem bestimmten konkreten Ausformungen und Begrenzungen:

a) Die Leitungsführung an sich muss „rücksichtsvoll" sein[16]. Hat der berechtigte Grundstückseigentümer mehrere Trassenvarianten, möglicherweise sogar über verschiedene Grundstücke (gedanklich und technisch) zur Auswahl, so ist jene Trasse zu wählen, die einerseits den geringsten Eingriff verursacht, andererseits dem zur Verlegung Berechtigten die geringsten Kosten aufbürdet. Beide Voraussetzungen unterliegen einer wechselseitigen Optimierung.

b) (1) **Nicht** in Anspruch genommen werden dürfen (absolute Sperre) **bebaute oder bebaubare Grundstücksteile**, Abs. 1 S. 2. Dort, wo ein Bebauungsplan besteht, muss die Leitung also außerhalb der Baugrenzen oder -linien (Baufenster) nach § 23 BauNVO geführt werden. In den Fällen ohne Bebauungsplan wird nach §§ 34, 35 BauGB die Bebaubarkeit des Grundstückes im konkreten Fall festzustellen sein. Im bebaubaren Bereich kann eine Leitung auch hier nicht geführt werden. Daher wird in der Regel nur der Bereich nahe der Grundstücksgrenze (Bereich der Abstandsflächen nach LBO) für solche Leitungstrassen in Frage kommen.

(2) Die Begriffe **„überbaute Teile"** eines Grundstücks oder der Teile, deren **„Bebauung"** nach rechtlichen Vorschriften zulässig ist, Abs. 1 S. 2,

---

16 OLG Karlsruhe (26. 11. 1997) 6 U 224/96; BGH (22. 6. 1990) V ZR 59/89, NJW 91, 176 ff.

sind inhaltlich zu definieren und dabei nach dem Sinn und Zweck der Vorschrift (einschränkend) auszulegen. In Gebieten mit qualifizierten Bebauungsplänen (§30 Abs.1 BauGB) wird die überbaubare Fläche durch Baulinien, Baugrenzen oder Bebauungstiefen festgesetzt, §23 Abs.1 BauNVO. Sagt der Bebauungsplan nichts Gegenteiliges, dann sind außerhalb dieser bebaubaren Flächen Nebenanlagen zulässig, §§23 Abs.5, 14 BauNVO. Zu den Nebenanlagen gehören kleine Gebäude (z.B. Gerätehütte, Kleintierstall). Nach §§25 Abs.5 S.2 BauNVO 6 Abs.2 LBO sind in diesen „an sich" unüberbaubaren, weil außerhalb der Baugrenzen liegenden Flächen, Garagen bis zu einer bestimmten Größe direkt an der Grundstücksgrenze zulässig. Letzteres gilt auch für Gebiete ohne qualifizierten Bebauungsplan. Bezieht man noch mit ein, dass unter den Begriff der baulichen Anlage nach §2 Abs.1 LBO auch Aufschüttungen und Abgrabungen, Abstellplätze und Stellplätze gehören und Wege und Treppen auch „gebaut" werden, dann entsteht leicht der Eindruck, ein Grundstück habe – unabhängig von seiner planungsrechtlichen Lage – im wahrsten Sinne des Wortes keinen Platz für die hier interessierenden (zulässigen und zu duldenden) Leitungen des Nachbarn.

Das kann aber nicht Sinn und Zweck des §7f NRG sein. Die Vorschrift will sicherstellen, dass ein Grundstück auch dann mit Leitungen erschlossen werden kann, wenn es keinen eigenen Zugang zum öffentlichen Leitungssystem hat (1. Alternative) oder wenn dieser Zugang sonst nur mit erheblichen besonderen Aufwendungen zu bewerkstelligen wäre (2. Alternative).

(3) Die Entstehungsgeschichte des §7f NRG zeigt, dass mit den Begriffen „überbaute und bebaubare Teile" nicht auf den Anlagenbegriff der LBO zurückgegriffen wird und werden soll. §7f NRG wurde in das am 14.12.1959 in Kraft getretene Gesetz über das Nachbarrecht[17] mit der Verabschiedung der (ersten) LBO 1964 in das NRG eingefügt[18].

Trotzdem kann die Vorschrift nicht in enger Anlehnung an die LBO ausgelegt werden; sie kam deshalb in die gemeinsame Gesetzesvorlage mit der LBO, weil das Bundesbaugesetz die noch in dessen Entwurf vor-

---

17 GBl. 59, 171.

18 Vgl. §114 des Entwurfs der LBO, 8. Teil, Beilage 3000 Landtag Baden-Württemberg, S.6570.

gesehenen §§165–174[19] enthaltenen nachbarrechtlichen Bestimmungen nicht übernommen hatte[20].

Wenn §7f NRG überhaupt einen baurechtlichen Anlagenbegriff zugrunde legt, dann – so ergibt sich aus dem Vorstehenden – nicht jenen der LBO, sondern höchstens jenen des BauGB. Nach ständiger Rechtsprechung des Bundesverwaltungsgerichtes ist der bauplanungsrechtliche Anlagenbegriff (§29 BauGB) vom bauordnungsrechtlichen (§2 LBO) zu trennen[21]. Bei der baulichen Anlage nach §29 BauGB geht es um die Frage, „ob ein Vorhaben für die städtebauliche Entwicklung erheblich und deshalb materiell den Vorschriften des Bodenrechtes unterworfen ist“[22]. Daraus folgert das Bundesverwaltungsgericht: „Eine baugenehmigungspflichtige Maßnahme ist nur dann ein Vorhaben im Sinne von §29 BauGB, wenn sie bodenrechtlich (bauplanungsrechtlich) relevant ist. Eine solche Relevanz setzt voraus, dass das Vorhaben auch tatsächlich Gegenstand bauplanerischer Festsetzungen nach §9 Abs.1 BauGB sein kann“[23].

(4) **Grundstücksteile, deren Bebauung i.S. des §7f Abs.1 S.2 NRG zulässig ist, können** vor diesem, zur Auslegung heranzuziehenden Hintergrund nur **Flächen sein, deren Bebaubarkeit im Bebauungsplan festgesetzt ist**. Das sind die durch Baulinien, Baugrenzen oder eine Bebauungstiefe gem. §23 Abs.1 S.1 BauNVO gekennzeichneten Flächen

---

19 Bundestags-Drucksache 3/336.

20 „Zu §114: Nachbarrechtliche Vorschriften
Da das Bundesbaugesetz die in den §§165 bis 174 des Entwurfs (Bundesdrucksache 336) enthaltenen nachbarrechtlichen Bestimmungen nicht übernommen hat, sind Vorschriften über die Gründungstiefe, den Überbau, das Hammerschlags- und Leiterrecht, die Benutzung von Grenzwänden sowie über die Duldung von Leitungen dringend erforderlich. Es handelt sich hierbei um eine Ergänzung der im Gesetz über das Nachbarrecht vom 14.12.1959 (GBl. S.171) schon enthaltenen Vorschriften über das bauliche Nachbarrecht; die Ergänzung war damals mit Rücksicht auf den Entwurf des BauGB zurückgestellt worden.“
Beilage 3300, Landtag Baden-Württemberg, S.6607.

21 Ständige Rechtsprechung seit BVerwG (31.8.1973) IV C 33. 77, BVerwGE 44, 59; BVerwG (1.11.1974) I V C 13. 73, BauR 75, 108ff.

22 Berliner Kommentar zum BauGB, §29 Rdnr. I.

23 BVerwG (16.12.1993) 4 C 22. 92, ZFBR 94, 148 = UPR 94, 228.

im Bereich eines Bebauungsplanes; **im unbeplanten Innenbereich (§34 BauGB) oder im Außenbereich (§35 BauGB) sind das alle im konkreten Einzelfall als bebaubar zu wertenden Flächen mit Ausnahme der Abstandsflächen gegenüber den Grundstücksgrenzen gem. §5ff. LBO.** Mit dieser Definition ist gleichzeitig ausgesagt, welche vorhandenen oder rechtlich zulässigen baulichen Anlagen **die (absolute) Sperre des §7e Abs.1 S.2 NRG nicht auszulösen vermögen:**
- Grenzgaragen
- Stellplätze
- Abstellplätze
- Treppenanlagen
- Wege
- Stützmauern
- Abgrabungen und Aufschüttungen

(5) Das bedeutet allerdings noch nicht, dass die Leitungen ohne weiteres in diese Bereiche verlegt werden dürfen. Aus §7e Abs.2 NRG und allgemeinen Grundsätzen ergibt sich, dass der geringstmögliche Eingriff zu wählen ist. Daran wird auch der begünstigte, zur Leitungsführung berechtigte Nachbar ein vorrangiges Interesse haben; er muss nämlich den bei der Verlegung angerichteten Schaden auf eigene Kosten beheben und dem belasteten Grundstückseigentümer vor Beginn Sicherheit leisten, §7f Abs.3 NRG.

c) Sind auf dem mit dem Leitungsrecht belasteten Grundstück schon **Leitungen vorhanden**, so kann der Eigentümer dieses Grundstückes den **Anschluss** an diese Leitungen verlangen (**Abwendungsbefugnis**), soweit dies technisch möglich und zweckmäßig ist, Abs.1 S.3. Letzteres bestimmt sich auch hier nach den konkreten Verhältnissen. In diesem Fall muss sich der Eigentümer des begünstigten Grundstückes anteilmäßig an den **Kosten der schon bestehenden Leitungen beteiligen**. Diese Kosten sind wie folgt zu bestimmen:

(1) Der Eigentümer der Leitung, an die angeschlossen werden soll, hat die zum Zeitpunkt der Leitungsverlegung tatsächlich entstandenen Kosten durch Rechnungslegung nachzuweisen. Soweit ein Nachweis nicht möglich ist, muss eine Schätzung vorgenommen werden. Eine angemessene **Verzinsung** der Kapitalaufwendungen für die zeitlich frühere Errichtung der Leitung (an die angeschlossen werden soll) für den Zeitraum von Erstellung der Leitung bis zum Anschluss des Nachbarn dürf-

te noch zu den „anteilmäßigen Herstellungskosten" zu zählen sein. Ein Abzug für ältere Anlagen wegen deren nur noch kürzeren Lebensdauer findet auf Grund des eindeutigen Wortlauts des Abs. 1 S. 3 nicht statt[24]. Soweit weder der Eigentümer noch sein Vorgänger die Herstellung bezahlt haben (sondern z. B. die Gemeinde), findet eine Kostenbeteiligung **nicht** statt[25].

(2) Der Kostenanteil des begünstigten Grundstückseigentümers berechnet sich dann aus zwei Komponenten:

- Kosten der gemeinsamen Strecke errechnen sich aus dem Verhältnis der Länge dieser Strecke zur Gesamtleitungslänge.
- Die Kosten des gemeinsam genutzten Leitungsstücks sind dann auf den Leitungseigentümer und den anschließenden Nachbarn aufzuteilen. Die Aufteilung erfolgt im **Verhältnis der Vorteile**, die die Angeschlossenen an dem gemeinsam genutzten Leitungsstück haben. Als Maßstab empfiehlt sich in erster Linie die auf dem jeweiligen Grundstück vorhandene oder baurechtlich zulässige Geschossfläche. Die Geschossfläche nach § 17 BauNVO bestimmt den Umfang der baulichen Ausnutzbarkeit eines Grundstückes am deutlichsten. Andere Maßstäbe sind genauso denkbar, z. B. Grundstücksfläche, Zahl der Wohnungen usw.[26]

Der **Anspruch auf Anschluss** an eine bestehende Leitung **steht nur dem belasteten Eigentümer,** nicht dem begünstigten Nachbarn **zu.**[27]

---

24 OLG Stuttgart (4. 2. 1999) 13 U 218/97.

25 Gemeinden sind oftmals nach ihren Wasserversorgungs- und Abwassersatzungen verpflichtet, Hausanschlüsse (Leitungsstrecke vom Haus bis zur öffentlichen Anlage) auf eigene Kosten herzustellen, wenn das Grundstück schon früher einmal ordnungsgemäß angeschlossen war und dieser Anschluss z. B. wegen Neuverlegung der öffentlichen Leitung entfällt oder unnütz wird.

26 *Bruns* hält ohne nähere Begründung den Geschossflächenmaßstab für ungeeignet, bevorzugt eine verbrauchernahe Verteilung, z. B. Bewohnerzahl, § 7 f Rdnr. 26; das überzeugt nicht, weil der Verbrauch wie die Bewohner zahlenmäßig (stark) schwanken können. Ansatzpunkt sollte deshalb die Nutzungsmöglichkeit sein.

27 Diese Ansicht bestätigt: OLG Stuttgart (15. 9. 1998) 12 U 89/98; OLG Karlsruhe (15. 2. 2001) 4 U 72/00, BWNotZ 2002, 9.

Der belastete Eigentümer kann dadurch eine zusätzliche Inanspruchnahme seines Grundstücks verhindern.[28] Die Entscheidung liegt aber (richtigerweise) allein bei ihm[29]: Wertet er die Probleme einer gemeinsamen Leitungsbenutzung (Aufteilung der Herstellungs- und Betriebskosten, insbesondere aber Beweisfragen bei Verstopfungen o. Ä.) höher als die Belastung seines Grundstücks durch eine weitere Leitung, dann soll ihm als Grundstückseigentümer ein alleiniges Wahlrecht deshalb zustehen, weil er die Lasten der Inanspruchnahme seines Grundstücks zu tragen hat[30]. Diese aus der Belastung des Eigentums abgeleitete Rechtsposition hat Vorrang vor Rechtspositionen aus dem nachbarlichen Gemeinschaftsverhältnis[31]

d) Der belastete Eigentümer muss außerdem **unzumutbare Beeinträchtigungen** seines Grundstückes **nach Verlegung der Leitung** nicht hinnehmen, Abs. 2.

(1) Negativ bedeutet dies für den beanspruchten Eigentümer, dass er auch unzumutbare Beeinträchtigungen zur und während der Herstellung der Leitung hinnehmen muss. Hier hat er nur einen Schadensersatzanspruch, vgl. Abs. 3 und Anmerkungen unten.

(2) Positiv hat der beanspruchte Eigentümer einen Anspruch auf Beseitigung andauernder unzumutbarer Beeinträchtigungen durch den Betrieb der Leitung. **Unzumutbare Beeinträchtigungen sind z. B.:** Schäden durch Rückstau; hier kann der Einbau einer Rückstauklappe verlangt werden. Besonders schnelle Verschmutzung einer Abwasserleitung durch bestimmte Fäkalien usw.

(3) Voraussetzung ist die Unzumutbarkeit der Beeinträchtigung. Sie dürfte immer erst vorliegen, wenn die normale, bisher ausgeübte oder zu-

---

28 Der „Eigentümer" in Abs. 1 S. 3 ist der Eigentümer des belasteten („fremden") Grundstücks; dies ergibt sich aus dem Wortlaut des Abs. 1 S. 3 §7f NRG unterscheidet in allen Absätzen zwischen dem Eigentümer des belasteten („fremden") Grundstücks, vgl. Abs. 1 S. 1, S. 3, Abs. 2, Abs. 3 S. 1, Abs. 4, und dem Eigentümer des begünstigten Grundstücks, vgl. Abs. 3 S. 1. In Abs. 1 S. 3 ist nur der Eigentümer des belasteten Grundstücks angesprochen. Wie hier: *Dehner*, B §27 S. 45.

29 A. A. mit entsprechenden Nachweisen *Bruns*, §7f Rdnr. 23.

30 So ausdrücklich unter Bezugnahme auf die hier vertretene Ansicht OLG Karlsruhe (15. 2. 2001) 4 U 72/00, BWNotZ 2002, 9.

31 A. A. *Bruns*, §7f Rdnr. 23.

lässige Nutzung des Grundstückes unmöglich oder erheblich erschwert wird. Eine besondere Empfindlichkeit des beanspruchten Eigentümers reicht hierzu nicht aus.

e) Der beschriebenen (und begrenzten) **Duldungspflicht** korrespondiert ein **Schadensersatzanspruch**, Abs. 3[32]. Dieser ist für vorübergehende (Bau der Leitung) und dauernde (Betrieb der Leitung) Beeinträchtigungen gegeben. Als Beeinträchtigungen zählen:

(1) **Nutzungsbeschränkungen**, z. B. Nichtbenutzbarkeit einer Garageneinfahrt, eines Gartens während der Bauzeit.

(2) **Eingriffe in das Grundstück**, z. B. Beseitigung von Bäumen und Sträuchern, Fußwegen oder Stützmauern zur Durchführung der Baumaßnahme.

(3) **Betrieb der Leitung**, z. B. Rohrbrüche o. Ä.

Der beanspruchte Eigentümer hat die Möglichkeit, für die zu erwartenden Schäden vor Beginn der Maßnahme Sicherheit zu verlangen, Abs. 3 S. 2. Diese Sicherheit kann auch für mögliche Schäden aus dem Betrieb der Leitung verlangt werden. Schwierigkeiten dürfte regelmäßig die Bestimmung des „voraussichtlich entstehenden Schadens“ machen.

4. Sind auf dem **beanspruchten Grundstück noch keine Leitungen** vorhanden, vgl. Abs. 1 S. 3, so kann der in Anspruch genommene Eigentümer verlangen, dass die Leitung so hergestellt wird, dass er sein **Grundstück auch anschließen** kann, Abs. 4. Er hat in diesem Fall die durch diese Anschlussmöglichkeit verursachten **Mehrkosten** (z. B. Anschlussschacht) zu erstatten, **nicht** etwa die anteiligen Kosten. Darin unterscheidet sich die Regelung von Abs. 1 S. 3 (vgl. oben Anm. 3 c). **Das bedeutet:**

a) Eine Erstattung findet nur statt, soweit Mehrkosten tatsächlich entstehen! Soweit ein Anschluss ohne Mehrkosten möglich ist, muss auch nichts erstattet werden. Dies ist gerechtfertigt, da der (belastete) Eigentümer ja auf seinem eigenen Grundstück anschließt.

b) Die Mehrkosten sind **sofort** zur Zahlung fällig, nicht erst bei Anschluss der Leitung des belasteten Grundstücks.

5. Unterhaltungskosten gemeinsamer Leitungen sind gemeinsam zu tragen, Abs. 5. Hier wird nicht zwischen den Leitungen des Abs. 1 S. 3

32 OLG Karlsruhe (26. 11. 1997) 6 U 224/96.

(Leitung des belasteten Grundstücks) und des Abs. 4 (Leitung des begünstigten Grundstücks) unterschieden. Es kann entweder eine Beteiligungsquote nach den Vorteilen der angeschlossenen Grundstücke vereinbart werden (vgl. oben 3.c) (2), oder – z. B. bei Wasser oder Abwasserleitungen – von dem durchschnittlichen Wasser- oder Abwasseranfall innerhalb einer bestimmten festgelegten Zeitperiode ausgegangen werden. Eine solche anteilmäßige Aufteilung wird auch dann vorzunehmen sein, wenn zwischen den Beteiligten für diesen Fall nichts vereinbart wird oder nichts vereinbart worden ist.

6.a) §7f gibt selbst **keinen Anspruch auf Eintragung einer Grunddienstbarkeit**. Es ist aber zu empfehlen, solche Leitungsrechte nach §7f durch Grunddienstbarkeiten zu sichern, wo dies auf Grund von Vereinbarungen unter den Beteiligten möglich ist. Damit können vor allem Unsicherheiten hinsichtlich des Vorliegens der Voraussetzungen des §7f NRG ausgeschlossen werden, die später z. B. bei einem Eigentumswechsel des belasteten Grundstücks zu einem Anspruch auf Beseitigung der Leitung führen können.

b) Für die Zulässigkeit der Leitungsführung kommt es ausschließlich auf den Zeitpunkt der Herstellung der Leitung und damit den Anschluss des begünstigten Grundstücks an: §7f Abs. 1 S. 1 NRG macht ausdrücklich die Situation zum Zeitpunkt des Anschlusses zum Maßstab der Berechtigung[33].

Auch die „Nachbesserungsregelung" des Abs. 2 verdeutlicht den für die Beurteilung der Duldungspflicht entscheidenden Zeitpunkt der Leitungsverlegung und des Anschlusses.

Daraus folgt, dass ein **späterer Wegfall der Voraussetzungen** (z. B. Bau einer neuen Straße mit öffentlicher Wasserleitung, die einen eigenen und direkten Anschluss des begünstigten Grundstücks zulässt) **nichts an der Berechtigung und Zulässigkeit der Leitungsführung zu ändern vermag**[34]. Das durch §7f Abs. 1 S. 1 begründete gesetzliche Schuldverhältnis zwischen begünstigtem und belastetem Grundstückseigentümer ist „immun" gegen Eigentümerwechsel gleich aus welchem Rechtsgrund: Beim Verkauf des belasteten Grundstücks entfällt also eine bestehende Berechtigung nach §7f NRG nicht.

---

33 OLG Karlsruhe (24. 3. 2010) 6 U 2009/09, Justiz 2010, 264.

34 OLG Stuttgart (4. 2. 1999) 13 U 218/97; OLG Karlsruhe (20. 4. 2010) 6 U 20/09, Justiz 2010, 264.

Nimmt die Leitung auf fremdem Grundstück Schaden durch natürliche Einwirkungen (Setzungen, Hangwasser o. Ä.), ist die Schadensbeseitigung an der Leitung Sache des Begünstigten[35]. Anderes gilt, wenn der belastete Grundstückseigentümer schuldhaft eine Zerstörung oder Beschädigung (z. B. bei Bauarbeiten) vorgenommen hat, §823 BGB. Muss nach einem solchen Schadensfall die Leitung insgesamt neu verlegt werden, kann sich die Frage der Duldungsvoraussetzungen neu stellen, wenn eine andere Anschlussmöglichkeit besteht.

7. Für das Leitungsrecht des §7f ist keine dem §917 Abs. 2 BGB entsprechende Geldrente zu entrichten[36]. Art. 124 EGBGB erlaubt, durch landesrechtliche Vorschriften das Eigentum an Grundstücken über das BGB hinaus zu Gunsten des Nachbarn zu beschränken. §7f stellt eine solche Vorschrift dar[37]. Die Vorschrift regelt im Blick auf das Notwegerecht des §917 BGB zweierlei zu Gunsten des Nachbarn und zu Lasten des Eigentümers des in Anspruch genommenen Grundstücks:

- Zum einen wird das Notleitungsrecht erweitert auf jene Fälle, in denen eine „eigene Leitung" möglich wäre, diese aber erhebliche besondere Aufwendungen verursachen würde oder technisch unvollkommen wäre.
- Zum anderen hat der belastete Grundstückseigentümer Anspruch auf Beseitigung und Unterlassung unzumutbarer Beeinträchtigungen (Abs. 2), gegebenenfalls Kostenbeteiligung, sonst nur Schadenersatzansprüche (Abs. 3). Damit sind alle Ansprüche des Eigentümers des belasteten Grundstücks geregelt; für eine Notleitungsrente besteht kein Raum. Dies hätte in §7f ausdrücklich vorgesehen werden müssen.

---

35 OLG Karlsruhe (10. 2. 2016) 9 U 118/14.

36 *Dehner*, B §27 S. 47; LG Ravensburg (10. 12. 1997) 5 O 183/97.

37 BGH (22. 6. 1990) V ZR 59/89, NJW 91, 176 ff.

2. Abschnitt
Aufschichtungen und Gerüste

§ 8 (Aufschichtungen und Gerüste)

(1) [1]Aufschichtungen von Holz, Stein und dergleichen, Heu-, Stroh- und Komposthaufen sowie ähnliche Anlagen, die nicht über 2 m hoch sind, müssen 0,50 m von der Grenze entfernt bleiben. [2]Sind sie höher, so muss der Abstand um so viel über 0,50 m betragen, als ihre Höhe das Maß von 2 m übersteigt.

(2) Eine Entfernung von 0,50 m ist einzuhalten bei Gerüsten und ähnlichen Anlagen, sofern nicht die Beschaffenheit der Anlage eine größere Entfernung zur Abwendung eines Schadens erfordert.

(3) Diese Vorschriften gelten nicht für Baugerüste und für das nachbarliche Verhältnis der öffentlichen Wege und der Gewässer einerseits und der an sie grenzenden Grundstücke andererseits.

Einleitung

Abs. 1 und 2 gilt für Aufschichtungen und Gerüste. Abs. 3 bringt Ausnahmeregelungen. Auf die Dauer der Aufschichtung kommt es nicht an[1], auch Zwischenlagerungen sind erfasst[2].

Anmerkungen

1. Mit **bestimmten Aufschichtungen und Haufen** (vgl. Abs. 1) muss zum Nachbargrundstück ein Mindestgrenzabstand eingehalten werden. Aufschichtungen zeichnen sich dadurch aus, dass die jeweiligen Gegenstände in der Regel nicht fest verbunden, aber geordnet aufeinander liegen; die Besonderheit der Aufschichtung liegt in ihrer Instabilität; Haufen entstehen durch eine ungeordnete Aufschüttung. Es handelt sich insgesamt um Anlagen, bei denen es sinnvoll erscheint, dass sie von allen Seiten her begehbar und damit bearbeitbar sind. Es handelt sich weiter um Anlagen, die einstürzen, umfallen, rutschen oder sonst stören können oder gefährlich sind (z. B. Brandgefahr) und deshalb eines besonde-

---

1 A. A. noch Vorauflage.

2 Wie jetzt hier: *Bruns*, § 8 Rdnr. 6.

ren Grenzabstandes bedürfen; auf eine konkrete Gefahr oder Gefährdung kommt es nicht an. Zu Aufschüttungen und Haufen gehören:

a) Holzstapel aller Art,
b) Steinaufschichtungen,
c) Heuhaufen[3],
d) Strohhaufen[3],
e) Komposthaufen,
f) ähnliche Anlagen, wie z. B. Stapel von Altmetall oder Reifen.

Voraussetzung für den geforderten Grenzabstand ist also eine Anlage, von der typischerweise gewisse Störungen des Nachbargrundstückes, z. B. durch Herabfallen von Gegenständen, Brandgefahr usw. ausgehen. Der Abstand kann deshalb nicht verlangt werden für Regentonnen, Wasserbecken usw.[4], weil ihnen die sich aus der Aufschichtung oder Haufenbildung ergebende Instabilität fehlt.

2.a) Bis zu 2,00 m Höhe beträgt der **Abstand 0,50 m** von der Grenze. Gemessen wird senkrecht zur Grenze an der zur Grenze nächsten Stelle zur Aufschichtung. Über 2,00 m hohe Aufschichtungen müssen 0,50 m und das über 2,00 m liegende Maß entfernt sein.

> **Beispiel:** Ein Holzstapel mit 2,70 m Höhe muss 0,50 m + 0,70 m = 1,20 m von der Grenze entfernt stehen.

b) Ebenfalls **0,50 m Grenzabstand** ist nach **Abs. 2** mit Gerüsten und ähnlichen Anlagen einzuhalten; dies allerdings mit einer Höhenbegrenzung, die nicht konkret, sondern allein von einer Verhinderung eines möglichen Schadens bestimmt ist. Zu diesen Gerüsten oder ähnlichen Anlagen zählen Werbetafeln, Hinweisschilder, frei stehende Pflanzgitter o. Ä. Schäden können im Wesentlichen durch das Umstürzen dieser Anlagen auftreten. Der Schaden kann in diesen Fällen vorrangig durch eine sichere Befestigung oder Verankerung vermieden werden.

c) Nicht einzuhalten sind diese Abstände von **Baugerüsten, Abs. 3**; sie sind – wie der Name verdeutlicht – temporär während der Bauzeit vorhanden und deshalb zu dulden. Diese Baugerüste stehen auf dem

---

3 Hier bestehen allerdings weitergehende feuerpolizeiliche Bestimmungen, die einen Abstand verlangen, der bei normalen Bedingungen die Brandgefahr ausschließt.

4 LG Stuttgart (27. 3. 1980), 16 S 279/80.

Baugrundstück; das Gerüst auf dem Nachbargrundstück unterfällt § 7 d (Hammerschlags- und Leiterrecht), vgl. dort.

d) Nicht einzuhalten sind diese Abstände auch gegenüber öffentlichen Wegen und Gewässern, **Abs. 3**. Nach § 28 Abs. 2 StrG BW dürfen Anpflanzungen, Stapel, Haufen und andere mit dem Grundstück nicht fest verbundene Einrichtungen, die Sicherheit oder Leichtigkeit des Verkehrs nicht beeinträchtigen; vgl. auch § 11 Abs. 2 BFernStrG für Bundesstraßen.

Aus dem Wortlaut des Abs. 3 ergibt sich, dass Aufschüttungen auf Straßen und an Gewässern gegenüber den anliegenden Grundstücken die Abstände des Abs. 1 gegenseitig nicht einhalten müssen[5].

3. Ein Verstoß gegen diese Vorschrift gibt dem Nachbarn einen durchsetzbaren Beseitigungsanspruch. Auf eine konkrete Störung kommt es nicht an. § 8 NRG gibt i. V. m. § 823 Abs. 2 BGB einen Schadensersatzanspruch, wenn durch Verletzung des Grenzabstandes Schäden auf dem Nachbargrundstück aufgetreten sind.

> **Beispiel:** Durch einen direkt an der Grenze sitzenden Holzstapel springt bei Brand Feuer auf das Nachbargrundstück über.

4. Die Ansprüche verjähren in 5 Jahren, § 26 Abs. 1 S. 1 NRG; vgl. dortige Anm.

---

5 *Bruns*, § 8 Rdnr. 14; *Pelka*, § 8 S. 61; *VKK*, § 8 Rdnr. 4.

3. Abschnitt
Erhöhungen

§9 Abstände und Vorkehrungen bei Erhöhungen

(1) [1]Wer den Boden seines Grundstücks über die Oberfläche des Nachbargrundstücks erhöhen will, muss einen solchen Abstand von der Grenze einhalten oder solche Vorkehrungen treffen und unterhalten, dass eine Schädigung des Nachbargrundstücks durch Absturz oder Pressung des Bodens ausgeschlossen ist. [2]Diese Verpflichtung geht auf den späteren Eigentümer über.

(2) Welcher Abstand oder welche Vorkehrung zum Schutz des Nachbargrundstücks erforderlich ist, entscheidet sich unter Zugrundelegung der Vorschriften von §10 Abs. 1 nach Lage des einzelnen Falls.

Einleitung

Die Erhöhung des eigenen Grundstückes erfordert die dauerhafte Sicherung des Nachbargrundstückes vor nachteiligen Veränderungen. **§909 BGB** gilt dort für den entsprechenden Fall der Vertiefung; vgl. dortige Anm.

Anmerkungen

1. Erhöhung ist jede bewusste und tatsächlich vorgenommene Veränderung der natürlich vorhandenen Erdoberfläche über das bestehende Niveau hinaus. Bestehende Niveauunterschiede fallen nicht unter den Begriff Erhöhung; ebenso wenig eine Niveauveränderung auf dem Nachbargrundstück (z. B. Abgraben), das zu einem tatsächlichen Höherliegen des Grundstückes führt. Hier gilt §909 BGB für das vertiefte Grundstück (vgl. dortige Anm.).

Erhöhung i. S. dieser Vorschrift liegt auch dann nicht vor, wenn eine Auffüllung nicht über das Niveau des Nachbargrundstückes hinausragt. Hier besteht möglicherweise ein Einspruchsrecht aus §37 WHG, wenn der natürliche Ablauf des wild abfließenden Wassers gehindert wird.

2. Die Sicherung des Nachbargrundstückes kann auf zwei Arten herbeigeführt werden:

a) Einhaltung eines Abstandes zwischen Grenze und Erhöhung.

b) Andere Vorkehrungen (z. B. Mauer, Palisadenwand usw.). Vgl. dazu im Einzelnen § 10 NRG.

Der Grundstückseigentümer ist darin frei, welche der genannten Maßnahmen er – auf eigene Kosten – ausführen lässt. Er ist verpflichtet, diese Sicherung zu bauen und zu unterhalten. Es handelt sich um eine andauernde Pflicht, die zudem auf einen Rechtsnachfolger in Eigentum übergeht (Abs. 1 S. 2).

Der Eigentümer des Nachbargrundstückes hat einen Anspruch auf die Durchführung der notwendigen Maßnahmen gegen den Eigentümer des erhöhten Grundstückes. Er ist für die Erhöhung beweispflichtig. Der Anspruch verjährt in 5 Jahren nach Durchführung der Erhöhung; vgl. Anm. zu § 26 Abs. 1 S. 1 NRG.

3. Die Maßnahmen müssen sicherstellen, dass eine **Schädigung des Nachbargrundstückes ausgeschlossen** ist. Geschädigt kann das Grundstück durch Absturz **(Einsturz)** des erhöhten Bodens, z. B. bei Regen o. Ä.[1] sein. Die Erhöhung muss so abgesichert sein, dass kein Boden auf das Nachbargrundstück fällt. Bei der ebenfalls untersagten Bodenpressung wird man von einem bestimmten zumutbaren Bodendruck durch die Aufschüttung ausgehen können. Erst was darüber hinausgeht, gilt als Schädigung. Zum Umfang der Befestigungspflicht, vgl. § 909 BGB Anm. 2 d.

Soweit eine zulässige Erhöhung vorliegt, schließt dies weitergehende Ansprüche des Eigentümers des tiefer liegenden Grundstückes aus[2].

4. Erhöhungen in Form von Aufschüttungen gelten nach § 2 Abs. 1 S. 3 LBO als bauliche Anlagen, die einer bauordnungsrechtlichen Genehmigungspflicht unterliegen können. Der Bebauungsplan kann Flächen für Aufschüttungen und Abgrabungen festsetzen, soweit sie für die Herstellung von Straßenkörpern erforderlich sind, § 9 Abs. 1 Ziff. 26 BauGB; der Bebauungsplan kann auch Höhen festsetzen, § 9 Abs. 3 S. 1 BauGB, die eine Abgrabung oder Aufschüttung zulassen oder ausschließen.

---

1 LG Mannheim (10. 12. 1976) 9 S 210/76.

2 Z. B. Entschädigungsansprüche bei Höherverlegung der Straße, BGH NJW 74, 53 ff.

4. Abschnitt
Einfriedigungen, Spaliervorrichtungen und Pflanzungen

§10 Befestigung von Erhöhungen

(1) Bei Erhöhungen muss die erhöhte Fläche für die Regel entweder durch Errichtung einer Mauer von genügender Stärke oder durch eine andere gleich sichere Befestigung oder eine Böschung von nicht mehr als 45 Grad Steigung (alter Teilung) befestigt werden, wenn die Kante der erhöhten Fläche nicht den Abstand von der Grenze waagrecht gemessen einhält, der dem doppelten Höhenunterschied zwischen der Grenze und der Kante der Erhöhung gleichkommt.

(2) Die Außenseite der Mauer oder der sonstigen Befestigung oder der Fuß der Böschung müssen gegenüber Grundstücken, die landwirtschaftlich genutzt werden, einen Grenzabstand von 0,50 m einhalten; dies gilt nicht für Stützmauern für Weinberge.

Einleitung

Die Vorschrift regelt konkrete Maßnahmen zur Erfüllung der Forderungen des §9 NRG.

Anmerkungen

1. **Befestigungen** besonderer Art sind dann **nicht notwendig**, wenn die obere Kante der Erhöhung mindestens doppelt so weit von der Grenze entfernt ist (waagrecht gemessen), wie sie (senkrecht gemessen) höhenmäßig über der Grenze liegt.

Beispiel: Eine Erhöhung von 0,50 m über der Grenze ist nicht zu sichern, wenn die Oberkante 1,00 m von der Grenze entfernt liegt.

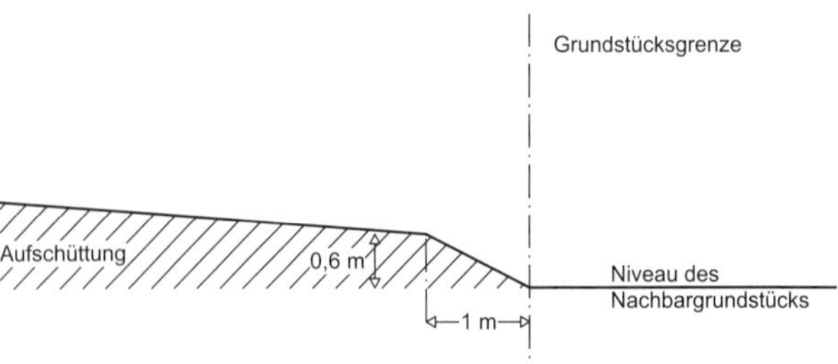

Abbildung 4 (zu § 10, Ziffer 1)

2. Liegt die obere Kante der Erhöhung näher an der Grenze, sind Befestigungen vorgeschrieben:

Dies kann durch eine Mauer, die dem durch die Erhöhung erzeugten Druck standhält oder durch ähnliche Anlagen (Palisadenwand) geschehen.

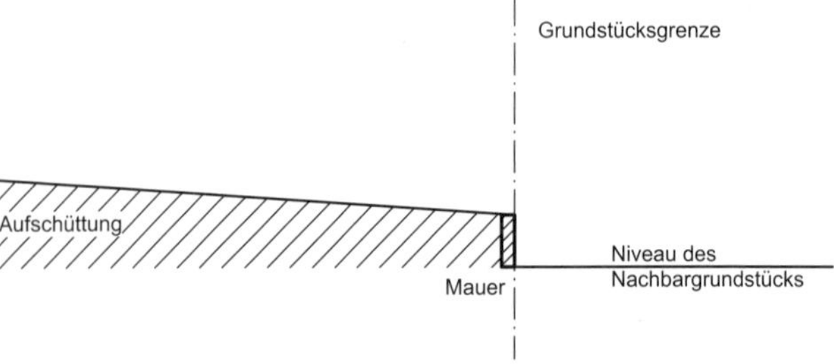

Abbildung 5 (zu § 10, Ziffer 2)

3. Die Sicherung ist auch durch eine Böschung möglich, die nicht mehr als 45° Steigung (alte Teilung) haben darf.

4. Die Abstützungen müssen vollständig auf dem erhöhten Grundstück ausgeführt werden. Wird die Sicherungsmaßnahme (Mauer o. Ä.) über die Aufschüttung hinaus geführt, hat sie die Regelungen über die **toten Einfriedigungen** einzuhalten (vgl. Anm. zu §11).

5. Mit der Sicherungsmaßnahme (Mauer bzw. Fuß der Böschung) muss „gegenüber Grundstücken, die landwirtschaftlich genutzt werden" (zum Begriff „landwirtschaftliche Nutzung, vgl. §7 Abs. 1 S. 1 NRG und Anm. zu §7) ein Abstand von 0,50 m eingehalten werden.

Auf die Lage des erhöhten oder benachbarten Grundstücks im Außen-, Innen- oder Bebauungsplanbereich kommt es nicht an. Maßgeblich für die Pflicht zur Einhaltung des Grenzabstandes durch das erhöhte Grundstück ist allein die landwirtschaftliche Nutzung des Nachbargrundstückes.

Entscheidend für den Abstandsanspruch ist die tatsächliche Situation zum Zeitpunkt der Erhöhung.

Wird die landwirtschaftliche Nutzung nach der Erhöhung aufgenommen, besteht der Abstandsanspruch nicht. Wird die landwirtschaftliche Nutzung endgültig aufgegeben, dann kann der Eigentümer des erhöhten Grundstücks die Abstützung ohne Abstand realisieren.

6. Der **Grenzabstand ist mit der Sicherungseinrichtung nicht einzuhalten**, wenn es sich bei der Erhöhung und Sicherung um **Weinberge** handelt. Der Weinberg braucht sich nicht in erklärter Reblage gemäß §28 Abs. 2 NRG befinden.

7. Die Ansprüche aus §10 NRG verjähren in 5 Jahren; §26 Abs. 1 S. 1 NRG nach der Novelle '95 (vgl. Anm. dort) anwendbar.

Vorbemerkungen zu §§ 11–22 NRG

Die in den §§ 11–22 NRG geregelten Abstände dienen der Sicherstellung von Nutzungen einander angrenzender Grundstücke. Dabei hat die berufsmäßige Nutzung (Landwirtschaft, Gartenbau, Weinbau, Waldwirtschaft) Vorrang vor der mehr privaten, gartenmäßigen Nutzung. Die Vorschriften versuchen einen detaillierten, sehr ins Einzelne gehenden Interessenausgleich.

1. Abstände und Schutzfunktion

a) Die vorgeschriebenen Abstände von Anpflanzungen und anderen Einrichtungen sind teilweise abhängig von deren Höhe.

b) Bei Anpflanzungen ist für die Abstandsbestimmung entscheidend die Höhe im ausgewachsenen Zustand, nicht die Höhe zur Zeit der Einpflanzung.

c) **Die Abstände schützen den Nachbarn.** Er hat deshalb einen **Abwehranspruch** gegen Verletzungen, d. h. Unterschreitungen dieser Abstände. Der **Eigentümer** der Anpflanzungen und sonstigen Einrichtungen hat einen **Duldungsanspruch** gegenüber dem Nachbarn, soweit er die Abstände auf Dauer – also insbesondere mit ausgewachsenen Anpflanzungen – einhält.

d) Die Abstände sind stets gegenüber den Nachbargrundstücken einzuhalten. Das bedeutet, dass es auf die Grenze des Nachbargrundstückes, nicht etwa auf die Grenze des die Einrichtung oder Pflanzung tragenden Grundstücks ankommt. Das Gesetz sieht einige Sonderregelungen für den Fall vor, dass die beiden genannten Grundstücke keine gemeinsame Grenze haben, sondern durch ein dazwischen liegendes Grundstück (z. B. Weg oder Bach) getrennt sind, vgl. § 22 Abs. 2 S. 1 und 2 NRG.

2. Beseitigungs- und Kürzungsanspruch

a) Der Nachbar hat einen Beseitigungsanspruch gegenüber Anpflanzungen und sonstigen Einrichtungen, die die Abstandsvorschriften verletzen.

b) Bei Anpflanzungen besteht dieser Beseitigungsanspruch schon dann, wenn die konkreten Pflanzen im Regelfall höher wachsen können, als nach dem tatsächlichen Abstand zulässig, ohne dass es auf die Höhe zum Zeitpunkt der Anpflanzung oder Geltendmachung des Beseitigungsanspruches ankommt.

c) Dieser **Beseitigungsanspruch** des Nachbarn **verjährt** aber gemäß § 26 Abs. 1 NRG nach 5 Jahren, in besonders genannten Fällen nach 10 Jahren.

d) Neben dem Beseitigungsanspruch hat der Nachbar bei den Anpflanzungen, deren Grenzabstand durch ihre Höhe bestimmt ist, einen – unverjährbaren, § 26 Abs. 3 NRG – **Anspruch auf Kürzung** bis auf die nach dem tatsächlichen Abstand sich ergebende, zulässige Höhe[1].

3. Anspruchskonkurrenz

a) Soweit der Anspruch auf Beseitigung noch nicht verjährt ist, kann er neben dem Anspruch auf Verkürzung bestehen. Dies ist dann der Fall, wenn der absolute Mindestabstand eingehalten ist, die Anpflanzung aber vor Ablauf der 5 Jahre, § 26 Abs. 1 NRG, höher als zulässig gewachsen ist. Kann der Nachbar hier wählen, oder muss er sich nach Wahl des Verpflichteten möglicherweise mit dem geringeren Eingriff – Verkürzung – begnügen?

b) Der Nachbar hat ein **Wahlrecht**: Er kann also die – einmalige – Beseitigung verlangen oder ein – sich immer wiederholendes – Verkürzen[2]. Der Nachbar kann nicht auf die jeweils andere Alternative (Beseitigung – Verkürzung) verwiesen werden. Es ist für jeden Nachbarn unzumutbar, über Jahre und Jahrzehnte hinweg stets die Verkürzung zu verlangen. Dies ist im Übrigen ein Anlass zu steten Streitigkeiten, vgl. auch Anm. 6 b zu § 16 NRG. Anderes dürfte nur für „zulässige“ Hecken (§ 12 NRG) gelten, die regelmäßig geschnitten werden.

Innerhalb der 5 bzw. 10 Jahre, § 26 NRG, kann der Nachbar also Beseitigung verlangen. Eine unzulässige Rechtsausübung wird nur dann vorliegen, wenn sich der Nachbar ausdrücklich mit der Anpflanzung oder der sonstigen Einrichtung einverstanden erklärt hat oder diese wissentlich duldet. Unkenntnis über Wachstum und deren Geschwindigkeit ist kein ausreichender Grund für die Annahme einer unzulässigen Rechtsausübung. Vgl. aber Sondersituation zu § 20 NRG, dort Anm. 3.

---

1 „Ein Verkürzungsanspruch ist nicht deshalb rechtsmissbräuchlich, weil er einem Beseitigungsanspruch gleichkommt. Wer Gehölze (hier: Fichten) pflanzt, die bei der Verkürzung auf die vorgeschriebene Höhe absterben, handelt auf eigenes Risiko“; AG Backnang (3. 3. 1982) 5 C 530/81, RdL 82,134 f; vgl. auch LG Ellwangen (17. 3. 1977) RdL 81, 76. Die heutige Rechtsprechung scheint (unrichtigerweise) andere Wege zu gehen; vgl. dazu § 15 NRG Anm. 3 a. E.

2 LG Karlsruhe (14. 1. 1977) 9 S 294/76.

Ein Sonderfall der Anspruchskonkurrenz liegt bei einer für den tatsächlich vorhandenen Grenzabstand zu „hohen" toten Einfriedigung vor: Hier liegt eine **Wahlschuld des Verpflichteten** vor, auf die die Vorschriften der §§ 262–265 BGB Anwendung finden[3]. Der Verpflichtete kann also wählen: Entweder er beseitigt die tote Einfriedigung ganz oder er verkürzt sie auf die Höhe, die nach § 11 auf Grund des tatsächlich vorhandenen Grenzabstandes zulässig ist. Der Nachbar kann nur die Beseitigung verlangen, da Kürzungsansprüche nach § 26 Abs. 3 NRG nur bei Pflanzen, nicht aber bei toten Einfriedigungen bestehen.

4. Vereinbarungen – Verzicht

Grundstückseigentümer können gegenseitig vereinbaren, dass auf die Einhaltung der Abstandsvorschriften gemäß §§ 11 ff. NRG verzichtet wird. Genauso ist der einseitige (auch stillschweigende) Verzicht denkbar. Solche schuldrechtlichen Vereinbarungen verpflichten aber nur den Verzichtenden selbst und einen etwaigen Gesamtrechtsnachfolger (Erbe), nicht aber einen Sonderrechtsnachfolger (z. B. Käufer, Beschenkter usw.)[4]. Letzteren gegenüber wirkt der Verzicht nur, wenn er durch eine entsprechende Dienstbarkeit dinglich gesichert ist. Vorstehendes gilt übrigens genauso für den Fall, dass die Nachbarn gemeinsam von objektiv unrichtigen Verhältnissen (z. B. Abstände oder anzuwendende Vorschriften) ausgegangen sind.

---

3 LG Offenburg (11. 6. 1985) 1 S 178/84.

4 OLG Stuttgart (7. 9. 1983) 1 U 18/83; BGHZ 66, 37.

1. Abstände

§11 Tote Einfriedigungen

(1) [1]Mit toten Einfriedigungen ist gegenüber Grundstücken, die landwirtschaftlich genutzt werden, ein Grenzabstand von 0,50m einzuhalten. [2]Ist die tote Einfriedigung höher als 1,50m, so vergrößert sich der Abstand entsprechend der Mehrhöhe, außer bei Drahtzäunen und Schranken.

(2) Gegenüber sonstigen Grundstücken ist mit toten Einfriedigungen – außer Drahtzäunen und Schranken – ein Grenzabstand entsprechend der Mehrhöhe einzuhalten, die über 1,50m hinausgeht.

(3) Zäune, die von der Grenze nicht wenigstens 0,50m abstehen, müssen so eingerichtet sein, dass ihre Ausbesserung von der Seite des Eigentümers des Zauns aus möglich ist.

(4) Freistehende Mauern mit einem geringeren Abstand von der Grenze als 0,50m dürfen nicht gegen das Nachbargrundstück abgedacht werden.

Einleitung

§11 NRG regelt die Abstände von toten Einfriedigungen gegenüber dem Nachbargrundstück, das landwirtschaftlich oder nicht landwirtschaftlich genutzt wird.

§11 sagt nichts über die Funktion der toten Einfriedigung. Die Vorschriften gelten für die vollständige, den Zutritt oder eine Gefahr oder Belästigung (vgl. §7 Abs. 4) verhindernde Umfassung eines Grundstücks ebenso wie für eine teilweise Abgrenzung, Zugangshinderung o. Ä. Das gesetzgeberische Ziel des §11 liegt im Schutz vor Einsichtnahme und in der Abgrenzung des Eigentums. Die konkrete Motivation der Errichtung und der Zweck der toten Einfriedigung spielt für den rechtlichen Rahmen des §11 keine Rolle. §11 stellt mit dem Blick auf die Nutzungen der jeweiligen Nachbargrundstücke Regelungen auf:

- Abs. 1 privilegiert landwirtschaftlich genutzte Grundstücke. Die Regelung will einen Arbeitsbereich von 0,50m und eine Verschattung von landwirtschaftlichen Grundstücke vermeidende Stellung von

toten Einfriedigungen sicherstellen; deswegen gelten die Abstandsregelungen nicht bei Drahtzäunen[1] und Schranken.
- Abs. 2 lässt gegenüber nicht landwirtschaftlichen Grundstücken auf der Grenze auch geschlossene tote Einfriedigungen bis zu einer Höhe von 1,50 m auf der Grenze zu, räumt damit insoweit dem Schutz des Grundstückes vor Einsichtnahme Vorrang ein.

Die Vorschrift soll einerseits die ordnungsgemäße und unbehinderte Bewirtschaftung der landwirtschaftlich genutzten Flächen sicherstellen, andererseits die Möglichkeit der Errichtung von einsichtshindernden Einfriedigungen geben, deshalb greifen zahlreiche Ausnahmeregelungen dort ein, wo der Schutz der Bewirtschaftung nicht notwendig ist, §§ 19–21 NRG, bzw. wo ein erhöhter Schutz gefordert werden muss, § 18 NRG. Diese zivilrechtliche Vorschrift mit ihren Abstandsregelungen sagt nichts über die öffentlich-rechtliche Zulässigkeit der Einfriedigung (z. B. nach Baurecht oder Naturschutzrecht) aus[2]. Diese ist stets vor deren Errichtung zu prüfen und festzustellen. Eine öffentlich-rechtlich zulässige Einfriedigung muss (zusätzlich zu den öffentlich-rechtlichen Vorschriften) die in der hier behandelten Vorschrift genannten Abstände (einschließlich der Sonderregelungen §§ 18–21 NRG) einhalten. Vgl. dazu allgemein Einführung II. und III.

In § 11 NRG wird unterschieden zwischen Drahtzäunen und Schranken einerseits und sonstigen toten Einfriedigungen (z. B. Latten, Bretter, Bohlenzäune, Mauern usw.) andererseits. Nach dem Wortlaut des § 11 Abs. 1 Satz 1 und Abs. 2 NRG bestimmen sich die Abstände nach der Nutzung (landwirtschaftlich oder nicht) des Nachbargrundstücks, nicht nach der Nutzung des Grundstücks, auf dem die tote Einfriedigung steht.

Beispiel: Wird das Nachbargrundstück nicht landwirtschaftlich genutzt, so sind die Abstände des Abs. 2 einzuhalten, auch wenn das Grundstück, auf dem die tote Einfriedigung steht, selbst landwirtschaftlich genutzt wird.

Für die Frage, ob eine konkrete Höhe der Einfriedigung und ihr Grenzabstand zulässig ist, muss daher zweierlei vorab festgestellt werden:

---

1 Ein Schatten werfender Metallgitterzaun ist daher kein Drahtzaun, so OLG Karlsruhe (25. 7. 2014) 12 U 162/13, NJW-RR 2015, 101. Dies gilt ebenso für einen Drahtzaun mit vorgehängter Matte.

2 Und umgekehrt: Ein Verstoß gegen § 11 NRG stellt keine Verletzung des Baunachbarrechts dar, VGH BW (2. 2. 2009) 3 S 2875/08, Justiz 2009, 352.

- Wie wird das Nachbargrundstück genutzt (landwirtschaftlich oder nicht)?
- Welcher Art soll die Einfriedigung sein (Drahtzaun, Schranke oder sonstige tote Einfriedigung)?

Anmerkungen

Einfriedigung i.S. des §11 setzt keinen geschlossenen Zaun oder eine sonstige vollständige Abgrenzung voraus. Die Funktion ist ohne Bedeutung (vgl. vorstehend), damit auch die Längenausdehnung der toten Einfriedigung[3].

> **Beispiel:** Eine tote Einfriedigung liegt auch vor, wenn sie in einer Länge von 5m das Lagern von Gegenständen sichern oder das Überfahren eines Grundstücks vermeiden soll.

1. Gegenüber landwirtschaftlich genutzten Grundstücken (Definition vgl. Vorbemerkung zu §7 NRG) ist ein **Grenzabstand von 0,50m einzuhalten**

a) Regelfälle (alle toten Einfriedigungen):

(1) mit allen toten Einfriedigungen – gleich aus welchem Material – bis zu einer Höhe von 1,50m

(2) mit Drahtzäunen (Maschendraht, Pfostendraht usw.) und mit Schranken (Ein- und Ausfahrtsschranken), ohne Höhenbeschränkung, also auch über 1,50m.

b) Ausnahme (alle toten Einfriedigungen):

Dieser 0,50-m-Abstand ist trotz Vorliegen der Voraussetzungen nach a) **nicht** einzuhalten gegenüber:

(1) öffentlichen Wegen, §21 Abs.1 NRG;

(2) öffentlichen Gewässern, §21 Abs.1 NRG;

(3) öffentlichen Schienenwegen, §21 Abs.2 NRG;

(4) im Außenbereich gegenüber nicht landwirtschaftlich genutzten Grundstücken, §19 Abs.1 NRG;

(5) gegenüber Wald, §19 Abs.1 NRG.

---

3 Zu eng *Pelka*, S.108, dort wird für eine Einfriedigung eine gewisse Breite gefordert, die den ungehinderten Zutritt oder die ungehinderte Einsicht auf das Grundstück verwehrt, wie hier LG Ulm (17.5.2016) 2 O 409/15.

Der Abstand **verringert** sich im Außenbereich gemäß § 19 Abs. 2 NRG um die Entfernung, die – die ansonsten landwirtschaftlich genutzten Nachbargrundstücke – tatsächlich nicht landwirtschaftlich oder gartenbaulich genutzt wird, nicht bebaut und auch nicht Hofraum ist.

2. Gegenüber landwirtschaftlichen Grundstücken ist ein Grenzabstand einzuhalten.

a) Regelfälle (sonstige tote Einfriedungen)

Mit **sonstigen toten Einfriedigungen** (z. B. Lattenzäunen, Mauern, Bohnenwänden) ab einer **Einfriedigungshöhe von 1,50 m sind 0,50 m und das Mehrmaß der Einfriedigung über 1,50 m einzuhalten**.

Beispiel: Lattenzaun mit 1,70 m hat 0,50 + 0,20 = 0,70 m Grenzabstand einzuhalten.

b) Ausnahmen (sonstige tote Einfriedungen)

(1) Gegenüber **Weinbergen** in erklärter Reblage nach § 28 Abs. 3 NRG **verdoppelt** sich dieser Abstand, wenn sich die Einfriedigungen nicht an der Nordseite des Weinberges befinden, § 18.

(2) Wie oben Anm. 1 b). Die Ausnahmen beziehen sich auch auf die jeweils erhöhten Abstände: auch in diesen Fällen sind dann keine oder die verringerten Grenzabstände einzuhalten.

3. Gegenüber sonstigen (nicht landwirtschaftlich genutzten) **Grundstücken** gilt:

a) Regelfälle

mit

- Drahtzäunen und Schranken unabhängig von deren Höhe kein Grenzabstand
- mit allen anderen toten Einfriedigungen bis zu einer Höhe von 1,50 m kein Grenzabstand
- mit allen toten Einfriedigungen – außer Drahtzäunen und Schranken –, die über 1,50 m hoch sind, ist ein Abstand einzuhalten, der der Mehrhöhe über 1,50 m entspricht[4].

---

4 Eine Staffelung (bis 1,50 m auf Grenze, darüber entsprechend zurückgesetzt) wird als zulässig erachtet, LG Heilbronn (18. 10. 1979) 6 O 1871/78.

Beispiel: Eine Mauer gegenüber einem bebauten Grundstück kann bis zu einer Höhe von 1,50m an der Grenze stehen; eine 2m hohe Mauer muss einen Grenzabstand von 2,00–1,50=0,50m haben.

Aus den geschilderten Grenzabständen folgt, dass eine Mauer in Höhe von 1,50m und ein darauf gesetzter Drahtzaun gegenüber bebauten Grundstücken keinen Grenzabstand einhalten muss[5].

b) Ausnahmen

(1) Gegenüber Weinbergen in erklärter Reblage nach §28 Abs.3 NRG sind die Abstände zu verdoppeln, wenn sich die Einfriedigung nicht an der nördlichen Seite des Weinberges befindet, §18 NRG.

(2) Wie oben Anm.1b. Die Ausnahmen beziehen sich auch auf die jeweils erhöhten Abstände: auch in diesen Fällen sind dann keine oder die verringerten Grenzabstände einzuhalten.

4. Der **Abstand** wird von der der Nachbargrenze zugewandten Außenseite der toten Einfriedigung gemessen. Der Abstand wird horizontal zur Grenze, nicht etwa auf der (fallenden oder steigenden) Grundstücksfläche gemessen. Bei oben abgerundeten oder abgedachten toten Einfriedigungen gilt als Maßpunkt die jeweils höchste Höhe; für die Annahme einer mittleren Höhe gibt §11 nichts her.

Nach Sinn und Zweck der Vorschrift (Schutz vor Einsicht durch den Nachbarn und/oder Schutz vor Betreten durch fremde Personen oder Tiere) ist für die **Feststellung der Höhe** vom Fuß der toten Einfriedigung auszugehen. Dies gilt auch bei natürlich fallendem oder steigendem Gelände; die dadurch im Verhältnis zur Einfriedigung entstehenden Höhenunterschiede sind für die Bestimmung der Höhe der Einfriedigung ohne Bedeutung.

5. Eine besondere Betrachtung ist bei **Abgrabungen** und **Aufschüttungen** erforderlich[6]; dabei gilt der Grundsatz, dass der Bezugspunkt für die Höhenmessung auf dem Grundstück stattfindet, auf dem (für das) die Einfriedigung errichtet werden soll:

a) Bei einseitigen **Abgrabungen** außerhalb des Fußes der Einfriedigungen, sei es auf Seiten desjenigen, der die Einfriedigung errichtet oder

---

5 LG Ellwangen (19.6.1960) 4 O 3/90-10.

6 Vgl. OLG Karlsruhe (27.6.1984) 6 U 39/83, aber nicht so strukturiert wie im Folgenden dargestellt.

auf Seiten des Nachbarn, ist die Höhe jeweils vom verbleibenden natürlichen (nicht abgegrabenen) Gelände aus zu messen. Bei beidseitigem, gleich tiefem Abgraben ist vom „neuen" Gelände auszugehen, bei ungleichem Abgraben wird vom höheren verbleibenden Gelände auszugehen sein.

b) Bei einseitigen **Aufschüttungen** ist zu differenzieren:

(1) Schüttet der die Einfriedigung Errichtende sein Gelände auf, so ist vom verbleibenden natürlichen Gelände des Nachbarn aus die Höhe zu bestimmen, da es um die Einsichtsmöglichkeit in das die Einfriedigung umfassende Grundstück geht[7].

(2) Schüttet der Nachbar das Gelände auf, so wird die Höhe ab dem neuen durch die Aufschüttung gegebenen Gelände gemessen, um die zulässige Höhe der Einfriedigung festzustellen. Bei beidseitigen gleichen oder ungleichen Aufschüttungen gilt das oben unter b) Gesagte entsprechend. Treffen Aufschüttung und Abgrabung beider Grundstücke aufeinander, bestimmt sich die Höhe nach dem Grundstück, für das die Einfriedigung errichtet wird (vgl. oben).[8]

Die Höhe der Einfriedung wird – gleichgültig, wie das Gelände geformt ist (z. B. mit dem Hang laufender Zaun) – senkrecht vom Fuß (Austritt aus dem Boden) bis zum oberen Ende gemessen.

c) Maßgebend für die Höhenbestimmung ist der Zeitpunkt der Errichtung der toten Einfriedigung. Späteres Abgraben oder Auffüllen verändert die Rechtmäßigkeit – oder Rechtswidrigkeit – der Einfriedigung nicht[9].

6. Sind Abstände von weniger als 0,50 m, vgl. oben Anm. 1.b), 3.b), 4., einzuhalten, muss der **Zaun** ohne Inanspruchnahme des Nachbargrundstückes reparierbar sein, Abs. 3. Für die Reparaturen solcher, näher als 0,50 m an der Grenze stehender Zäune kann das Hammerschlag- und Leiterrecht des § 7 d NRG nicht in Anspruch genommen werden; den dort genannten Betretungs- und Benutzungsrechten geht § 11 Abs. 3 NRG als speziellere Regelung vor. Dies gilt wiederum nicht für jene Zäu-

---

7 OLG Karlsruhe (13. 2. 2008) 6 U 79/09, Justiz 2008, 87.

8 A. A. *Pelka*, S. 220; Jenes Niveau, das dem ursprünglichen am nächsten kommt; das entspricht m. E. nicht dem Regelungssystem.

9 LG Karlsruhe (12. 12. 1975) 9 S 209/75; der hier vertretenen Ansicht folgt das OLG Karlsruhe (13. 2. 2008) 6 U 79/09, Justiz 2008, 187.

ne, die vor In-Kraft-Treten des (ursprünglichen) NRG schon errichtet waren (vor dem 1.1.1960). Für die **anderen toten Einfriedigungen** – neben den Zäunen – regelt §11 Abs.3 NRG nichts, deshalb gilt hier §7d NRG in vollem Umfang!

7. Mauern mit Abständen von weniger als 0,50m dürfen keine Abdachung zum Nachbarn hin haben, damit nicht dorthin das Wasser ablaufen kann, §11 Abs.4.

8. §11 NRG gibt einen **Beseitigungsanspruch** bei Überschreiten der Höhe oder Unterschreiten des Abstandes. Der Verpflichtete hat ein Wahlrecht zwischen völliger Beseitigung und Kürzung auf die gemäß tatsächlich vorhandenem Grenzabstand zulässige Höhe (vgl. Vorbemerkung Ziff.3c) zu §§11ff. Die mögliche, notwendige Zerstörung einer Wand oder eines Zaunes durch die geforderte Verkürzung, ändert am Beseitigungsanspruch nichts[10]. Eine **konkrete Beeinträchtigung** des Nachbarn durch die unzulässige höhere tote Einfriedigung wird **nicht verlangt**[11].

9. Der Anspruch auf **Beseitigung verjährt** nach §26 NRG in **5 Jahren**, vgl. dort. Ist der Beseitigungsanspruch verjährt, muss der Verpflichtete auch keine Kürzung mehr vornehmen[12]; §26 Abs.3 gilt nur für Pflanzen.

10. Wegen der toten Einfriedigungen, die am 1.1.1960 bereits bestanden, vgl. §33 NRG und dortige Anmerkung.

11. Zur Anspruchskonkurrenz mit §906 BGB, vgl. Einführung II, 3ff.

10 LG Karlsruhe (14.1.1977) 9 S 294/76.

11 Vgl. FN 6.

12 LG Konstanz (28.5.2002), 2. Kammer.

§ 12 Hecken

(1) Mit Hecken bis 1,80 m Höhe ist ein Abstand von 0,50 m, mit höheren Hecken ein entsprechend der Mehrhöhe größerer Abstand einzuhalten.

(2) [1]Die Hecke ist bis zur Hälfte des nach Absatz 1 vorgeschriebenen Abstands zurück zu schneiden. [2]Dies gilt nicht für Hecken bis zu 1,80 m Höhe, wenn das Nachbargrundstück innerhalb der im Zusammenhang bebauten Ortsteile oder im Geltungsbereich eines Bebauungsplans liegt und nicht landwirtschaftlich genutzt wird (Innerortslage).

(3) Der Besitzer der Hecke ist zu ihrer Verkürzung und zum Zurückschneiden der Zweige verpflichtet, jedoch nicht in der Zeit vom 1. März bis 30. September.

Vorbemerkung

Die zulässige Höhe der Hecken, die einen Abstand von 0,50 m gegenüber der Grenze einhalten, ist auf 1,80 m festgelegt. § 12 Abs. 2 NRG definiert für das ganze NRG die „Innerortslage".

Einleitung

Die Vor- und Nachteile der Hecken sind für den Besitzer und Nachbar ähnlich jenen bei toten Einfriedigungen (vgl. Einleitung zu § 11 NRG). Die hier geregelten (zivilrechtlichen) Abstände sagen nichts über deren öffentlich-rechtliche Zulässigkeit (z. B. nach den Festsetzungen eines Bebauungsplans, nach Naturschutz- oder Wasserrecht). Wie bei § 11 NRG (vgl. Einleitung zu § 11 NRG) gilt auch hier: Die zivilrechtliche Abstandsvorschrift interessiert erst und nur dann, wenn die Hecke öffentlich-rechtlich zulässig ist.

Anmerkungen

1. Hecken sind dicht aneinander, gleichartig wachsende Gehölze. Sie werden meist in geringer Breite (Tiefe), aber in bestimmter Länge gehalten. Sie haben in der Regel sichthindernde, abschirmende Funktion. Auf die Art der die Hecke bildenden Gehölze kommt es nicht an[1]. Auch

---

1 Auch Bambuspflanzen können eine Hecke bilden, AG Stuttgart (12. 12. 1995) 11 C 322/95; ebenso für Bambus OLG Karlsruhe (25. 7. 2014) 12 U 162/13, NJW-RR 2015, 148; ebenso Fichten, LG Freiburg (5. 11. 2014) 3 S 101/14.

Gehölze, deren Einzelgrenzabstände in §16 NRG geregelt sind, können eine nach §13 NRG zu beurteilende Hecke bilden[2]. Hecken haben geringere Abstände einzuhalten als Einzelbäume oder -sträucher (vgl. Anm. zu §16 NRG). Da §16 NRG aber auch von „Kulturen", „Pflanzungen", „Plantagen" und „Beständen" spricht, ist die Abgrenzung dieser Gehölzansammlungen zur Hecke von besonderer (Abstands-) Bedeutung. Neben der oben in S. 1 gegebenen Definition ist Kriterium einer Hecke deren **Funktion**, die auf Schutz vor Sicht (Ein- wie Aussicht), Wind, Staub, Gerüchen und Lärm (wenn auch die beiden letztgenannten Schutzfunktionen kaum tatsächlich, wohl aber „psychologisch" sich durch eine Hecke erreichen lassen) ausgerichtet sein muss. Eine Hecke setzt also voraus, dass sie im ausgewachsenen und – im Blick auf die Abstände – zulässigen Zustand die vom Eigentümer behauptete Funktion zu erfüllen in der Lage ist. Stehen Bäume so eng, dass sie auf voller Höhe sichthindernd wirken, dann stellen sie eine Hecke dar; stehen Sträucher so weit auseinander, dass sie Sicht bietende „Lücken" aufweisen, dann kann eine Hecke nicht angenommen werden[3]. Es wird immer auf den Einzelfall ankommen, der aber aus der angeblichen Funktion heraus meist eindeutig entschieden werden kann. Eine Hecke verliert nicht dadurch ihre Qualität, dass sie im Winter unbelaubt und deshalb „durchsichtig" ist oder an einer oder mehreren Stellen unterbrochen ist (z. B. Durchgänge), solange sie ihre Funktion noch aufrechterhalten kann.

2. Die Grenzabstände der Hecken werden durch die Lage des Nachbargrundstücks (mit-) bestimmt. §12 Abs. 2 S. 2 NRG definiert für das ganze (novellierte) NRG den Begriff der **„Innerortslage"**, der sich aus zwei Komponenten zusammensetzt:

---

2 LG Karlsruhe (12.12.1975) 9 S 432/75. Ausladende Äste mehrerer Gehölze, die Sichtschutz bieten, vermitteln diesen Gewächsen allerdings nicht den Charakter einer Hecke, OLG Karlsruhe (24.11.1982) 6 U 6/82. Maßgebendes Kriterium für das Vorliegen einer Hecke aus Bäumen ist, ob die Pflanzen so dicht zueinander angeordnet sind, dass mit ihnen ein Dichtschluss, sowie eine Höhen- und Seitenbegrenzung erreicht wird, LG Limburg (6. 3. 1985) 3 S 188/84, NJW 86, 595. „Unerlässliches Merkmal der Hecke ist deshalb ein so enger Anschluss der einzelnen Pflanzen untereinander, dass ein geschlossener Verbund in Gestalt einer wandartigen Formation entsteht." LG Hechingen (6. 6. 1990) 3 S 57/90.

3 LG Heidelberg (23. 6. 2003) 6 T 26/03 II.

a) Die Lage des Nachbargrundstücks

Das Grundstück liegt in einer Innerortslage, wenn es zum einen

(1) entweder im unbeplanten Innenbereich des § 34 BauGB

(2) oder in einem Bebauungsplangebiet liegt.

§ 12 Abs. 2 S. 2 NRG unterscheidet nicht – wie § 30 BauGB – zwischen qualifizierten (§ 30 Abs. 1 BauGB), einfachen (§ 30 Abs. 3 BauGB) und vorhabenbezogenen Bebauungsplänen (§ 30 Abs. 2 BauGB). Gemeint ist ein qualifizierter oder vorhabenbezogener Bebauungsplan, da § 30 Abs. 2 BauGB für den einfachen Bebauungsplan ausdrücklich auf die neben den Festsetzungen des Plans im Übrigen anzuwendenden Vorschriften für den unbeplanten Innenbereich (§ 34 BauGB) oder den Außenbereich (§ 35 BauGB) verweist. Eine Innerortslage kann bei Vorliegen eines einfachen Bebauungsplans nur dann gegeben sein, wenn neben dem Plan § 34 BauGB anwendbar ist, vgl. oben (1).

b) Die Nutzung des Nachbargrundstücks

Weitere, **kumulative Voraussetzung** für die Annahme einer Innerortslage ist zum anderen, dass das Nachbargrundstück **nicht landwirtschaftlich genutzt** wird (Zum Begriff der landwirtschaftlichen Nutzung vgl. Vorbemerkung zu § 7 NRG.). Das bedeutet: Eine Innerortslage i. S. des NRG ist auch dann nicht gegeben, wenn das fragliche Nachbargrundstück im unbeplanten Innenbereich oder in einem Bebauungsplangebiet (noch) landwirtschaftlich genutzt wird! Der Begriff der Innerortslage im NRG unterscheidet sich damit deutlich vom planungsrechtlichen Innenbereich des § 34 BauGB und vom Bereich der Innenentwicklung nach § 13 a BauGB. Die **Innerortslage** ist vom ebenfalls im NRG verwendeten Begriff des **geschlossenen Wohnbezirks** zu unterscheiden: **Innerortslage stellt eine Fläche in einem Bebauungsplangebiet oder in einem im Zusammenhang bebauten Ortsteil (§ 34 BauGB) ohne landwirtschaftliche Nutzung dieser Flächen dar. Ein geschlossener Wohnbezirk ist für eine Fläche in einem Bebauungsplangebiet oder unbeplanten Innenbereich anzunehmen, ohne dass es auf die landwirtschaftliche Nutzung ankommt.** Im Falle des unbeplanten Innenbereichs ist der geschlossene Wohnbezirk identisch mit dem Innenbereich i. S. des § 34 BauGB.

3.a) Mit Hecken ist gegenüber allen Nachbargrundstücken ein **Abstand** einzuhalten. Hecken **bis zu 1,80 m** Höhe müssen **0,50 m**, höhere Hecken 0,50 m zuzüglich der über 1,80 m hinausreichenden Höhe zur Grenze einhalten.

Beispiel: Hecke mit 2,00m muss 0,50+(2,00−1,80)=0,70m einhalten.

Für die Höhenfeststellung insbesondere bei Abgrabungen und Aufschüttungen gilt das zu §11 Anm.4 Ausgeführte.

b) Der Grenzabstand wird gemäß §22 Abs.1 NRG ab der Mittelachse der der Grenze nächsten Stämme bei deren Austritt aus dem Erdboden gemessen. Diese Regelung bedeutet, dass schon mit der **Pflanzung** der Hecke deren höchstzulässige Höhe bestimmt werden muss und tatsächlich bestimmt wird[4]. Abs.3 beinhaltet die Verpflichtung, Hecken auf die aus dem Abstand sich ergebende höchstzulässige Höhe zurückzuschneiden.

Beispiel: Eine Hecke, die gemessen nach §22 Abs.1 NRG von der Grenze 0,80m entfernt steht, darf nicht höher als 2,40m sein. Sie muss also in den in Abs.3 angegebenen Zeiträumen gegebenenfalls auf diese Höhe verkürzt werden.

c) Gemäß Abs.2 S.2 darf eine Hecke innerhalb der Innerortslage (Definition vgl. oben Anm.2) bis zur Höhe von 1,80m mit ihren Zweigen den ganzen Bereich bis zur Grundstücksgrenze einnehmen. Hecken, die höher als 1,50m sind, oder die außerhalb der Innerortslage stehen, müssen mit ihren Außenseiten den jeweils maßgeblichen halben Grenzabstand einhalten, Abs.2 S.1.

Beispiel: Eine 2,10m hohe Hecke muss stets 0,80m von der Grenze stehen (0,50+(2,10−1,80)), vgl. Abs.1, und darf dann mit ihren Außenseiten nicht näher als 0,40m an die Grundstücksgrenze reichen. Außerhalb der Innerortslage liegt ein Grundstück auch dann, wenn es in einem Bebauungsplangebiet oder im unbeplanten Innenbereich liegt, aber das Nachbargrundstück tatsächlich landwirtschaftlich genutzt wird.

4. Allgemeine Ausnahmen für die Abstände nach **Abs.1** und **Abs.2**.:

a) Gegenüber Weinbergen in erklärter Reblage (§§18, 28 Abs.3 NRG) ist der doppelte Abstand einzuhalten, soweit die Hecke nicht auf der Nordseite des Weinberges steht.

---

4 Zustimmung des Nachbarn zur Pflanzung der Hecke ist keine Zustimmung zu einer Höhe, die nach NRG nicht zulässig ist, LG Karlsruhe (26.9.1975) 9 S 52/75.

b) Gegenüber Grundstücken, die in §19 Abs.1 NRG (nicht nutzbare Grundstücke) genannt sind, ist der Abstand nicht einzuhalten.

c) Soweit Nachbargrundstücke an der Grenze nicht nutzbar sind, verringert sich der Grenzabstand, §19 Abs.2 NRG.

d) Der Abstand ist hinter geschlossenen Einfriedigungen nicht einzuhalten, wenn die Hecke diese nicht überragt, §20 NRG.

e) Der Abstand ist gegenüber Wegen nicht einzuhalten, §21 Abs.1 NRG.

f) Der Abstand ist gegenüber Gewässern nicht einzuhalten, §21 Abs.1 NRG.

g) Der Abstand ist gegenüber Schienenwegen nicht einzuhalten, §21 Abs.2 NRG.

5. Hecken, die den vorgeschriebenen Abstand nicht einhalten, sind zu beseitigen oder (ständig) zu kürzen und zurückzuschneiden. Der Nachbar hat ein Wahlrecht zwischen Beseitigung und Zurückschneiden.

Zur Anspruchskonkurrenz vgl. Vorbem. zu §§11–22, Anm.3b.

Von diesem **Wahlrecht** des Nachbarn gibt es eine wichtige Ausnahme: Bei Hecken, die den sich aus Abs.1 und den Ausnahmen nach Anm.3 ergebenden Mindestabstand einhalten (z.B. 0,50m nach Abs.1), aber zu hoch gewachsen sind, hat der **Eigentümer die Wahl** zwischen Beseitigung oder Kürzung auf die zulässige Höhe: Der Nachbar kann in diesem Falle keine Beseitigung verlangen, weil der Verpflichtete grundsätzlich berechtigt ist, bis zur zulässigen Gesamthöhe eine Hecke in dem fraglichen Abstand zu pflanzen.

Der Beseitigungsanspruch verjährt nach §26 Abs.1 NRG in 5 Jahren.

6. Entsprechend den Wachstumsperioden kann das **Kürzen** oder **Zurückschneiden** der Hecke nur vom **1. 10. bis 28. bzw. 29. 2.** verlangt werden, Abs.3. Der anspruchsberechtigte Nachbar kann durch Fristsetzung den zur Beseitigung oder Verkürzung Verpflichteten in Verzug setzen. Die Frist muss auskömmlich sein und auf Besonderheiten der Vegetation und Witterung Rücksicht nehmen. Danach kann die Beseitigung oder Verkürzung eingeklagt werden[5]. Die Pflicht zum Kürzen umfasst das Zurückschneiden auf die durch den Grenzabstand vorgegebene Höhe (Abs.1) und auf die zulässige Ausdehnung zur Grenze hin (Abs.2). Zum Kürzen/Zurückschneiden ist der Besitzer verpflichtet, also nicht nur der Eigentümer, sondern auch Mieter, Pächter usw. Zweige, die über

5 LG Karlsruhe (24.9.1986) 11 T 461/86.

die Grenze wachsen, können vom Nachbarn nach §910 BGB entfernt werden; vgl. Anm. zu §910 BGB.

Soweit notwendig darf zum Zurückschneiden das Nachbargrundstück betreten werden[6]. Eine §11 Abs. 3 NRG entsprechende Vorschrift, die dies verbietet, besteht nicht. Entsprechend §7c Abs. 2 NRG ist das Betreten vorher anzukündigen.

7. Zur Feststellung der Höhe, vgl. §11 NRG, Anm. 4.

8. Hinsichtlich Hecken, die vor dem 1.1.1960 schon bestanden, vgl. §33 NRG und dortige Anmerkungen.

9. Zur Anspruchskonkurrenz zu §906 BGB vgl. Einführung II, 3. ff.

---

6 A. A.: *Pelka*, S. 120: Nur nach Zustimmung des Nachbarn.

§13 Spaliervorrichtungen

Für Spaliervorrichtungen, die eine flächenartige Ausdehnung des Wachstums der Pflanzen bezwecken, gilt §12 mit der Maßgabe, dass gegenüber Grundstücken in Innerortslage mit Spalieren bis zu 1,80m Höhe kein Abstand und mit höheren Spalieren ein Abstand entsprechend der Mehrhöhe einzuhalten ist.

Einleitung

Durch den möglichen dichten Bewuchs bringen Spaliervorrichtungen dem Nachbarn ähnliche Nachteile (Schatten), dem Eigentümer ähnliche Vorteile (vgl. §12 NRG, Einleitung) wie Hecken. Zur Bedeutung öffentlich-rechtlicher Vorschriften, siehe Vorbemerkung zu §12 NRG.

Anmerkungen

1. Spaliervorrichtungen, die eine flächenartige Ausdehnung des Wachstums der Pflanzen bezwecken, können Holz- oder Drahtgitter, Bretterwände, Stangengerüste o. Ä. sein. Einzelne Stangen oder Drähte fallen nicht unter §13, da sie zu keiner flächenartigen Ausdehnung des Wachstums der Pflanzen führen. Die Vorschrift betrifft allein die Spalieranlage, nicht die Gewächse, die hieran hochgezogen werden. Handelt es sich hierbei um Gehölze, so gelten die Grenzabstände der §§14, 16, 18ff. NRG.

2. Mit Spaliervorrichtungen sind die Abstände des §12 mit einer Maßgabe einzuhalten. Das bedeutet:

a) Gegenüber Grundstücken in Innerortslage (zur Definition vgl. §12 Abs. 2 S. 2 NRG und Anm. 3 zu §12) ist mit Spalieranlagen bis zu einer Höhe von 1,80m kein Grenzabstand einzuhalten, mit höheren Anlagen ein Grenzabstand, der der Mehrhöhe über 1,80m entspricht.

b) Gegenüber landwirtschaftlich genutzten Grundstücken (zur Definition vgl. Vorbemerkung zu §7) ist ein Abstand 0,50m bis zu einer Spalierhöhe von 1,80m einzuhalten. Bei höheren Spalieren vergrößert sich der Abstand gegenüber landwirtschaftlich genutzten Grundstücken um das Maß, um das das Spalier höher als 1,80m ist.

c) **Ausnahmen.** Die Abstände gelten nicht:

(1) Gegenüber Weinbergen in erklärter Reblage gemäß §28 Abs. 3 NRG: Hier verdoppelt sich der Abstand, wenn die Spaliervorrichtung nicht nördlich des Weinberges steht, §18 NRG.

(2) Gegenüber Grundstücken, die im Grenzbereich nicht genutzt werden, §19 Abs. 2 NRG. Hier vermindert sich der Abstand um die nicht nutzbare Fläche.

(3) Wenn sich die Spaliervorrichtung hinter einer geschlossenen Einfriedigung (§20 S. 2 NRG) befindet und diese nicht überragt.

(4) Gegenüber Wegen und Gewässern, §21 Abs. 1 NRG. Sie sind aber einzuhalten gegenüber Schienenwegen, §21 Abs. 2 NRG, vgl. dortige Anmerkung.

3. Zur Höhenmessung insbesondere bei Aufschüttungen und Abgrabungen, vgl. §11 Anm. 4 NRG.

4. §12 NRG gibt einen Beseitigungsanspruch, der nach §26 NRG nach 5 Jahren verjährt.

5. Für Anlagen, die am 1. 1. 1960 bereits bestanden, gilt §33 NRG; vgl. dortige Anmerkung.

6. Zur Anspruchskonkurrenz zu §906 BGB vgl. Einführung 3 ff.

§ 14 Rebstöcke in Weinbergen

Mit Rebstöcken in Weinbergen ist ein Grenzabstand einzuhalten, der der Hälfte des Reihenabstandes entspricht, mindestens jedoch 0,75 m.

Anmerkungen

1. Mit **Rebstöcken in Weinbergen**[1] ist die Hälfte des Reihenabstandes der Rebstöcke untereinander, mindestens jedoch ein Abstand von 0,75 m zur Grenze einzuhalten. Auf die Nutzung des Nachbargrundstückes (landwirtschaftlich oder nicht) kommt es dabei ebenso wenig an wie auf dessen Lage (z. B. Innerortslage). Dabei muss es sich nicht um erklärte Reblagen i. S. des § 28 Abs. 3 NRG handeln. Gemessen wird der Abstand nach § 22 Abs. 1 NRG.

2. Die frühere Regelung in § 14 S. 2 NRG für Weitraumanlagen ist in der Formulierung des regelmäßig einzuhaltenden halben Reihenabstandes aufgegangen.

3. Ausnahmen:

a) Gegenüber Grundstücken, die in § 19 Abs. 1 NRG genannt sind (nicht nutzbare Grundstücke), ist der Abstand nicht einzuhalten.

b) Soweit das Nachbargrundstück an der Grenze nicht nutzbar ist, verringert sich der Grenzabstand, § 19 Abs. 2 NRG.

c) Soweit Weinstöcke hinter einer geschlossenen Einfriedigung stehen und diese nicht überragen, ist ein Grenzabstand nicht einzuhalten, § 20 NRG.

d) Der Abstand ist gegenüber Wegen nicht einzuhalten, § 21 Abs. 1 NRG.

e) Der Abstand ist gegenüber Gewässern nicht einzuhalten, § 21 Abs. 1 NRG. (Der Abstand ist gegenüber Schienenwegen einzuhalten. § 21 Abs. 2 NRG nennt § 14 NRG nicht; vgl. auch dortige Anmerkung).

4. Zur Verjährung der Beseitigungsansprüche vgl. § 26 Abs. 1 NRG, die Ansprüche auf Zurückschneiden verjähren nicht.

5. § 33 NRG ist auf die vor dem 1. 1. 1960 gepflanzten Rebstöcke anwendbar.

6. Zur Anspruchskonkurrenz zu § 906 BGB vgl. Einleitung II. 3. ff.

---

1 Außerhalb von Weinbergen vgl. § 16 Abs. 1 Nr. 2 NRG.

§15 Waldungen

(1) [1]Mit Waldungen ist ein Abstand von 8 m von der Grenze einzuhalten. [2]Bei Verjüngung von Waldungen, die bei In-Kraft-Treten dieses Gesetzes bereits bestehen, sowie in erklärten Waldlagen (§28 Abs. 1) ermäßigt sich der Abstand nach Satz 1 auf die Hälfte.

(2) Der vom Baumwuchs freizuhaltende Streifen kann bis auf 2 m Abstand von der Grenze mit Gehölzen bis zu 4 m Höhe und bis auf 1 m Abstand von der Grenze mit Gehölzen bis zu 2 m Höhe bepflanzt werden.

Einleitung

Die Vorschrift behandelt den Abstand, der mit Waldungen gegenüber anderen Grundstücken einzuhalten ist. Bezugspunkt für diesen Abstand ist stets die Grundstücksgrenze. Auch hier bestehen gegebenenfalls vorrangige öffentlich-rechtliche Vorschriften. §4 Abs. 3 LBO verlangt einen Abstand zwischen Gebäuden mit Feuerstätten und Wäldern (und umgekehrt) von 30 m, soweit ein Bebauungsplan nicht geringere Abstände festsetzt. Es handelt sich hier um keinen Grenzabstand, sondern um den Abstand zwischen Wald und Gebäude, unabhängig davon, wo die Grenze verläuft. §§27 f. LWaldG statuieren besondere öffentlich-rechtliche Nachbarpflichten: Der Waldbesitzer hat auf die Bewirtschaftung benachbarter Grundstücke Rücksicht zu nehmen. Vgl. auch §27 f. StrG; §10 FStrG.

Anmerkungen

1.a) Waldungen sind Grundstücke, die zusammenhängend und flächenhaft mit Laub- oder Nadelbäumen bepflanzt (bestockt) sind, auf deren forstwirtschaftliche Nutzung kommt es nicht an[1]. Dazu gehören **nicht Weihnachtsbaumanlagen, Forstsamenplantagen** und **Baumschulbestände**, ebenso wenig **Parkanlagen** mit Waldbäumen[2], sowie kleinere Flächen mit einzelnen Baumgruppen, Baumreihen oder gar einzeln stehende Bäume. Diese Fälle sind allesamt von §16 NRG erfasst und dort geregelt.

---

1 *Pelka*, S. 119; A. A. *Bruns*, §15 Rdnr. 8, *VVK* §15 Rdnr. 2.

2 *VKK*, §15 Anm. 2 f; *Pelka*, S. 123.

Auszugehen ist von einem natürlichen allgemein verwendeten Waldbegriff. Die sehr weite Definition des § 2 LWaldG, die auch Lichtungen. Waldwiesen u. Ä. als Wald ansieht, ist im Rahmen des NRG nicht anzuwenden[3].

b) **Der Grenzabstand beträgt regelmäßig 8 m,** ohne dass es auf die Höhe der einzelnen Bäume ankommt. Der Abstand gilt unabhängig von der Nutzung des Nachbargrundstücks. Das gilt auch in allen (nachstehend behandelten) Fällen einer Verkleinerung oder Vergrößerung der einzuhaltenden Waldabstände. Der Wald hat den Abstand zur Grenze des Waldgrundstücks hin einzuhalten.

2. Ein – **verkürzter – 4-m-Grenzabstand** ist gemäß § 15 Abs. 1 S. 2 NRG einzuhalten:

a) Bei Verjüngung von Waldungen, die am 1. 1. 1960 schon bestanden. Soweit in solchen bestehenden Waldungen Holz geschlagen und danach wieder angepflanzt wird (Verjüngung), muss ein „Mittel" eingehalten werden: Zwischen dem 8-m-Abstand für „neue" Waldungen und dem „fehlenden" Grenzabstand für „alte" Waldungen müssen hier 4 m eingehalten werden. Eine Verjüngung im hier verstandenen Sinne liegt nur bei einer flächenmäßigen Rodung oder einem ebensolchen Fällen der Bäume vor. Werden nur einzelne Bäume gefällt oder verjüngt sich der Wald durch die Bewirtschaftung in sehr langen Zeitabschnitten (z. B. beim Plenterwald), dann liegt eine Verjüngung nicht vor. Dies hat zur Folge, dass es bei dem „alten" (also ggf. nicht vorhandenen) Grenzabstand bleiben kann.

b) 4 m sind mit erklärten Waldanlagen gemäß § 28 Abs. 1 NRG einzuhalten.

3. Gemäß § 15 Abs. 2 NRG muss der **Bereich des Grenzabstandes** (8 m vgl. oben Ziffer 1.b) bzw. 4 m vgl. oben Ziffer 2.) **nicht insgesamt freigehalten werden**, sondern kann abgestuft bepflanzt werden:

a) Von der Grenze bis zu 1 m Abstand von der Grenze ist eine Bepflanzung mit Gehölzen nicht zulässig.

b) Ab 1 m von der Grenze darf die Bepflanzung mit Gehölzen 2 m Höhe erreichen.

---

3 So auch *Pelka*, S. 119; *VKK*, § 15 Anm. 1.

c) Ab 2 m von der Grenze darf die Bepflanzung mit Gehölzen 4 m Höhe erreichen.

Bei der Bepflanzung muss es sich nicht um „Wald" i. S. des Abs. 1 handeln. Jede Art von Gehölzen (also z. B. auch Christbäume[4]) sind in diesem Grenzbereich zulässig, da dem Nachbar der unverjährbare Kürzungsanspruch (§ 26 Abs. 3 NRG) als „Gegengewicht" zur Seite steht[5], vgl. unten Ziff. 8. Die Rechtsprechung verneint zwischenzeitlich recht einhellig den (unverjährbaren) Anspruch auf Kürzung, wenn die Höhen nach § 15 NRG überschritten sind und der Beseitigungsanspruch verjährt ist[6]. Die verwendete Argumentation überzeugt nicht, soweit darauf abgehoben wird, dort wo die Kürzung einer Beseitigung gleichkäme, weil die Bäume die Kürzung nicht überlebten, müsse die Verjährung des Beseitigungsanspruches indirekt auch für die Verkürzung gelten. Es überzeugt auch nicht, zwischen Bäumen und Gehölzen oder zwischen Wald und Traufgehölz zu unterscheiden. Das sind alles Begriffe, die § 15 NRG in deren gemeinter Differenzierung gerade nicht kennt und auch nicht verwendet.

Vom Sinn und Zweck des § 15 Abs. 2 NRG und der Verjährung des Beseitigungsanspruchs einerseits und der Unverjährbarkeit des Kürzungsanspruches andererseits ist der dargestellten Rechtsprechung nicht zu folgen. Der im Grenzabstand Pflanzende weiß, welche Höhen er nach Abs. 2 einhalten muss. Pflanzt er dort Gehölze, die höher als zulässig werden können, oder Wald i. S. des Abs. 1 S. 1, dann hat er entweder dafür Sorge zu tragen, dass sie vor der Höhenüberschreitung beseitigt werden (z. B. Christbaumkulturen) oder er setzt sich einem Kürzungsanspruch aus, soweit dieser nicht aus Gründen der Verwirkung (vgl. dazu § 26 Anm. 4 b NRG) ausgeschlossen ist. § 15 Abs. 2 NRG stellt sich als

---

4 So auch *Pelka*, S. 125; a. A. LG Hechingen (30. 8. 1966) S. 80/66: In Grenzstreifen dürfen nur Bäume gepflanzt werden, die nach ihrer Art nicht höher als 2 bzw. 4 m werden können.

5 So ausdrücklich auch LG Ellwangen (17. 3. 1977) III S 31/76, RdL 81, 76 und AG Schwäbisch Hall (20. 11. 1980) 1 C 531/80, RdL 81, 77.

6 AG Schw. Gmünd (14. 7. 1988) 8 C 589/89-16 Agrarrecht 92, 26; LG Ellwangen (20. 9. 1989) 15321/89-10; Agrarrecht 92, 27; LG Hechingen (29. 8. 1990) 1 O 285/89, Agrarrecht 92, 27; LG Mosbach (9. 2. 1988) S 168/87, Agrarrecht 92, 28; alle Entscheidungen mit einer Anmerkung von *Orf*, Agrarrecht 92, 28 f, so auch *VVK* § 15 Rdnr. 8.

eine Ausnahme zum Regelfall des Abs. 1 dar. Wird diese Ausnahme in Anspruch genommen, dann kann es nicht Aufgabe des durch die Abstandsvorschriften zu schützenden Nachbarn sein, (ggf. gerichtlich) zu klären, ob der Eigentümer des mit dem Grenzabstand belasteten Grundstücks die zugelassenen Abstände später einmal einhalten wird oder nicht. Das Risiko des Kürzens und der damit verbundenen Zerstörung der Gehölze geht nach der eindeutigen Konstruktion des § 26 NRG zu Lasten desjenigen, der Höhenbegrenzungen nicht einhält[7].

Für die hier vertretene Ansicht spricht im Übrigen, dass die Novellen 1995 und 2014 des NRG nicht zum Anlass genommen wurden, den § 15 Abs. 2 oder § 26 NRG der von der Rechtsprechung vertretenen Ansicht anzupassen.

Jedem Nachbarn ist allerdings zu raten, den Eigentümer des Waldgrundstückes vor Ablauf der Verjährungsfrist des Beseitigungsanspruches zu einer schriftlichen Erklärung aufzufordern, ob er die zulässigen Höhen einhält. Sagt er dies zu, so besteht der Kürzungsanspruch (wohl) auch nach der zitierten Rechtsprechung, wenn die zulässigen Höhen doch überschritten werden. Sagt er dies nicht zu oder meldet er sich gar nicht, dann kann der Nachbar davon ausgehen, dass die Höhen möglicherweise überschritten werden. Es bleibt, um auf der rechtssicheren Seite zu sein, dann nur die Klage auf Beseitigung vor Ablauf der Verjährungsfrist.

4. Die nachstehend aufgezählten **Ausnahmen** gelten sowohl für den **Regelabstand**, vgl. oben Anm. 1., wie auch für die **verkürzten Abstände**, vgl. oben Anm. 2 und 3.

a) Gegenüber Weinbergen in erklärten Reblagen (§ 28 Abs. 3 NRG) **verdoppelt** sich der Abstand, soweit die Waldung nicht nördlich des Weinberges liegt; § 18 NRG.

b) Gegenüber den in § 19 Abs. 1 NRG genannten Grundstücken (außer Wald) ist ein **Abstand nicht** einzuhalten.

c) Gegenüber Wald ist ein **Abstand von 1 m** einzuhalten; § 19 Abs. 1 S. 2 NRG.

d) Die Abstände **vermindern** sich, soweit das Nachbargrundstück im Grenzbereich nicht nutzbar ist; § 19 Abs. 2 NRG.

---

7 Im Ergebnis wie hier *Pelka*, S. 112.

e) Abstände gelten nicht, wenn die Waldung **hinter geschlossener Einfriedigung** besteht und diese nicht überragt wird; §20 NRG.

f) Abstände gelten **nicht gegenüber Straßen**; §21 Abs. 1 NRG.

g) Abstände gelten **nicht gegenüber Gewässern**; §21 Abs. 1 NRG.

5. Die Abstandsmessung erfolgt in allen Fällen nach §22 NRG. Die Bestimmung des „Waldendes" kann im Einzelfall Schwierigkeiten machen: Nicht einzelne Bäume, sondern das Ende der zusammenhängenden Bepflanzung ist entscheidend.

6. Zur erklärten Waldlage vgl. §28 Abs. 2 NRG. Für Waldungen in erklärten Waldlagen vermindert sich der Abstand auf 4m, Abs. 1 S. 2 NRG.

7. Zur Behandlung der Waldungen, die vor In-Kraft-Treten dieses Gesetzes (1. 1. 1960) entstanden sind, vgl. §33 NRG und dortige Anmerkungen.

8. Der Nachbar hat einen Anspruch auf **Beseitigung**, soweit die Abstände nicht eingehalten werden. Ein Anspruch auf **Kürzung** besteht nur soweit, als die höhenmäßige Zulässigkeit vom Grenzabstand abhängig ist; also nicht bei Abs. 1, wohl aber bei Abs. 2 NRG. Soweit ein Anspruch auf Beseitigung und Kürzung besteht, hat der Nachbar ein (beschränktes) Wahlrecht. Zur Anspruchskonkurrenz vgl. Einleitung §§11–22 NRG, Anm. 3.

Das Landgericht Stuttgart[8] vertritt die Ansicht, aus §15 Abs. 2 NRG lasse sich kein Verkürzungsanspruch des Nachbarn ableiten, da eine den §§12 Abs. 3 und 16 Abs. 3 NRG entsprechende Regelung fehle und §1004 BGB bei „so genannten negativen Einwirkungen" keine Anwendung finde. Dieser Ansicht ist aus mehreren Gründen nicht zu folgen: Zum einen beschränken die §§12 Abs. 3 und 16 Abs. 3 nur den dort als gegeben vorausgesetzten Verkürzungsanspruch auf bestimmte Zeiträume. Zum anderen übersieht die Entscheidung des Landgerichts Art. 124 S. 2 EGBGB, der die Sonderregelung (u. a.) des §15 NRG zulässt. Diese Eigentumsbeschränkung räumt dem Nachbarn einen Verkürzungs- oder Beseitigungsanspruch nach §1004 i. V. m. 15 NRG ein[9], der nicht der Verjährung unterliegt, vgl. auch oben.

9. Der Anspruch auf Beseitigung verjährt in 5 Jahren, §26 Abs. 1 NRG; der Anspruch auf Verkürzung nicht, §25 Abs. 3 NRG; vgl. auch oben Ziff. 3.

---

8 (21. 2. 1996) 13 S 288/95.

9 *Palandt/Bassenge*, §1004 Rdnr. 24 BGB.

Der Nachbar kann also auch nach Ablauf der 5-jährigen Verjährung des Beseitigungsanspruches für den Bereich des Abs. 2 dauerhaft die Kürzung verlangen[10].

10. Zur Anspruchskonkurrenz zu § 906 BGB vgl. Einführung II 3. ff.

10 A. A.: *Pelka*, Seite 126, der den Bereich des Abs. 2 – m. E. unrichtigerweise – dann aus § 26 Abs. 3 herausnimmt, wenn (unzulässigerweise) auch in den Randstreifen Wald angelegt worden ist. Diese Ansicht ist von den §§ 15 Abs. 2 und 26 Abs. 3 NRG nicht gedeckt. Wie hier *VKK*, § 15 Anm. 6.

§16 Sonstige Gehölze

(1) Bei der Anpflanzung von Bäumen, Sträuchern und anderen Gehölzen sind unbeschadet der §§12 bis 15 folgende Grenzabstände einzuhalten:

1. a) mit Beerenobststräuchern und -stämmen, Rosen, Ziersträuchern und sonstigen artgemäß kleinen Gehölzen sowie mit Rebstöcken außerhalb eines Weinberges 0,50 m,

   b) mit Baumschul- und Weihnachtsbaumkulturen sowie mit Weidenpflanzungen, die jährlich genutzt werden, 1 m;

   die Gehölze dürfen die Höhe von 1,80 m nicht überschreiten, es sei denn, daß der Abstand nach Nummer 2 eingehalten wird;
2. mit Kernobst- und Steinobstbäumen auf schwach- und mittelstark wachsenden Unterlagen und anderen Gehölzen artgemäß ähnlicher Ausdehnung, mit Baumschul- und Weihnachtsbaumkulturen, soweit nicht in Nummer 1 aufgeführt, mit Forstsamenplantagen sowie mit Weidenpflanzungen, die nicht jährlich genutzt werden, 2 m;

   die Gehölze dürfen die Höhe von 4 m nicht überschreiten, es sei denn, daß der Abstand nach Nummer 3 eingehalten wird;
3. mit Obstbäumen, soweit sie nicht in Nummer 2 oder 4 genannt sind, 3 m;
4. a) mit artgemäß mittelgroßen oder schmalen Bäumen wie Birken, Blaufichten, Ebereschen, Erlen, Robinien („Akazien“), Salweiden, Serbischen Fichten, Thujen, Weißbuchen, Weißdornen und deren Veredelungen, Zieräpfeln, Zierkirschen, Zierpflaumen und mit anderen Gehölzen artgemäß ähnlicher Ausdehnung,

   b) mit Obstbäumen auf stark wachsenden Unterlagen und veredelten Walnußbäumen sowie

   c) mit Pappeln in Kurzumtriebsplantagen (§2 Absatz 2 Nummer 1 des Bundeswaldgesetzes) mit einer Umtriebszeit von höchstens zehn Jahren, 4 m;

die Gehölze nach Buchstabe c dürfen die Höhe von 12 m nicht überschreiten, es sei denn, dass der Abstand nach Nummer 5 eingehalten wird;

5. mit großwüchsigen Arten von Ahornen, Buchen, Eichen, Eschen, Kastanien, Linden, Nadelbäumen, Pappeln, Platanen, unveredelten Walnußsämlingsbäumen sowie mit anderen Bäumen artgemäß ähnlicher Ausdehnung 8 m.

(2) Der Abstand nach Absatz 1 Nr. 2 ermäßigt sich gegenüber Grundstücken in Innerortslage auf die Hälfte. Dies gilt nicht für Baumschul- und Weihnachtsbaumkulturen, Forstsamenplantagen sowie für geschlossene Bestände mit mehr als drei der in Absatz 1 Nr. 2 angeführten Gehölze.

(3) Der Besitzer eines Gehölzes, das die nach Absatz 1 Nummern 1, 2 oder 4 Buchstabe c zulässige Höhe überschritten hat, ist zur Verkürzung verpflichtet, jedoch nicht in der Zeit vom 1. März bis 30. September.

Einleitung

§16 NRG regelt die Abstände **sonstiger Gehölze** von der Grundstücksgrenze, die in §§12–15 nicht ausdrücklich und besonders geregelt sind. Die „Grundkonstruktion" des §16 NRG entspricht z. T. der der vorstehenden Vorschriften, sieht zu einem anderen Teil aber einen gesonderten Regelungsmechanismus vor:

- Die in Abs. Nr. 1 und 2 genannten Gehölze haben bis zu einer im Gesetz festgelegten Höhe eine ebenfalls bestimmte Abstandskategorie einzuhalten. Werden die Gehölze höher, dann sind sie zu kürzen, Abs. 3. Der Eigentümer kann dem dadurch entgehen, dass er die Gehölze von Anfang an in einem der nächsthöheren Abstandskategorie entsprechenden Grenzabstand pflanzt.
- Anders bei den in Abs. 1 Nr. 3–5 genannten Gehölzen: Sie sind bei Einhaltung der Abstände in unbeschränkter Höhe zulässig; ein Kürzungsanspruch ist ausgeschlossen.

Anmerkungen

1.a) Die Vorschrift gilt **„unbeschadet der §§12–15"**. In diesen Vorschriften ist stets von einer (genau definierten) Mehrheit einzelner Pflanzen die Rede (Hecken, Wald); dies gilt auch für §17 (Hopfenanlage). §16 regelt demgegenüber den **Abstand einzelner Gehölze** und einer ungeordneten Mehrzahl von Pflanzen: Abs. 1 Nr. 1b und Abs. 2 S. 2 sprechen bewusst nicht von einzelnen Gehölzen, sondern von „Kulturen“, „Pflanzungen“ und „Beständen“.

Aus der tatsächlich zu beurteilenden Situation heraus muss daher entschieden werden, welche Vorschrift zur Anwendung gelangt.

> **Beispiel:** Nadelbäume haben einzeln den Abstand nach §16 Abs. 1 Nr. 5 einzuhalten, wenn nicht Ausnahmen greifen. Sie können aber genausogut eine Hecke bilden und damit dem (geringeren) Abstand des §12 (allerdings mit Höhenbegrenzung) unterworfen sein[1].

b) §16 NRG verwendet den Begriff **Gehölze** als Oberbegriff u. a. für Bäume und Sträucher. Gehölze sind mit Wurzeln und oberirdischen Sprossteilen (Stämme, Äste usw.) verholzende Pflanzen, die ausdauernd den Winter überstehen. **Bäume** sind Holzgewächse mit (in der Regel) einem Stamm und einer Krone (spitzenbetonte Verzweigung). **Sträucher** sind Gehölze, deren Hauptstämme sich in unmittelbarer Bodennähe verzweigen, sodass mehrere bis zahlreiche etwa gleichstarke Achsen einen Strauch bilden. Auf die genaue Abgrenzung zwischen Baum und Strauch kommt es im Rahmen des §16 NRG nicht an, da mit dem Oberbegriff Gehölz beide abgedeckt sind[2]; zur Frage der Abstandsmessung, vgl. §22 NRG und Anmerkungen hierzu.

c) Die Nr. 1–5 des Abs. 1 fassen die einzelnen Gehölze in jeweils alphabetischer Reihenfolge zusammen, die einen bestimmten, z. T. auf ihren im ausgewachsenen oder nutzbaren Zustand bezogenen Abstand einzuhalten haben. Die namentlich benannten Gehölze sind aber in der Regel (vgl. Nr. 1a, 2, 4a, 5) nicht abschließend zu verstehen, sondern um Gehölze zu ergänzen, die eine artgemäß vergleichbare Höhenentwicklung nehmen können. In den genannten Ziffern ist die Aufzählung dadurch nicht abschließend, sondern offen.

---

1 LG Karlsruhe (12.12.1975) 9 S 431/75 für Anpflanzung von Fichten als Hecke, LG Offenburg (20.12.1979) 3 O 500/79: Anpflanzung von Serbischen Fichten in Dreierreihen sind keine Hecke.

2 Das AG Stuttgart (12.12.1995), 11 C 322/95, wendet §16 – m. E. zu Recht – auch auf Bambuspflanzen an, auch wenn es sich z. B. beim Gartenbambus (Fargesia muriclae) biologisch um Gras handelt.

d) **Anpflanzung** i.S. dieser Regelung ist nicht nur aktives Tun des Grundstückseigentümers oder Besitzers des Grundstückes, sondern ebenso das Unterlassen der Beseitigung wild wachsender Bäume, Sträucher und Gehölze[3]

2. Die in Abs. 1 Nr. 1–2 genannten **Anpflanzungen** müssen die **Abstände und Höhen** einhalten, sonst ist der jeweils nächstgenannte Abstand, der zur nächstgenannten Höhe berechtigt, vorgeschrieben.

> **Beispiel:** Eine Weihnachtsbaumkultur muss 1 m von der Grenze entfernt sein und darf dann 1,80 m hoch sein. Wird sie höher, so ist sie 2 m von der Grenze zu pflanzen; dann darf sie insgesamt 4 m hoch werden.

a) **Die Nummern 1 und 2** des Abs. 1 legen die **Regelhöhen**, mit denen bei den dort genannten Anpflanzungen **im ausgewachsenen Stadium** zu rechnen ist, als zulässige Höchsthöhen fest. Da der Eigentümer bei Überschreiten der jeweils angegebenen Höhe für die in Abs. 1 Nr. 1 und 2 genannten Anpflanzungen nach Abs. 3 zum Zurückschneiden verpflichtet ist, wird sich stets empfehlen, vor den Pflanzungen einen Fachmann nach der Höhe der ausgewachsenen (artgemäßen) Anpflanzung zu befragen. **Mit der Anpflanzung fällt für die Gehölze des Abs. 1 Ziff. 1 und 2 die Entscheidung über Grenzabstand und damit zulässige Höhe.**

b) Für die in Abs. 1 Nr. 3–6 genannten Anpflanzungen bestehen keine Höhenbegrenzungen, sondern nur die dort genannten Abstände. Eine (etwas unsystematische) Ausnahme bildet Abs. 1 Nr. 4 c; mit den genannten Pappeln muss eine Höhe von 12 m eingehalten werden. Wird die Höhe bei einem Abstand von 4 m überschritten, hat der Eigentümer des angrenzenden Grundstücks einen Kürzungsanspruch, wie bei den Nrn. 1 und 2 des § 16 Abs. 1.

c) Alle Gehölze der Nummern 1 und 2 des Abs. 1 können in einem Grenzabstand von mindestens 3 m ohne Höhenbegrenzung angepflanzt und gezogen werden, Abs. 1 Nr. 2 a u. Nr. 3. Sie unterliegen in diesem Fall auch nicht mehr der Kürzungsverpflichtung des Abs. 3.

3. **Ausnahmen** von diesen Abständen: Sie bestimmen sich, soweit sie nicht allgemein gelten, immer und ausschließlich nach der Lage oder der Nutzung des Nachbargrundstückes. § 16 NRG hebt für die in Abs. 2

---

3 *Bruns*, § 16, Rdnr. 13.

vorgesehenen Verkürzungen der Abstände auf die Lage des Nachbargrundstückes ab.

a) (1) **Halbe Abstände** sind gemäß **Abs. 2 Satz 1** gegenüber Grundstücken in der Innerortslage (vgl. dazu §12 Abs. 2 S. 2 und §12 NRG Anm. 2) für die in Abs. 1 Nr. 2 genannten Anpflanzungen einzuhalten. Nach dem eindeutigen Wortlaut gelten die halben Abstände nicht für den geschlossenen Wohnbezirk!

Für die in Abs. 1 Nr. 1, 3, 4b und 5 genannten Anpflanzungen gibt es diese **Halbierung** des Grenzabstandes **nicht**. Diese **Halbierung** gilt **ebenso wenig** für die in **Abs. 2 S. 2** genannten Obstgehölze, Weihnachtsbaum- und Baumschulkulturen, Forstsamenplantagen, Abs. 2 S. 2.

Geschlossene Bestände mit mehr als 3 der in Abs. 1 Nr. 2 bis 4a angeführten Gehölze müssen ebenfalls unabhängig von ihrer Lage die vollen Abstände des Abs. 1 einhalten, Abs. 2 S. 2. **Geschlossene Bestände** liegen vor, wenn sich die äußeren Kronenteile von mehr als 3 ausgewachsenen Bäumen berühren können[4]. Den genannten vollen Abstand müssen geschlossene Bestände mit allen Gehölzen einhalten; sie dürfen also auch nicht teilweise (z. B. mit einem Baum von insgesamt fünf Bäumen) in den Grenzabstand hineinragen[5]. Ein Beseitigungsanspruch richtet sich allerdings nur gegen die Gehölze des geschlossenen Bestandes, die den Grenzabstand verletzen.[6]

(2) Die bis zur Novelle 2014 geltende Regelung in §16 Abs. 2 Satz 2 NRG (a. F.), wonach einzeln stehende, großwüchsige Bäume, ausgenommen Nadelbäume, gegenüber Grundstücken in Innerortslagen einen Abstand von 6 m ohne Höhenbegrenzung einhalten müssen, ist ersatzlos entfallen.

Auf eine Klarstellung im §16 NRG ist hinzuweisen: §16 Abs. 1 Nr. 2 NRG sprach früher von „Weihnachtsbäumen", §16 Abs. 1 Nr. 1a und Abs. 2 S. 2 NRG sprechen von „Weihnachtsbaumkulturen". Damit ist klargestellt, dass der einzeln in einem Innerorts-Garten stehende Weihnachtsbaum (der zur Advents- und Weihnachtszeit mit Kerzen versehen wird) nicht die Abstandsprivilegierung des Abs. 1 Nr. 1b mit 1 m oder Nr. 2 mit 2 m genießt, sondern im Regelfall einen 4 bzw. 8 m Abstand einhalten muss (Abs. 1 Nr. 4a und Nr. 5), da die als Weihnachtsbäume

4 LG Konstanz (25. 11. 1975)1 S 132/75; *Bruns*, Rdnr. 39.

5 So ausdrücklich auch LG Konstanz, vgl. FN 4.

6 So auch LG Heilbronn (19. 6. 1984), 2 S 15/84.

verwendeten Baumsorten regelmäßig zu den mittelgroßen oder großwüchsigen Arten gehören.

b) **Verminderte Abstände** gelten, soweit das Nachbargrundstück im Grenzbereich nicht nutzbar ist, § 19 Abs. 2 NRG.

c) **Keine Abstände** sind gegenüber den in § 19 Abs. 1 NRG genannten Grundstücken einzuhalten.

d) **Keine Abstände** sind hinter geschlossenen Einfriedigungen einzuhalten, wenn diese nicht überragt werden: § 20 NRG.

e) **Keine Abstände** sind einzuhalten gegenüber Straßen, § 21 Abs. 1 NRG.

f) **Keine Abstände** sind gegenüber Gewässern einzuhalten; § 21 Abs. 1 NRG.

g) **Doppelter Abstand** ist einzuhalten mit den in Abs. 1 Nr. 2–6 und Abs. 2 genannten Anpflanzungen **gegenüber Weinbergen in erklärter Reblage** (§ 28 NRG), soweit die Anpflanzung nicht nördlich des Weinberges liegt, § 18 NRG. Die Abstände der in Nr. 1 genannten Gehölze sind also auch gegenüber erklärten Reblagen nicht zu verdoppeln. Liegt das Grundstück am Rand einer Innerortslage, dann sind die nach § 16 Abs. 2 NRG halbierten Abstände nach § 18 NRG – der ausdrücklich auf Abs. 2 verweist – zu verdoppeln.

Dieser **doppelte Abstand** gilt wiederum **nicht** für Obstgehölze und Baumschulbestände innerhalb einer Innerortslage. § 18 S. 2 NRG spricht noch vom „geschlossenen Wohnbezirk", obwohl ansonsten im NRG nur noch von der Innerortslage (§ 12 Abs. 2 S. 2, siehe § 12 Anm. 3) die Rede ist.

4. Die Abstände werden nach § 22 NRG gemessen.

5. Eine Änderung der Abstände durch **Gemeindesatzung** ist nicht möglich.

6. Bei Anpflanzungen, die die Abstände nicht einhalten, hat der Nachbar einen **Anspruch auf Beseitigung**.

Die Verjährung dieses Anspruches richtet sich nach § 26 NRG. Zum Beginn der Verjährungsfrist vgl. § 26 NRG. Dabei ist das Folgende zu unterscheiden:

a) Die Abstände können dadurch verletzt sein, dass die jeweilige Anpflanzung nicht den in Abs. 1 Nr. 1–5 genannten Mindestabstand einhält.

Dabei kommt es auf die konkrete Höhe des Gehölzes nicht an. Der Nachbar hat einen Beseitigungsanspruch.

b) Die Abstände können dadurch nicht eingehalten sein, dass die Anpflanzungen nach Nr. 1 und 4 wohl den vorgeschriebenen Mindestgrenzabstand einhalten, aber höher als zulässig gewachsen sind oder wachsen werden. Sind oder werden die Anpflanzungen (z. B. durch Überschreiten der artgemäßen Ausdehnung) innerhalb des Verjährungszeitraumes höher als zulässig, so kann der Nachbar Beseitigung verlangen. Tritt dieses Ereignis erst nach Ablauf der Verjährungsfrist ein, so hat der Nachbar allein einen Anspruch auf Verkürzung nach Abs. 3, vgl. zum Problem der Beseitigung/Verkürzung §15 NRG Anm. 3 a. E. Da es bei Anpflanzungen nach Abs. 1 Nr. 3–6 keinen Anspruch auf Verkürzung gibt – da sie keiner Höhenbegrenzung unterliegen –, hat der Nachbar bei diesen Gehölzen nach Ablauf der Verjährungsfrist der Beseitigung überhaupt keinen durchsetzbaren Anspruch mehr.[7]

Soweit der Nachbar wahlweise den Anspruch auf Beseitigung oder Verkürzung hat (innerhalb der Verjährungsfrist des §26 NRG für die in Abs. 1 Nr. 1–2 genannten Gehölze), bleibt ihm dieses Wahlrecht. Der Eigentümer kann nicht Verkürzung anbieten (verlangen) und dem Nachbarn so den Beseitigungsanspruch „nehmen". Grenze ist hier allein das Schikaneverbot nach §226 BGB. Die Gerichte neigen öfters (noch) dazu, dieses Wahlrecht nicht anzuerkennen und auf einen Beseitigungsanspruch hin nur teilweise dem Nachbarn durch Zubilligung eines Verkürzungsanspruches Recht zu geben[8]. Dies ist m. E. dann unrichtig, wenn

---

7 Unrichtig aber m. E. LG Mannheim (2. 5. 1985) 5 S 220/82, das einen (vollen) Schadensersatzanspruch nach §909 BGB zubilligt, weil eine Vertiefung auf dem Nachbargrundstück Zypressen hat absterben lassen, die unter Verletzung der Abstandspflicht des §16 gepflanzt worden sind. Obwohl der Beseitigungsanspruch gegenüber diesen Zypressen verjährt war, hätte das Gericht prüfen müssen, ob der Schaden auch bei Einhaltung des Grenzabstandes eingetreten wäre. Die Anpflanzung bleibt rechtswidrig, auch wenn der Beseitigungsanspruch verjährt ist; zumindest ist die Frage des Mitverschuldens, §254 BGB, zu prüfen.

8 Vgl. z. B. Erwägungen im Urteil LG Heilbronn (18. 10. 1979) 6 O 1871/78. So auch Vorinstanz zu dem in FN 9 zitierten Urteil. Wie hier: LG Konstanz (19. 3. 1999) 6 S 120/98.

die Voraussetzungen für die Beseitigung gegeben sind.[9] Es dient dem Rechtsfrieden mehr, einmal eine Anpflanzung zu beseitigen, als sich stets wiederholende Streitigkeiten um das Zurückschneiden austragen zu lassen. Vgl. auch Vorbemerkung zu §§ 11 NRG ff. Ziff. 3.

c) Wird bei an sich korrektem Abstand in den Fällen des Abs. 1 Ziff. 1 und 2 die Höhe überschritten, muss die Anpflanzung zwischen dem 1. 10. und 28. bzw. 29. 2. zurückgeschnitten werden, Abs. 3. Dieser Anspruch verjährt nicht, § 26 Abs. 3 NRG.

7. a) Für Anpflanzungen, die vor Inkrafttreten des Gesetzes bereits bestanden (1. 1. 1960), bleiben die bisherigen Vorschriften in Kraft, soweit diese weniger weit gehen, § 33 Abs. 1 NRG, vgl. dortige Anmerkungen.

b) Nach Art. 2 der Novelle 2014[10] gilt für die bei Inkrafttreten bestehenden Gehölze § 16 Abs. 2 in seiner bisherigen Fassung. Diese Vorschrift lautete:

Die Abstände nach Absatz 1 Nummer 2 bis 4 Buchstabe a ermäßigen sich gegenüber Grundstücken in Innerortslage auf die Hälfte. Dies gilt nicht für Baumschul- und Weihnachtsbaumkulturen, Forstsamenplantagen sowie für geschlossene Bestände mit mehr als drei der in Absatz 1 Nummer 2 bis 4 Buchstabe a angeführten Gehölze. Einzeln stehende großwüchsige Bäume, ausgenommen Nadelbäume, dürfen gegenüber Grundstücken in Innerortslage mit einem Abstand von 6 m gepflanzt werden.

Danach bleiben gegenüber Innerortslage privilegiert (1/2 Grenzabstand):

- Die in Nr. 3 und 4 genannten Gehölze, die Einschränkung des Abs. 2 Satz 2 a. F. gilt;
- einzeln stehende großwüchsige Bäume, ausgenommen Nadelbäume, dürfen mit einem Abstand von 6 m gepflanzt werden.

c) Bei einer Erneuerung einer solchen Anpflanzung gelten dann die Vorschriften des § 16 NRG.

8. Zur Anspruchskonkurrenz zu § 906 BGB vgl. Einführung II.

---

9 Dieser Verkürzungsanspruch ist gegenüber dem Beseitigungsanspruch ein aliud, kein minus. So auch richtigerweise LG Karlsruhe (14. 1. 1977) 9 S 294/76.

10 GBl S. 65.

§17 Hopfenpflanzungen

[1]Mit Hopfenpflanzungen ist ein Abstand von 1,50 m von der Grenze einzuhalten. [2]Ist das Nachbargrundstück gleichfalls mit Hopfen bepflanzt, so ermäßigt sich der Abstand auf die Hälfte.

Anmerkungen

1. Der **Regelabstand** zur Grenze beträgt 1,50 m; ist das Nachbargrundstück ebenfalls mit Hopfen bepflanzt, beträgt der Abstand 0,75 m.

Gemessen wird der Abstand gemäß §22 Abs. 1 NRG ab Austritt der Hopfenstangen aus dem Boden; bei Drahtanlagen (mit schrägen Stangen) von dem der Grenze nächsten oberen Ende der Steigleitung; Näheres siehe §22.

2. Ausnahmen:

a) Kein Abstand ist einzuhalten gegenüber den in §19 NRG genannten Grundstücken.

b) Kein Abstand ist bei einer geschlossenen Einfriedigung einzuhalten, wenn diese nicht überragt werden, §20 NRG.

c) Kein Abstand ist einzuhalten gegenüber Straßen, §21 Abs. 1 NRG.

d) Kein Abstand ist einzuhalten gegenüber Gewässern, §21 Abs. 1 NRG.

e) Verminderter Abstand gilt bei den in §19 NRG genannten Grundstücken.

f) Doppelter Abstand ist bei Weinbergen in geschlossener Reblage einzuhalten, soweit die Hopfenpflanzung nicht nördlich des Weinberges liegt, §18 NRG.

3. Bei Nichteinhaltung der vorgeschriebenen Abstände hat der Nachbar einen Beseitigungsanspruch. Ein Anspruch auf Zurückschneiden ist begrifflich ausgeschlossen, da die Abstandsregelung unabhängig von der Höhe der Hopfenanlage gilt.

4. §26 NRG gilt für die Verjährung des Beseitigungsanspruches.

5. §33 NRG gilt Anlagen, die vor In-Kraft-Treten (1. 1. 1960) des Gesetzes bestanden.

6. Zur Anspruchskonkurrenz zu §906 BGB vgl. Einführung II. 3. ff.

Vorbemerkung zu §§18–21 NRG

Diese Paragraphen bringen Erweiterungen (§18 NRG) oder Verringerungen (§§19–21 NRG) der in den §§11–17 NRG angegebenen Regelabstände. Die nachfolgenden Vorschriften sind daher in erster Linie bei den genannten §§11–17 NRG als Ausnahmen dargestellt.

§18 Begünstigung von Weinbergen und Erwerbsgartenbaugrundstücken

[1]Gegenüber Weinbergen in erklärter Reblage (§28 Abs. 2) sowie gegenüber erwerbsgartenbaulich genutzten Grundstücken in erklärter Gartenbaulage (§28 Abs. 3) sind die Abstände nach §11 Abs. 1, §12 Abs. 1, §13, §15, §16 Abs. 1 Nr. 2 bis 5 und Abs. 2 sowie §17 Satz 1 zu verdoppeln, soweit sich die Einfriedigung, Spaliervorrichtung oder Pflanzung an deren südlicher, östlicher oder westlicher Seite befindet. [2]Das gilt nicht für Obstgehölze und Baumschulbestände innerhalb des geschlossenen Wohnbezirks.

Einleitung

§18 Satz 1 regelt die Verdoppelung der Abstände gegenüber der durch Satzung bestimmten Reblagen und gartenbaulich genutzten Grundstücken. Nach Satz 2 entfällt diese Verdoppelung, es bleibt beim normalen Abstand für Obstgehölze und Baumschulbestände, wenn diese innerhalb des geschlossenen Wohnbezirkes liegen. Der geschlossene Wohnbezirk ist identisch mit dem Innenbereich des §34[1]; vgl. dazu §12 Anm. 2.

Anmerkungen

1. Weinberge in erklärter Reblage (vgl. dazu §28 Abs. 2 NRG) und **erwerbsgartenbaulich** genutzte **Grundstücke** in erklärter Gartenbaulage (vgl. dazu §28 NRG) sind gegenüber anderen Anpflanzungen (z. B. tote Einfriedigungen) oder Einrichtungen (z. B. Hecken) besonders privilegiert. Soweit sich diese benachbarten Anpflanzungen und Einrichtungen nicht im Norden der erklärten Reblage bzw. erklärten Gartenbaulage befinden, **verdoppeln sich deren Regelabstände** zur Grundstücksgrenze. Aus dem Wortlaut des S. 1 a. E. ergibt sich, dass diese doppelten Abstän-

---

1 *Bruns*, §18 Rdnr. 7

de dann nicht einzuhalten sind, wenn die Anpflanzung an der nordwestlichen oder nordöstlichen Seite erfolgt. Die Verdoppelung gilt von Osten über Süden bis Westen, nicht für den Bereich Westen – Norden – Osten. Zu den einzelnen Abständen der Einfriedigungen (§11 NRG), Hecken (§12 NRG), Spaliervorrichtungen (§13 NRG), Waldungen (§15 NRG), sonstige Gehölze (§16 NRG), Hopfenpflanzungen (§17 NRG), vgl. die Bemerkungen zu den genannten Vorschriften. In dieser Vorschrift wird also – anders als in den §§11–17 NRG – nicht der Abstand einer bestimmten Anlage oder einer Anpflanzung auf dem eigenen Grundstück von dessen Grenze geregelt, sondern umgekehrt festgelegt, welchen Abstand Anlagen oder Pflanzungen auf fremden (benachbarten) Grundstücken von Weinbergen oder Erwerbsgartenanlagen einhalten müssen.

2. Der Abstand wird nach §22 NRG gemessen.

3. **Ausnahmen** von diesem verdoppelten Abstand:

a) Er gilt nicht für Obstgehölze und Baumschulbestände innerhalb des geschlossenen Wohnbezirkes (Innenbereich nach §34 BauGB). Die Ausnahme gilt nicht, wenn die Obstgehölze und die Baumschulbestände in einer Innerortslage liegen; zur Definition der Innerortslage vgl. §12 Anm. 2.

b) Er gilt nicht, wenn die Pflanzung auf dem Nachbargrundstück hinter einer geschlossenen Einfriedigung sich befindet, §20 NRG.

c) Er gilt nicht zwischen öffentlichen Wegen oder Gewässern und Weinbergen oder Erwerbsgartenbaugrundstücken in erklärter Lage, §21 NRG.

d) Der doppelte Abstand gilt nicht für tote Einfriedungen und Hecken auf Grundstücken mit Schienenwegen, §21 Abs. 2 NRG.

e) Der doppelte Abstand gilt nicht für Pflanzungen, die dem Uferschutz oder Schutz steiler Böschungen bzw. Abhänge dienen; §21 Abs. 4 NRG.

4. Zur Anspruchskonkurrenz zu §906 BGB vgl. Einführung II 3. ff.

§19 Verhältnis zu landwirtschaftlich genutzten Grundstücken

(1) [1]Die Vorschriften der §§11 bis 17 gelten nicht gegenüber Grundstücken im Außenbereich, die Wald, Hutung, Heide oder Ödung sind oder die landwirtschaftlich oder gartenbaulich sonst nicht genutzt werden und nicht bebaut sind und auch nicht als Hofraum dienen. [2]Mit Wald gegenüber Wald ist aber ein Abstand von 1m einzuhalten.

(2) Die in den §§11 bis 18 vorgeschriebenen Abstände vermindern sich gegenüber Grundstücken im Außenbereich um diejenige Entfernung, auf die diese Grundstück von der Grenze an gerechnet, landwirtschaftlich oder gartenbaulich nicht genutzt, nicht bebaut sind und auch nicht als Hofraum dienen.

Einleitung

§19 NRG stellt für alle Abstandsvorschriften der §§11–17 NRG eine **wichtige Ausnahme** dar. Abs. 1 behandelt die Fälle, in denen kein Abstand, Abs. 2 in denen ein verminderter Abstand einzuhalten ist.

Anmerkungen

1. **Kein Abstand** ist einzuhalten – Abs. 1 – gegenüber **Grundstücken**, die ihrerseits **im Außenbereich** liegen und die zudem entweder

a) **Wald** sind, **oder**

b) **wirtschaftlich nicht nutzbar** sind, wie Hutung (Waldflächen geringer Ertragsfähigkeit, die nicht bestellt werden und nur gelegentliche Weidenutzung zulassen), Heide, Ödung (Land ohne planmäßige Bewirtschaftung, z.B. Moore, Heiden) oder land- (zur Behandlung von Stilllegungsflächen, vgl. unten Anm. 4) oder gartenwirtschaftlich nicht genutzt werden (Sportplätze, Parkanlagen, Lagerplätze, Parkplätze, private Verkehrsanlagen wie Zufahrten u. Ä.)

und

c) **nicht bebaut** sind und auch nicht als **Hofraum** dienen.

Hofraum ist die bei Gebäuden liegende Fläche, die als Zufahrt und Stellplatz für Fahrzeuge aller Art benutzt wird. Gemeint ist also nicht nur landwirtschaftlicher Hofraum, sondern auch Garageneinfahrten oder Stellplätze auf Wohngrundstücken[1].

Da die Abstandsvorschriften in erster Linie der Sicherstellung der Besonnung und Belüftung und damit einer Bodennutzung dienen, besteht dann kein Anlass zu ihrer Einhaltung, wenn auf dem Nachbargrundstück eine solche Nutzung nicht vorliegt oder Wald vorhanden ist, der wegen seiner regelmäßig größeren Höhe selbst keinen besonderen Schutz benötigt; vgl. zu den Abständen; die der Wald seinerseits zur Grundstücksgrenze einhalten muss, § 15 NRG.

2. Wald gegenüber Wald hat einen 1-m-Abstand einzuhalten Abs. 1 S. 2. Dieser Abstand dient der Grenzmarkierung der Grundstücke.

3. Abs. 2 enthält für **Grundstücke im Außenbereich** eine **Abstandsminderung**. Abs. 2 gilt, wenn das direkt angrenzende Nachbargrundstück landwirtschaftlich oder gartenbaulich nicht genutzt wird, nicht bebaut ist und auch nicht als Hofraum dient. Hierzu gehören z. B. Wegparzellen, Böschungen, Gräben o. Ä. In diesen Fällen kommt es auf den tatsächlichen Zustand des Nachbargrundstückes zum Zeitpunkt der Errichtung der Anlage bzw. Anpflanzung von Gewächsen der in §§ 11–18 NRG genannten Art an; bei deren Erneuerung gilt aber § 22 Abs. 3 NRG.

Liegen die Voraussetzungen vor, dann ist nicht die Grundstücksgrenze – wie im Regelfall der §§ 11–18 NRG – die Bezugslinie für die Bestimmung des notwendigen Grenzabstandes. Die genannten nicht genutzten und nicht nutzbaren Flächen auf dem Nachbargrundstück werden in die Berechnung des Grenzabstandes mit einbezogen. Bezugslinie für die Bestimmung des Grenzabstandes ist somit nicht die Grundstücksgrenze, sondern die Grenze zwischen nicht nutzbarem und nutzbarem Gelände auf dem Nachbargrundstück.

4. Fraglich ist, ob bei **fünfjähriger Stilllegung** Ackerflächen als landwirtschaftlich nicht genutzt gelten, sodass die Abstandsvorschriften keine Anwendung finden. In derartigen Fällen ist jedoch die Regelung über die rechtliche Behandlung stillgelegter Flächen in Art. 5 des Gesetzes zur

---

1 Vgl. LG Baden-Baden (28. 10. 2013) 3 S 57/13 n. v.; *Bruns*, § 19 Rdnr. 17. Zu weit m. E., wenn LG Stuttgart (25. 1. 1980) 6 S 141/79, geplättelten Gartenweg zwischen Rosenbeeten als Hofraum wertet.

Änderung des Gesetzes über die Gemeinschaftsaufgabe „Verbesserung der Agrarstruktur und des Küstenschutzes"[2] zu berücksichtigen. Nach dieser Regelung gelten Flächen, die entsprechend den EG-Regelungen stillgelegt worden sind, weiterhin als landwirtschaftlich genutzte Flächen; die für die Landwirtschaft in anderen Rechtsgebieten geltenden Rechtsvorschriften, insbesondere im Bereich des Bürgerlichen Rechts, finden auf diese Flächen weiterhin Anwendung. Weiter ist bestimmt, dass dies nicht gilt, wenn die Flächen aufgeforstet oder so umgestaltet worden sind, dass sie später nur mit unverhältnismäßig großem Aufwand land- oder forstwirtschaftlich genutzt werden können.

Diese gesetzliche Regelung gilt auch für das Nachbarrecht. Demgemäß sind stillgelegte Flächen, soweit nicht die genannten Ausnahmen vorliegen, weiterhin im Sinne des Gesetzes als landwirtschaftlich genutzt anzusehen.

---

2 Vom 21.7.1988 (BGBl. I S. 1053), jetzt § 1 des Gesetzes zur Gleichstellung stillgelegter Flächen (I 1995, 910) i.d.F. vom 9.12.2010 (BGBl I, 1934); wie hier *Pelka*, S. 135, *Bruns*, § 19 Rdnr. 13, *VKK* § 7 Rdnr. 5.

§20 Pflanzungen hinter geschlossenen Einfriedigungen

[1]Die §§12–18 gelten nicht, wenn sich die Spaliervorrichtung oder die Pflanzung hinter einer geschlossenen Einfriedigung befindet, ohne diese zu überragen. [2]Als geschlossen gelten auch Einfriedigungen, bei denen die Zaunteile breiter sind als die Zwischenräume.

Einleitung

§20 privilegiert Pflanzungen hinter einer geschlossenen Einfriedigung, die ihrerseits die zulässige Höhe nicht überschreitet. Pflanzungen, die die zulässigen Höhen und Abstände einhalten, bedürfen dieser Sonderregelung nicht.

Anmerkungen

1. Einfriedigungen müssen den in §11 NRG genannten Abstand einhalten, vgl. dort. **Geschlossene Einfriedigungen** sind Mauern, geschlossene Lattenzäune u.Ä. Zäune sind nach S.2 geschlossene Einfriedigungen, wenn die Zaunteile breiter sind als die Zwischenräume. **Geschlossene Einfriedigungen sind daher nicht:** Maschendrahtzäune, Scherengitterzäune u.Ä., sowie Hecken, da §12 NRG (Hecken) hier ausdrücklich als eine Vorschrift genannt wird, auf die §20 NRG anzuwenden ist.

Die geschlossene Einfriedigung muss auf dem Grundstück stehen oder dem Grundstück dienen (z.B. bei Überbau), auf dem auch die nach §§12–18 NRG genannten Anpflanzungen stehen. Eine Hauswand, die auf der Grenze steht, ist also keine geschlossene Einfriedigung i.S. von §20 NRG[1]. Dies gilt ebenso für eine geschlossene Einfriedigung auf dem Nachbargrundstück. Der eindeutige Wortlaut des Satzes 1 („hinter") verdeutlicht, dass diese Privilegierung nur demjenigen zusteht, der auf seinem Grundstück eine gemäß §11 NRG zulässige, geschlossene Einfriedigung errichtet hat. Das entspricht auch der Verfügungsbefugnis des Eigentümers über die Einfriedigung (z.B. Abbruch). Sollte das Privileg für beide Seiten, also auch für den Nachbarn gelten, so müsste es in dieser Vorschrift „vor oder hinter" heißen[2]. Etwas anderes gilt dann, wenn

---

1 Vgl. LG Karlsruhe (3.9.1976) 9 S 581/75; LG Konstanz (10.6.1988) 1 S 2/88, VBlBW 1988, 489; *Bruns*, §20 Rdnr. 10; *VKK*, §20 Rdnr. 4.

2 A.A.: *Pelka*, S. 136 und LG Stuttgart (10.2.1982) 13 S 215/81; wie hier – *VKK*, §20 Rdnr. 4 und LG Konstanz (10.6.1988) 1 S 2/88,VBlBW 88, 489.

es sich bei der Einfriedigung um eine gemeinsame Grenzanlage nach §§921, 922 BGB handelt. Dann ist §20 NRG nach „beiden" Seiten anzuwenden. Dem entspricht auch die Sicherung jedes Eigentümers gegen die Beseitigung der Einfriedigung gemäß §922 Satz 3 BGB.

2. Die Abstände sind mit Anpflanzungen der §§12–18 NRG dann nicht einzuhalten, wenn diese die **zulässige Höhe** (vgl. §11 NRG) **der geschlossenen Einfriedigung nicht überschreiten**. Nicht gedeckt durch §20 NRG ist also die Anpflanzung hinter einer nach §11 NRG unzulässigen (nach Grenzabstand und/oder Höhe) Einfriedigung. Hinter nicht geschlossenen Einfriedigungen ist der jeweilige Abstand gemäß §§12–18 NRG einzuhalten. Die geschlossene Einfriedigung beschränkt ansonsten nicht zulässige Höhen bei entsprechend eingehaltenen Abständen (z.B. bei Gehölzen nach §16 NRG)[3] auf die Höhe der (zulässigen) Einfriedigung. §20 NRG erlaubt damit ein Unterschreiten vorgeschriebener Grenzabstände bei gleichzeitiger Höhenbegrenzung auf die zulässige Höhe der geschlossenen Einfriedigung. Diese „Wohltat" kann auch noch während eines Rechtsstreites wahrgenommen werden: Nach §16 NRG zu hoch gewachsene und zu nahe an der Grenze stehende Gehölze können „gerettet" werden (in der Höhe möglicherweise nur zum Teil), wenn und soweit zwischen diesen und der Grenze eine zulässige geschlossene Einfriedigung nach §11 NRG errichtet werden kann![4]

3.a) Wird die Höhe hinter einer **zulässigen** geschlossenen Einfriedigung überschritten oder kann sie durch die Anpflanzung bei deren artgemäßer Ausdehnung überschritten werden, so besteht dem Grunde nach **wahlweise** ein Anspruch auf Beseitigung oder Zurückschneiden (vgl. zum wahlweisen Anspruch §16 NRG Anm. 6c und Vorbemerkung 3 vor §§11ff. NRG). In diesem speziellen Fall wird aber der Beseitigungsanspruch in der Regel gegen das Schikaneverbot des §226 BGB verstoßen und deshalb unzulässig sein: Der Nachbar hat also nur einen Verkürzungsanspruch bis zur Höhe der geschlossenen Einfriedigung[5].

b) Wird die Höhe hinter einer **unzulässigen** geschlossenen Einfriedigung überschritten (zu geringer Grenzabstand, Höhe), dann besteht ein doppelter Anspruch: Der Anspruch auf Beseitigung (innerhalb der Ver-

---

3 LG Karlsruhe (14.1.1977) 9 S 294/76.

4 LG Stuttgart (25.4.1990) 5 S 394/89.

5 So auch *VKK*, §20 Rdnr. 4.

jährungsfrist, vgl. unten 4.) der Einfriedigung bestimmt sich nach §11 NRG. Dem folgend hat der Nachbar dann entweder einen Anspruch auf Beseitigung der Anpflanzung, wenn auch die geschlossene Einfriedigung beseitigt werden muss (wegen unterschrittenem Grenzabstand), oder auf Verkürzung, wenn nur die höhenmäßige Entwicklung der geschlossenen Einfriedigung und der Anpflanzung unzulässig ist und die Einfriedigung tatsächlich verkürzt wird. Auch in dem Fall der tatsächlichen Verkürzung der geschlossenen Einfriedigung auf das zulässige Höhenmaß besteht im Regelfall kein Beseitigungsanspruch; vgl. oben a). Vgl. auch Vorbemerkung zu §§11–22 NRG.

c) Ist der Anspruch auf Beseitigung der geschlossenen Einfriedigung verjährt, dann dürfen die dahinter stehenden Pflanzen und Gehölze die (unzulässige) Höhe der geschlossenen Einfriedigung in Anspruch nehmen, ohne ihren speziellen Abstandsvorschriften oder einem Verkürzungsanspruch auf die zulässige Höhe der geschlossenen Einfriedigung zu unterliegen.

4. Der Beseitigungsanspruch verjährt gemäß §26 Abs. 1 NRG in 5, bei Gehölzen i. S. des §16 Abs. 1 Nr. 4 oder 5 in 10 Jahren[6]; Berechnung vgl. dort. Der Anspruch auf Zurückschneiden ist der Verjährung nicht unterworfen.

---

6 Der Ansicht des LG Baden-Baden (12. 8. 1994) 2 S 36/94 (ebenso *Pelka* S. 142; dort wird nach dem gebildeten Fall aber wohl eher auf eine unzulässige Rechtsausübung abgehoben, wenn sich der Eigentümer bewusst in die Verjährung „rettet“ und sich dann hierauf auch noch beruft), wonach die Verjährungsfrist für die Beseitigung erst mit Überschreiten der Einfriedigung beginnt, ist nicht zu folgen. Die Verjährung des Beseitigungsanspruches knüpft in allen Fällen an den Zeitpunkt der Pflanzung, nicht an den Zeitpunkt einer Höhenüberschreitung an, vgl. §26 Abs. 1 NRG. In dem Fall des Überschreitens bleibt dem Nachbar immer der unverjährbare Kürzungsanspruch.

§21 Verhältnis zu Wegen, Gewässern und Eisenbahnen; Ufer- und Böschungsschutz

(1) [1]Die §§11 bis 18 gelten nicht für

1. das nachbarliche Verhältnis zwischen öffentlichen Straßen und Gewässern und den an sie grenzenden Grundstücken,

2. die auf Grund eines Flurbereinigungs- oder Zusammenlegungsplanes erfolgten Anpflanzungen, soweit sie sich im Flurbereinigungs- oder Zusammenlegungsgebiet auswirken.

[2]Bestehende Ausgleichs- oder Schadensersatzansprüche bleiben unberührt.

(2) Die Bestimmungen der §§11, 12 und 18 über tote Einfriedigungen und Hecken gelten nicht für das nachbarliche Verhältnis zwischen Grundstücken, die unmittelbar an den Schienenweg einer Eisenbahn grenzen einerseits und dem Schienenweg andererseits.

(3) Auf Einfriedigungen und Pflanzungen, die zum Uferschutz dienen oder die zum Schutz von Böschungen oder steilen Abhängen erforderlich sind, sind die §§11, 12, 16 und 18 nicht anzuwenden.

Einleitung

§21 NRG stellt eine weitere wichtige Ausnahmevorschrift von den Abstandsregelungen der §§11–18 NRG dar. Diese Vorschrift beweist, dass der Grund für die Abstände in erster Linie in dem Interessenausgleich zwischen landwirtschaft- oder gartenbaulichen Nutzungsmöglichkeiten und benachbarten Grundstücken liegt.

Anmerkungen

1.a) Die Abstandsbestimmungen der §§11–18 NRG gelten – nach Abs. 1 wechselseitig – nicht zwischen öffentlichen **Straßen** einerseits und angrenzenden Grundstücken andererseits; der Begriff Straße umfasst als Oberbegriff auch Wege und Plätze, die dem öffentlichen Verkehr gewidmet sind, §5 Abs. 1 StrG. Öffentlich ist ein Weg oder eine Straße dann, wenn die Fläche öffentlich gewidmet ist; auf das Eigentum der Fläche kommt es dabei nicht an.

Beispiel: Bäume auf Privatgrundstücken müssen gegenüber einem öffentlichen Straßengrundstück keine Abstandsvorschriften nach dem NRG einhalten. Umgekehrt gilt das auch für Bäume auf Straßengrundstücken gegenüber den anliegenden Privatgrundstücken.

In diesem Bereich sind in besonderem Maße öffentlich-rechtliche Vorschriften denkbar, die gegebenenfalls einzuhalten sind (Abstandsregelungen in Bebauungsplänen, nach Straßengesetz, Bundesfernstraßengesetz usw.).[1]

Fraglich ist, ob §21 Abs. 1 Nr. 1 auch für **private Verkehrsflächen** (Zufahrten, Wege o. Ä.) gilt. Dies ist nach dem eindeutigen Wortlaut auszuschließen, da von öffentlichen Straßen die Rede ist. Auf diese Flächen dürfte regelmäßig §19 anwendbar sein, vgl. §19 Anm. 1b.

b) Die Abstandsbestimmungen der §§11–18 gelten auch nicht gegenüber **Gewässern**; dabei kommt es nicht darauf an, ob es sich um private oder öffentliche Gewässer handelt. Gewässer i. S. dieser Vorschrift sind (nur) oberirdische Gewässer i. S. des §2 Abs. 1 WG BW i. V. m. §3 Satz 1 Ziff. 1 WHG: *„Das ständig oder zeitweilig in Betten fließende oder stehende oder aus Quellen abfließende Wasser“*. §29 Abs. 1 WG BW sieht einen Gewässerrandstreifen im Außenbereich von 10 m, im Innenbereich von 5 m vor, wenn nicht das Gewässer von untergeordneter Bedeutung ist. In diesen Gewässerrandstreifen besteht gegenüber Bäumen und Sträuchern eine Erhaltungspflicht, §29 Abs. 2 WG BW.

c) Die Freistellung von der Einhaltung von Grenzabständen beinhaltet, dort, wo Abstände mit Höhenbegrenzungen kombiniert sind (insbesondere §§11, 12, 13, 15 und 16) gleichzeitig den Wegfall dieser Höhenbegrenzung.

d) Abstände und die Höhenbegrenzungen (vgl. c) müssen aber eingehalten werden gegenüber dem jenseits des Weges oder Gewässers gelegenen Grundstück, soweit diese im Außenbereich liegen, §22 Abs. 2 S. 2 NRG; vgl. §22 Abs. 2 S. 1 NRG, der die Mitte des Weges als Messgrenze zwischen den Grundstücken festlegt. So kann sich auf Grund des jenseits des Weges liegenden Grundstückes ein einzuhaltender Abstand ergeben.

---

1 BVerwG (25.9.1981) 4 C 19/78, BWGZ 82, 352 – VBlBW 82, 43 unterwirft richtigerweise Bäume in Fußgängerzonen nicht dem §16, sondern §21 Abs. 1 NRG. Das VG Freiburg (16.12.91) 4 K 391/91, VBlBW 92, 314 hat augenscheinlich den §21 NRG übersehen.

Beispiel: Gehölze, die nach §16 Abs.1 Nr.4ff. NRG größere Abstände verlangen, müssen wohl nach §21 Abs.1 NRG keinen Abstand zu einem Weg, aber den Abstand nach §16 NRG gegenüber dem jenseits des Weges liegenden Grundstück im Außenbereich einhalten. **§21 Abs.1 NRG gilt also nur, soweit nicht andere Abstandsvorschriften vorgehen.**

2. Nach §21 Abs.1 Ziff.2 NRG sind von den Abstandsvorschriften der §§11–18 NRG alle Anpflanzungen freigestellt, die im Zusammenhang mit einem Flurbereinigungsverfahren vorgenommen werden und sich auf das fragliche Gebiet auswirken. In der Gesetzesvorlage[2] wird zur Begründung für diese Regelung darauf verwiesen, dass im Flurbereinigungsverfahren die Interessen der benachbarten Grundstückseigentümer hinreichend gegeneinander abgewogen werden.

3. §21 Abs.1 S.2 bestimmt ausdrücklich, dass Ausgleichs- und Schadenersatzansprüche unberührt bleiben. Die Zulässigkeit der Nichteinhaltung von Grenzabständen kann zu Ertragsnachteilen (Verschattung, Entzug von Wasser o.Ä.) oder Bewirtschaftungserschwernissen führen (schwieriger Maschineneinsatz). Dies kann zu Ansprüchen nach §906 Abs.2 Satz2 BGB führen; siehe auch §§44 Abs.3 S.2, 51 Abs.1 FlurBG.

4. Hecken und tote Einfriedigungen nach §§11, 12, 18 NRG, die unmittelbar an ein **Gleisgrundstück** angrenzen oder auf dem Gleisgrundstück stehen, müssen keine Grenzabstände nach dem NRG einhalten, §21 Abs.2 NRG. Dies gilt aber nur für die eigentlichen Gleisgrundstücke, nicht für die sonstigen Anlagen und Grundstücke der Bahn (Bahnhöfe, Lagerplätze o.Ä.). Auch hier können aber öffentlich-rechtliche Vorschriften anderes festlegen; z.B. bahnrechtliche Planfeststellung, §18 AEG, Bebauungsplan für den Bereich außerhalb der Bahnanlagen (wegen §38 BauGB).

5. Abstände nach §§11, 12, 16, 18 NRG sind für Bepflanzungen des **Uferbereiches** und für **Böschungen** dann nicht einzuhalten, wenn diese Pflanzungen dem Schutz dieser Bereiche dienen, z.B. gegen Auskolken, Befestigung der Böschung o.Ä., §21 Abs.3. Diese Vorschrift gilt aber nicht für Böschungen, die durch Aufschüttungen oder Abgrabungen entstanden sind. Hier sind die §§9 und 10 NRG anzuwenden, vgl. dort; ansonsten gelten die Abstandsregelungen.

---

2 Landtags-Drucksache 11/1481 S.14.

Abs. 3 gilt auch nicht für die Anpflanzungen nach § 13 (Spaliervorrichtungen), § 14 NRG (Rebstöcke), § 15 NRG (Wald) und § 17 NRG (Hopfenanlagen). Für die genannten Anpflanzungen sind also auch lm Uferbereich und an Böschungen die Regelabstände einzuhalten.

§22 Feststellung der Abstände

(1) Die Grenzabstände werden von der Mittelachse der der Grenze nächsten Stämme, Triebe oder Hopfenstangen bei deren Austritt aus dem Boden, bei Drahtanlagen von Hopfenpflanzungen aber von dem der Grenze nächsten oberen Ende der Steigdrähte ab waagrecht gemessen.

(2) [1]Im Verhältnis der durch öffentliche Wege oder durch Gewässer getrennten Grundstücke werden die Abstände von der Mitte des Weges oder Gewässers an gemessen. [2]Dies gilt nicht gegenüber Grundstücken in Innerortslage.

(3) [1]Ist die Einhaltung eines bestimmten Abstands von der Lage oder der Kulturart des Grundstücks oder des Nachbargrundstücks abhängig, so sind bei der Erneuerung einer Einfriedigung, Spaliervorrichtung oder Pflanzung für die Bemessung des Abstands die dann bestehenden Verhältnisse dieses Grundstücks maßgebend. [2]Dasselbe gilt, wenn in einer der Erneuerung gleichkommenden Weise die Einfriedigung oder Spaliervorrichtung ausgebessert oder die Pflanzung ergänzt wird.

Einleitung

§22 NRG regelt nicht nur die konkrete Feststellung der Abstände, sondern bestimmt in Abs. 3 auch, was zu gelten hat, wenn **Kulturen und Pflanzungen erneuert** werden. Insoweit ist die Überschrift unvollständig. §22 gilt nur, wenn keine speziellen Regelungen vorgehen, z. B. §§3–5, 7 Abs. 1.

Anmerkungen

1. a) Entscheidend für die Bestimmung des Grenzabstandes ist nach **Abs. 1** die **Mittelachse des der Grenze am nächsten liegenden Pflanzenaustritts aus dem Boden**. Die zulässigen Grenzabstände von Sträuchern oder Hecken werden also nicht von ihrer (vermeintlichen) Mitte aus bestimmt, sondern jeweils von dem der Grenze nächstliegenden Bodenaustritt der Sträucher oder Hecken. Für die Bestimmung des zulässigen Grenzabstandes ist also **nicht** die Ausdehnung der Pflanze (Strauch, Baumkrone o. Ä.) entscheidend, §22 Abs. 1 NRG (zu überragenden Ästen usw, vgl. §§23 ff. NRG). **Gemessen wird stets senkrecht zur Grenze.** §22 Abs. 1 NRG schreibt zudem ein waagrechtes Messen vor, d. h., dass Niveauunterschiede im Gelände zwischen dem Austritt aus dem Boden und der Grenze bei der Abstandsmessung nicht berücksichtigt werden. Diese

Messmethode gilt auch für die Höhenbestimmung, soweit diese mit den jeweiligen Mindestabständen kombiniert, d. h. gemeinsam geregelt, sind.

b) § 22 kennt keine Sonderregelungen für den Fall der Erhöhung oder Vertiefung des vorhandenen Bodens und der Messung der Grenzabstände in diesem Fall. §§ 9 und 10 enthalten Regelungen für die eigentliche Erhöhung, § 909 BGB für die Vertiefung des Grundstücks. Nach dem Wortlaut des Abs. 1 „*bei deren Austritt aus dem Boden*" ist eindeutig davon auszugehen, dass zeitlich zuvor oder danach liegende Erhöhungen oder Vertiefungen keine Rolle spielen[1]. Entscheidend ist der Zeitpunkt der Pflanzung oder Einbringung. Aufgrund der waagrechten Messung ändert sich dadurch im Übrigen am einzuhaltenden Abstand nichts. Tatsächliche Bedeutung hat die Erhöhung oder Vertiefung nur für die mit dem Abstand gekoppelte Höhenbeschränkung; sie muss zum Zeitpunkt der Pflanzung eingehalten werden; auf spätere Veränderungen reagiert § 22 Abs. 3.

2. Bei **Hopfendrahtanlagen** wird wegen der schrägen Anordnung nicht der Bodenaustritt der Hopfenstange oder Pflanze für die Bestimmung des Grenzabstandes herangezogen, sondern die obere Anbringung des Steigdrahtes an der Hopfenstange, § 22 Abs. 1 NRG, damit des Teils der Hopfenpflanze, die am nächsten zur Grenze wachsen kann und wächst. Dies dürfte in der Regel mit dem oberen Ende der Hopfenstange identisch sein.

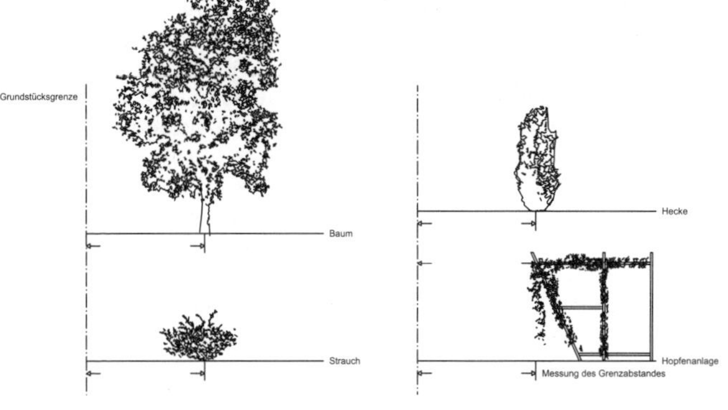

Abbildung 6 (zu § 22, Abs. 1 und 2)

---

1 *Pelka*, S. 139; A. A. *VKK*, § 22 Rdnr. 11 wenig überzeugend.

3.a) Ein **Weg oder Bach** zwischen zwei Grundstücken hebt nach Abs. 2 die gegenseitigen Grenzabstände der Anpflanzungen oder sonstige Benutzung des Grundstückes nicht auf. § 21 Abs. 1 NRG gilt nur gegenüber dem Weg (vgl. Anmerkungen zu § 21 NRG). Messlinie für die konkrete Festlegung der Abstände ist hier die Mitte des Weges oder Baches, genauer des Weg- oder Bachgrundstückes, § 22 Abs. 2 S. 1 NRG. Die Mittellinie gilt (rechnerisch) als gemeinsame Grenze.

b) Nach Abs. 2 S. 2 gilt die Regelung des S. 1 nicht, wenn das Grundstück, gegenüber dem Abstände einzuhalten sind, in der Innerortslage liegt (zum Begriff der Innerortslage § 12 Abs. 2 S. 2 und § 12 NRG Anm. 3); der Abstand bestimmt sich also nach der Lage des Grundstücks, zu dessen Gunsten er wirken soll. Nach der Gesetzesbegründung[2] ist mit dieser Regelung Folgendes bezweckt:
„Im Interesse einer leichteren Bepflanzung von Grundstücken in Innerortslage erscheint es sachgerecht, bei der Messung des Abstandes zwischen einem Baum und der Grenze des Nachbargrundstücks einen dazwischen liegenden öffentlichen Weg oder ein Gewässer nicht zu Gunsten des Abstand verlangenden Nachbarn, sondern zu Gunsten des pflanzenden Grundstückseigentümers zu berücksichtigen. Dies wird durch den neu angefügten Satz 2 erreicht.“

Das Ziel wird erreicht! Sämtliche Grenzabstände sind gegenüber dem Nachbargrundstück einzuhalten, soweit nichts anderes geregelt ist. § 22 Abs. 2 S. 1 NRG verschiebt diese Bemessungsgrundlage **zu Lasten** des anpflanzenden Grundstückseigentümers weg von der Grenze des Nachbarn hin zur Weg- oder Bachmitte, vergrößert also dadurch den von ihm einzuhaltenden Grenzabstand. S. 2 hebt diese Abstandsvergrößerung dann auf, wenn das abstandsgeschützte Grundstück in Innerortslage liegt. In diesem Fall wird also das Wege- oder Bachgrundstück als Teil und damit zu Gunsten des Grundstückes gewertet, das den Abstand einzuhalten hat: Der Abstand wird ab der Grenze des Grundstückes gemessen, das einen Anspruch auf Einhaltung geltend machen kann. Diese Zurechnung der Wege- und Bachfläche erfolgt wechselseitig, wenn beide Grundstücke in Innerortslage liegen[3].

---

2 Landtagsdrucksache 11/1481 S. 14.

3 VGH BW (2. 4. 2014) 3 S 1564/13, juris Rdnr. 36.

4. Auf bestehende Einrichtungen (z.B. Zäune) und Anpflanzungen hat eine Veränderung auf dem Nachbargrundstück keine Einwirkung. Damit bestätigt §22 Abs.3 NRG, dass es bei der **Abstandsbestimmung allein auf die zum Zeitpunkt der Anpflanzung oder Errichtung** der Anlage bestehenden Verhältnisse auf dem Nachbargrundstück ankommt. **Wird** aber eine Pflanzung oder Einrichtung auf dem Grundstück **erneuert** oder im Wesentlichen erneuert (S. 2), so ist dann auf die veränderten Verhältnisse auf dem Nachbargrundstück Rücksicht zu nehmen, d.h. die dann **notwendigen Abstände** sind **einzuhalten**.

Beispiel: Gegenüber einem nicht bewirtschafteten Grundstücksteil sind nach §19 Abs.1 NRG Grenzabstände nicht einzuhalten. Eine Hecke kann daher entgegen §12 Abs.1 NRG auf die Grenze gesetzt werden. Die spätere Bewirtschaftung des Nachbargrundstückes ändert an der Zulässigkeit der Hecke nichts. Wird die Hecke aber erneuert oder wesentlich ausgebessert (§22 Abs.2 S.1 und 2 NRG), so muss dann der Abstand des §12 Abs.1 NRG eingehalten werden.

2. Überragende Zweige und eingedrungene Wurzeln

§23 Überragende Zweige

(1) [1]Abweichend von §910 Abs.1 BGB kann der Besitzer eines Grundstücks die Beseitigung von herüberragenden Zweigen eines auf dem Nachbargrundstück stehenden Obstbaums nur bis zur Höhe von 3m verlangen. [2]Die Höhe wird vom Boden bis zu den unteren Zweigspitzen in unbelaubtem Zustand gemessen.

(2) Die Beseitigung der Zweige kann auf die volle Höhe des Baumes verlangt werden, wenn das benachbarte Grundstück erwerbsgartenbaulich oder landwirtschaftlich genutzt wird oder ein Hofraum ist oder die Zweige auf ein auf dem benachbarten Grundstück stehendes Gebäude hereinragen oder den Bestand oder die Benutzung eines Gebäudes beeinträchtigen oder die Errichtung eines Gebäudes unmöglich machen oder erschweren.

(3) [1]Der Besitzer des Baumes ist zur Beseitigung der Zweige in der Zeit vom 1. März bis 30. September nicht verpflichtet. [2]Er hat die Beseitigung innerhalb einer dem Umfang der Arbeit entsprechenden Frist, jedenfalls aber innerhalb Jahresfrist vorzunehmen. [3]Die sofortige Beseitigung kann verlangt werden, wenn ein dringendes Bedürfnis vorliegt. [4]Wird die Beseitigung nicht innerhalb der in Satz2 bestimmten Frist oder im Falle des Satzes 3 sofort bewirkt, so ist der Nachbar berechtigt, sie nach §910 Abs.1 Satz2 BGB oder auf Kosten des Besitzers durchzuführen. [5]Im letzteren Fall gehören die abgeschnittenen Zweige dem Besitzer des Baumes.

§910 BGB (Überhang)

(1) [1]Der Eigentümer eines Grundstückes kann Wurzeln eines Baumes oder eines Strauches, die von einem Nachbargrundstück eingedrungen sind, abschneiden und behalten. [2]Das Gleiche gilt von herüberragenden Zweigen, wenn der Eigentümer dem Besitzer des Nachbargrundstücks eine angemessene Frist zur Beseitigung bestimmt hat und die Beseitigung nicht innerhalb der Frist erfolgt.

(2) Dem Eigentümer steht dieses Recht nicht zu, wenn die Wurzeln oder die Zweige die Benutzung des Grundstücks nicht beeinträchtigen.

Einleitung

§910 Abs. 1 Satz 2 BGB gibt dem Eigentümer eines Grundstücks den Anspruch, die Beseitigung vom Nachbargrundstück herüberragender Zweige von Bäumen und Sträuchern vom Eigentümer des Nachbargrundstücks zu fordern. Nach Ablauf einer angemessenen Frist zur Beseitigung darf der Eigentümer die Beseitigung selbst vornehmen, wenn die weiteren Voraussetzungen des §910 BGB erfüllt sind. §23 NRG schränkt dieses Recht zu Gunsten von Obstbäumen ein: Hier besteht bei Erfüllung der weiteren Voraussetzungen ausschließlich ein Beseitigungsanspruch bis zu einer Höhe von 3m. Die Kompetenz des Landes für diese von §910 BGB abweichende Regelung ergibt sich aus Art. 122 EGBGB.

Zu vorrangigen öffentlich-rechtlichen Vorschriften, vgl. §24 NRG Vorbemerkung a. E.

Anmerkungen

1. Der Eigentümer des Nachbargrundstücks hat gem. §910 BGB gegen den Eigentümer eines Grundstückes **Anspruch auf Beseitigung** der auf das Nachbargrundstück **herüberragenden Zweige**, wenn folgende **Voraussetzungen** vorliegen:

a) Ein Beseitigungsanspruch besteht grundsätzlich nur dann, wenn die Zweige die Benutzung des Grundstückes beeinträchtigen[1], §910 Abs. 2 BGB; die Vorschrift beinhaltet eine Duldungsverpflichtung i. S. des §1004 Abs. 2 BGB[2], schließt damit den Beseitigungsanspruch aus. Die Beeinträchtigung ist jeweils konkret festzustellen, sie kann auch nur einen Teil des Überwuchses betreffen, dann besteht nur für den störenden Teil ein Anspruch auf Beseitigung.[3]

b) Liegt eine Beeinträchtigung vor, kann die Beseitigung aller herüberragenden Zweige von Bäumen und Sträuchern verlangt werden, §910 Abs. 1 S. 2 BGB.

---

1 Beweislast für fehlende Beeinträchtigung laut LG Stuttgart (25. 1. 1980) 6 S 141/79 beim Baumeigentümer/-besitzer; *Palandt/Bassenge*, §910 Rdnr. 2 BGB.

2 Vgl. *Palandt/Bassenge*, §1004 Rdnr. 34 BGB.

3 *Palandt/Bassenge*, §910 Rdnr. 3.

2. Für **Obstbäume** gilt die **Ausnahme**, dass – bei Vorliegen einer Beeinträchtigung; vgl. oben Ziff. 1 a) – ein Beseitigungsanspruch nur bis zu einer Höhe von 3 m besteht. Gemessen wird diese Höhe vom Boden des Nachbargrundstücks bis zu den tiefsten Zweigspitzen im unbelaubten Zustand. Diese Vorschrift stellt sicher, dass der Bereich des Nachbargrundstückes unterhalb der überragenden Zweige noch genutzt werden kann, § 23 Abs. 1 S. 1 NRG. Obstbäume sind Bäume, die essbare Früchte tragen; hierzu gehören auch Walnussbäume (§ 16 Abs. 1 Ziff. 4 b). Obststräucher unterfallen dem § 23 nicht, deren Beseitigung kann also auf die volle Höhe verlangt werden.

2. Diese **Ausnahme** für Obstbäume **gilt** dann **nicht** (mit der Folge der Beseitigungspflicht der überragenden Zweige auf die volle Baumhöhe nach § 23 Abs. 2 NRG), wenn

- **1. Voraussetzung:** eine Beeinträchtigung (vgl. oben Ziff. 1 a) vorliegt, also § 910 Abs. 2 BGB nicht einschlägig ist, und wenn
- **2. Voraussetzung** – jeweils alternativ –

a) das Grundstück, in das die Zweige hereinragen, erwerbsgartenbaulich oder landwirtschaftlich genutzt wird; oder

b) im Bereich der hereinragenden Zweige ein Hofraum liegt; oder

c) die hereinragenden Zweige auf ein Gebäude ragen; oder

d) den Bestand oder die Benutzung eines Gebäudes beeinträchtigen; oder

e) die hereinragenden Zweige die Errichtung eines Gebäudes unmöglich machen oder erschweren.

§ 910 Abs. 2 BGB gilt auch hier neben § 23 Abs. 2 NRG. Die Voraussetzungen 1 und 2 müssen also **kumulativ** erfüllt sein.

Zu den Einzelheiten der 2. Voraussetzung:

zu a) Der Gartenbau auf dem Grundstück muss dauerhaft und erwerbsmäßig betrieben werden, dies gilt ebenso für die landwirtschaftliche Nutzung; ein Haupterwerbsbetrieb muss allerdings nicht vorliegen.

zu b) Hofraum[4] ist jede befestigte Fläche, die einer auf das Grundstück bezogenen Nutzung dient. Ein Hofraum ist nicht nur bei landwirtschaft-

---

4 Zu weit m. E., wenn LG Stuttgart (25. 1. 1980) 6 S 141/79 geplättelten Gartenweg zwischen Rosenbeeten als Hofraum wertet.

lichen oder gewerblichen Betrieben, sondern ebenso bei Wohngebäuden, dort als Stellplatz oder Vorplatz zur Garage vorstellbar.

zu c) Ein Beseitigungsanspruch besteht schon dann, wenn Zweige auf das Nachbargebäude ragen. In diesem Fall wird man bei Bäumen schon wegen des fallenden Laubes oder der Nadeln immer von einer Beeinträchtigung i.S.d. §910 Abs.2 BGB deshalb ausgehen müssen, weil Verstopfungen der Dachrinne oder Geräusche durch die auf die Ziegel schlagende Zweige nicht zu verhindern sind.

zu d) Eine Beeinträchtigung des Bestandes und der Benutzung eines Gebäudes ist anzunehmen, wenn die Zweige bei Wind und Wetter Zerstörungen (z.B. am Putz, an den Ziegeln) anrichten können oder die Dachrinnen verstopfen und damit schädigen (Rost). Eine Beeinträchtigung der Benutzung des Gebäudes auf dem Nachbargrundstück ist z.B. dann gegeben, wenn herüberragende Zweige einem Zimmer, einem Balkon oder einer Terrasse Licht und Sonne in einem nicht unerheblichen Umfang nehmen, oder bei Wind gegen Fenster und Wände schlagen und dadurch Geräusche entstehen. Auch Photovoltaikanlagen können durch herüberragende Äste beeinträchtigt werden (Schatten, Blätterfall im Herbst, rutschender Schnee).

zu e) Ein Ausschluss oder eine Erschwerung der Bebauung des Nachbargrundstücks umfasst auch den für die Bebauung notwendigen Arbeitsraum.

3.a) Der Eigentümer und Besitzer des Baumes ist zur **Beseitigung** verpflichtet. Liegt keine Ausnahmesituation vor, so hat der Eigentümer/Besitzer die Beseitigung längstens innerhalb Jahresfrist nach Aufforderung (zu Beweiszwecken am besten schriftlich) in der Zeit vom 1. 10. bis 28./29. 2. vorzunehmen; Abs.3 S.1. Die Beseitigung kann also im Normalfall nur außerhalb der Wachstumsperiode verlangt werden.

b) Eine **sofortige Beseitigungspflicht** ist bei Vorliegen eines wichtigen Grundes gegeben. Dies wird nur bei einer erheblichen Beeinträchtigung oder Zerstörungsgefahr (z.B. schlagende Äste auf Photovoltaikanlagen) durch die überwachsenden Zweige der Fall sein oder wenn der Nachbar zulässigerweise die Nutzung seines Grundstücks ändert oder ändern will (z.B. Baumaßnahmen).

4.a) Hat der Eigentümer nach ordnungsgemäßer Beseitigungsaufforderung und ausreichender Fristsetzung nicht beseitigt, so kann der Eigentümer des Nachbargrundstücks die **Beseitigung selbst vornehmen**, §23

Abs. 3 S. 4 NRG i. V. m. § 910 Abs. 1 S. 2 BGB. Dann kann der beseitigende Nachbar die entfernten Zweige behalten, § 910 Abs. 1 S. 1 BGB, aber vom Baumeigentümer/-besitzer keine Kosten für die Beseitigung verlangen.

b) Der Nachbar kann alternativ die **Beseitigung auf Kosten des Baumeigentümers/-besitzers ausführen lassen**. Dann erhält dieser die Zweige, § 23 Abs. 3 S. 4 NRG, gleichsam als „Gegenleistung" für die gesetzlich vorgeschriebene Kostentragung.

Der Nachbar hat in einem solchen Fall die Beseitigungskosten entweder vorzustrecken und kann sie nach erfolgter Beseitigung vom Eigentümer/Besitzer zurückfordern oder einklagen. Der Nachbar ist dann aber mit dem Risiko belastet, dass eine Beseitigung als zu aufwendig angesehen wird, er deshalb gegebenenfalls nur einen Teil der Kosten zurückerhält. Um dem zu entgehen, bietet sich die aus dem privaten Baurecht bekannte so genannte **Vorschussklage** an: Der Nachbar verlangt (gegebenenfalls gerichtlich durch Klage) vor Durchführung der Arbeiten die auf Grund eines Kostenvoranschlages geschätzten Kosten als Vorschuss.

c) Die Beseitigung nach a) und b) darf ebenfalls nur während der in Abs. 3 S. 1 (1. 10.–28./29. 2.) genannten Zeit vorgenommen werden, wenn nicht Gründe zur sofortigen Beseitigung vorliegen. Eine Verletzung dieser Frist führt zu einem Schadenersatzanspruch des Baumeigentümers nach § 823 Abs. 1 BGB[5].

5. Die **Vorschrift gilt nicht** für Obstbäume im **Geltungsbereich des badischen Ausführungsgesetzes zum BGB**, die vor In-Kraft-Treten des NRG (1. 1. 1960) schon standen und die Abstände dieses Gesetzes nicht einhalten, § 35 NRG i. V. m. § 33 NRG. Hier gilt also § 910 BGB allein, vgl. Anm. 2 zu § 35 NRG. Bezüglich der Nachbarschaft alter Waldbestände im **ehemals württembergischen Landesteil**, die vor 1900 bzw. 1894 entstanden sind, vgl. § 34 NRG mit dortigen Anmerkungen.

6. Für die **Verjährung** ist zu unterscheiden:

a) Das Selbsthilferecht nach § 910 Abs. 1 verjährt, da es kein Anspruch ist, nicht[6]. Dies gilt ebenso für das Selbsthilferecht des § 23 Abs. 3 S. 4, § 26 Abs. 3.

---

5 LG Stuttgart (25. 1. 1980) 6 S 141/79.

6 *Bruns*, Vorbemerkung §§ 23–25, Rdnr. 8; *Palandt/Bassenge*, § 910 Rdnr. 1.

b) Der Beseitigungsanspruch nach §§1004, 920 verjährt in 3 Jahren; §195 BGB. §924 BGB stellt für §910 BGB ausdrücklich keine Unverjährbarkeit fest. Der (eingeschränkte) Beseitigungsanspruch nach §1004 BGB i.V.m. §23 NRG verjährt ebenso nach 3 Jahren[7]; es bleibt jedoch beim unverjährbaren Selbsthilferecht des §23 Abs. 3 S. 4.

7. Für Bäume entlang Straßen vgl. §25 NRG.

7 LG Freiburg (22.1.2015) 3 S 143/14: §26 Abs. 3 bezieht sich nur auf die Ansprüche nach dem NRG (§26 Abs. 1); der Beseitigungsanspruch auch nach §23 NRG stützte sich jedoch auf §1004 BGB.

§24 Eingedrungene Wurzeln

(1) Abweichend von §910 Abs. 1 BGB ist der Besitzer eines Obstbaumguts oder eines Grundstücks der in §19 Abs. 1 Satz 1 genannten Art, in das aus einem angrenzenden Obstbaumgut Wurzeln eines Obstbaums eingedrungen sind, zu deren Beseitigung nur insoweit befugt, als dies zur Herstellung und Unterhaltung eines Weges, eines Grabens, einer baulichen Anlage, eines Dräns oder einer sonstigen Leitung erforderlich ist.

(2) Die Beseitigung von sonstigen eingedrungenen Baumwurzeln ist bei einem Grundstück in Innerortslage nur dann zulässig, wenn durch die Wurzeln die Nutzung des Grundstücks wesentlich beeinträchtigt wird, insbesondere Arbeiten der in Absatz 1 genannten Art die Beseitigung erfordern.

§910 BGB (Überhang)

(1) [1]Der Eigentümer eines Grundstücks kann Wurzeln eines Baumes oder eines Strauches, die von einem Nachbargrundstück eingedrungen sind, abschneiden und behalten. [2]Das Gleiche gilt von herüberragenden Zweigen, wenn der Eigentümer dem Besitzer des Nachbargrundstücks eine angemessene Frist zur Beseitigung bestimmt hat und die Beseitigung nicht innerhalb der Frist erfolgt.

(2) Dem Eigentümer steht dieses Recht nicht zu, wenn die Wurzeln oder die Zweige die Benutzung des Grundstücks nicht beeinträchtigen.

Vorbemerkungen

§24 trifft für eingedrungene Wurzeln aus einem Obstbaumgut in ein benachbartes Obstbaumgut oder in ein Grundstück nach §19 Abs. 1 (Grundstücke im Außenbereich, die Wald, Hutung, Heide oder Ödung) für deren Beseitigung abweichende Regelungen zu §910, Abs. 1. BGB. In Abs. 2 sind Sonderregelungen für die Beseitigung eingedrungener Baumwurzeln in ein Grundstück in Innerortslage vorgesehen. Als Rechtsgrundlage für diese Eigentumsbeschränkung des belasteten Eigentümers nennt die Gesetzesbegründung nicht etwa Art. 122 EGBGB, sondern Art. 111 EGBGB, wonach landesrechtliche Vorschriften der Eigentumsbeschränkung unberührt bleiben, wenn sie im öffentlich-rechtlichen Interesse ergangen sind. In der Gesetzesbegründung[1] wird auf das vorrangige Interesse der Bevölkerung und damit der Öffentlichkeit an der Erhaltung von Bäumen hingewiesen. Dies lässt sich auch aus den Grundprinzipien des Naturschutzrechtes ableiten.

Der zivilrechtlichen Beseitigungspflicht von Baumwurzeln können öffentlich-rechtliche Vorschriften entgegenstehen, wenn die Beseitigung der Wurzeln die Standfestigkeit beseitigen, das Weiterleben des Baumes unmöglich machen oder das charakteristische, geschützte Aussehen des Baumes verändern[2]. Dies gilt z.B. bei Bäumen in Gebieten mit rechtmäßigen[3] Baumschutzsatzungen nach §31 NatschG BW oder für Naturdenkmale, §30 NatschG BW. Zu den Fragen der Eigentumsbindung und Entschädigung in diesen Fällen vgl, §55 NatschG BW.

Anmerkungen

1. §910 BGB beinhaltet die Ausgangsregelung: Vom Nachbargrundstück eingedrungene Wurzeln eines Baumes oder Strauches können beseitigt werden, §910 Abs.1 BGB. Dieser Anspruch besteht nicht, wenn die Wurzeln die Benutzung des Nachbargrundstückes nicht beeinträchtigen, §910 Abs.2 BGB.

2. §24 Abs.1 schränkt diesen Beseitigungsanspruch in zwei gesetzlich geregelten Fällen ein:

a) Liegen **zwei Obstbaumgüter nebeneinander**, so können von einem Obstbaum eingedrungene Wurzeln nur beseitigt werden, wenn diese zur Herstellung oder Unterhaltung
- eines Weges,
- eines Grabens,
- einer baulichen Anlage,
- eines Dräns oder
- einer sonstigen Leitung

erforderlich ist; vgl. im Einzelnen unten Ziff.5.

1 Landtags-Drucksache 11/1481 S.14.

2 OLG Düsseldorf (18.10.1991) 22 U 220/90, NVwZ-RR 92, 216.

3 VGH BW (28.7.1994) 5 S 2467/93, BWGZ 94, 731 = ZfBR 95, 48 zu den zulässigen Bereichen, für die Baumschutzsatzungen erlassen werden können.

b) Liegt ein Grundstück i. S. des § 19 Abs. 1 Satz 1 (Grundstück im Außenbereich mit Wald, Hutung, Heide oder Ödung) neben einem Obstbaumgut, so gilt für die vom Obstbaumgut eingedrungenen Wurzeln eines Obstbaums das unter a) Ausgeführte.

c) Diese Privilegierung gilt nicht für Sträucher auf einem Obstbaumgut-Grundstück, die die Grenze überschreiten; sie dürfen beseitigt werden, wenn sie die Nutzung des Nachbargrundstücks, in das sie eingedrungen sind, beeinträchtigen, § 910 Abs. 2 BGB.

d) Das Gesetz definiert den Begriff des Obstbaumgutes nicht: Ein Garten mit einigen Obstbäumen dürfte nicht darunter fallen, wohl aber ein Grundstück, das vorrangig mit Obstbäumen bepflanzt ist und bei dem deshalb jede andere Nutzung zurücktritt.

3. § 24 Abs. 2 beschränkt die Beseitigung von **„sonstigen eingedrungenen Baumwurzeln“**, die in ein Grundstück in Innerortslage eingedrungen sind,[4] auf die Fälle der wesentlichen Beeinträchtigung. Eine solche liegt stets in den in Abs. 1 genannten Fällen vor, also wenn die Beseitigung zur Herstellung oder Unterhaltung eines Weges, eines Grabens, einer baulichen Anlage, eines Dräns oder einer sonstigen Leitung erforderlich ist.

Die erforderliche wesentliche Beeinträchtigung des § 24 Abs. 2, die die Beseitigung erlaubt, statuiert einen strengeren Maßstab als die fehlende Beeinträchtigung des § 910 Abs. 2 BGB. Eine wesentliche Beeinträchtigung liegt vor, wenn die Wurzeln den Gebrauch des Grundstückes mehr als nur merklich behindern[5]

Daraus folgt:

Die Besitzer aller anderen Grundstücke können die Beseitigung eingedrungener Wurzeln verlangen, wenn eine – gegebenenfalls auch geringere als bei Ziff. 1 und 2 angegebene – Beeinträchtigung vorliegt, § 910 Abs. 1 und 2 BGB. Überprüft man diese in ihrem Abwehranspruch „privilegierten“ – weil nur dem § 910 Abs. 2 BGB unterworfenen – Grundstücke, dann zeigt sich doch manche Überraschung:

---

4 Zur Definition der Innerortslage vgl. § 12 Abs. 2 Satz 2 und § 12 Anm. 2.

5 OLG Karlsruhe (27. 05. 2014) 12 U 168/13, MDR 2014, 893 = Justiz 2014, 249; Bruns, § 24 Rdnr. 16.

- Genutzte Außenbereichsgrundstücke, also jene, die nicht unter §19 Abs.1 Satz1 fallen, haben den leicht durchsetzbaren Abwehranspruch (allein Einschränkung nach §910 Abs.2 BGB) gegen alle eingedrungenen Wurzeln des Nachbargrundstücks, unabhängig von dessen Nutzung, also auch gegen ein Obstbaumgut.
- Dies gilt ebenso für nicht genutzte Außenbereichsgrundstücke, gegenüber Wurzeln aus Grundstücken aller sonstiger Nutzungen, außer wenn das Nachbargrundstück als Obstbaumgut genutzt ist, soweit keine Beeinträchtigung vorliegt.
- Gegenüber landwirtschaftlicher Nutzung in der Innerortslage gilt bei eingedrungenen Wurzeln der Beseitigungsanspruch nach §910 Abs.1 S.1 BGB, nur eingeschränkt durch die Vorschrift des §910 Abs.2 BGB.

4. a) §910 Abs.1 S.1 BGB spricht von Wurzeln eines Baumes oder eines Strauches; zur Definition vgl. §16 NRG Anm.1b). Der Beseitigungsanspruch gilt auch gegenüber sonstigen, die Nutzung des Nachbargrundstücks störenden Wurzeln (z.B. Kletterpflanzen, wie Zaunwicken).

b) §910 Abs.2 BGB, 24 Abs.1 und 2 NRG enthalten Duldungstatbestände i.S. von §1004 Abs.2 BGB[6]. Liegen die Voraussetzungen der Duldung nach §910 Abs.2 BGB **nicht** vor, so kann die Beseitigung aller eingedrungenen Wurzeln verlangt werden, §910 Abs.1 S.1 BGB[7].

5. §24 Abs.1 NRG beschreibt die durchgängig zu Beseitigungsansprüchen führenden Grundstücksnutzungen:

Die **Herstellung oder Unterhaltung** – wobei öffentlich-rechtliche Vorschriften stets vorrangig die Zulässigkeit bestimmen –

a) eines **Weges**: Dazu gehören befahrbare Wege, Fußwege, Treppenanlagen; hier ist in erster Linie die Tragfähigkeit des Unterbaus, die Frostsicherheit der Schlussdecke, die ebene Oberfläche geschützt; es kommt nicht darauf an, ob diese Wege öffentlich gewidmet oder privat sind;

b) eines **Grabens**: Geschützt ist Abflussfreiheit und Aufrechterhaltung des Querschnitts;

---

6 Vgl. *Palandt/Bassenge* §1004 Rdnr.37 BGB.

7 Zum Schadensersatzanspruch bei Zerstörungen durch Wurzeln vgl. BGH (7.3.1986) V ZR 92/85, EBE 86, 245; OLG Düsseldorf (11.6.1986), 9U 51/86, NJW 86, 2648. Der Anspruch auf Beseitigung von Wurzeln entfällt nicht deshalb, weil dadurch der Baum seine Standsicherheit verliert und gefällt werden muss, LG Freiburg (26.7.1989) 5 O 190/89.

c) einer **baulichen Anlage**: Gemeint ist jedwede bauliche Anlage, die den Boden im Bereich der eingedrungenen Wurzeln in Anspruch nimmt. Dies gilt auch für nur vorläufige Maßnahmen wie Aushubbereich, Arbeitsraum beim Betonieren usw;

d) eines **Drains**: Wasserabführung; Freihalten von Verstopfungen und Verwachsungen dient der Funktionsfähigkeit dieser Ableitung, sonst Rückstaugefahr;

e) einer **Leitung**: Auf die Art der Leitung kommt es nicht an, auch nicht darauf, ob die Wurzeln die Leitung zerstören können oder schon zerstört haben. Die Gefahr der Zerstörung und die durch die Wurzeln erschwerte Zugänglichkeit reicht für einen Beseitigungsanspruch.

Auf Grund der bekannten Probleme mit eingedrungenen Wurzeln ist der Beseitigungsanspruch bei Vorliegen der genannten Voraussetzungen im Zweifel zuzubilligen. Die nicht allzu fern liegende, d.h. wahrscheinliche Schädigungs- oder Hinderungsmöglichkeit der genannten Nutzungen genügt für einen Beseitigungsanspruch.

6. Die **Beseitigung** richtet sich nach § 910 Abs. 1 S. 1 BGB; **Sonderregelungen** wie in § 23 **bestehen nicht**. Die Beseitigung ist – bei Vorliegen der gesetzlichen Voraussetzungen – **jederzeit** zulässig. Die Fristen des § 23 Abs. 3 S. 1 gelten nicht, sind auch nicht entsprechend anwendbar. Die Beseitigung ist vom Eigentümer des Grundstückes, in das die Wurzeln eingedrungen sind, auf seine Kosten vorzunehmen. Eine vorherige Hinweispflicht besteht nicht. Es ist aber aus Beweisgründen wegen § 910 Abs. 2 BGB oder den sonstigen einschränkenden Beseitigungsvoraussetzungen angezeigt, mit einem Hinweis auf die Beseitigung die Begründung für deren Notwendigkeit zu verbinden.

7. Zur **Sonderregelung** des § 35 NRG für den **Geltungsbereich des badischen Ausführungsgesetzes zum BGB** vgl. Anm. 5 zu § 23 NRG und Anm. 2 zu § 35, NRG. Bezüglich der Nachbarschaft alter Waldbestände im ehemals **württembergischen Landesteil**, die vor 1900 bzw. 1894 bestanden, vgl. § 34 NRG mit dortigen Anmerkungen.

8. Der Anspruch auf Beseitigung der Wurzeln **verjährt nicht** § 26 Abs. 3 NRG. Zur Frage der Verjährung § 24 NRG, § 910 BGB vgl. Anm. 6 zu § 23 NRG. Das dort Festgestellte gilt hier entsprechend.

9. Bezüglich der Baumwurzeln der an Straßen stehenden Bäume, vgl. § 25 NRG.

§25 Bäume an öffentlichen Wegen

(1) [1]Abweichend von §910 Abs. 1 BGB kann der Besitzer eines Grundstücks die Beseitigung herüberragender Zweige von Bäumen, die auf öffentlichen Wegen oder deren Zubehörden (Nebenwegen, Dämmen, Böschungen) oder nach polizeilicher Vorschrift in regelmäßiger Anordnung längs der Straße auf den angrenzenden Grundstücken gepflanzt sind, nur bis zur Höhe von 3m verlangen. [2]Die Bestimmungen des §23 Abs. 1 Satz 2, Abs. 2 und 3 gelten auch hier.

(2) Zur Beseitigung der in sein Grundstück eingedrungenen Wurzeln dieser Bäume ist der Besitzer des Grundstücks nur entsprechend §24 Abs. 2 und nur dann befugt, wenn er dem Eigentümer des Baumes eine angemessene Frist zur Beseitigung der Wurzeln gesetzt hat und die Beseitigung nicht innerhalb der Frist erfolgte.

Vorbemerkung

§25 regelt den Umgang mit Zweigen und Wurzeln, die die Grenze überschreiten, wenn die Bäume auf öffentlichem Grund stehen. Mit **Bäumen entlang Straßen** muss nach §21 Abs. 2 NRG **kein Grenzabstand** eingehalten werden, vgl. Anm. 2 zu §21 NRG. Gegenüber denselben Bäumen besteht nur ein **eingeschränkter Beseitigungsanspruch** bezüglich der auf Nachbargrundstücke **herüberragenden Zweige**, Abs. 1.

Speziell geltende öffentlich-rechtliche Vorschriften können einen bestehenden Beseitigungsanspruch hindern. Ein Beseitigungsanspruch bzgl. **eingedrungener Wurzeln** besteht bei Straßenbäumen nur, wenn die Voraussetzungen des §24 NRG erfüllt sind (der ebenfalls durch die NRG-Novelle '95 neu gefasst wurde) und zuvor der Eigentümer des Baumes unter Setzung einer angemessenen Frist zur Beseitigung aufgefordert wurde. Mit dem neuen Abs. 2 werden Zweige und Wurzeln der Bäume entlang öffentlicher Straßen erstmalig unterschiedlich behandelt.

Anmerkungen

1. Zweige

a) Nach Abs. 1 kann der Grundstücksbesitzer (vgl. dazu Einleitung zu §23 NRG) die Beseitigung der auf sein Grundstück herüberragenden **Zweige** von Bäumen entlang öffentlicher Straßen oder deren Nebenanlagen (Zubehörden) nur bis zu einer Höhe von 3m verlangen. Auf die Art der Bäume kommt es nicht an.

Gemessen wird im unbelaubten Zustand, §§25 Abs. 1 S. 2; 23 Abs. 1, S. 2 NRG.

b) Die Beseitigungspflicht besteht nur, wenn eine Beeinträchtigung i. S. des §910 Abs. 2 BGB gegeben ist, vgl. dazu §23 NRG Anm. 1 a). Privilegiert sind – im öffentlichen Interesse – nur Bäume entlang öffentlicher Wege und Straßen, nicht entlang Privatstraßen oder Grundstücken mit Überfahrtsrechten; zur Definition der öffentlichen Straße, siehe §21 Anm. 1 a.

c) Der Anspruch richtet sich gegen den Eigentümer des Grundstücks, auf dem der Baum steht, in der Regel ist das der Straßenbaulastträger.

d) §23 Abs. 2 NRG gilt entsprechend, §25 Abs. 1 S. 2 NRG. Beseitigung aller Zweige auf die volle Baumhöhe, wenn das beeinträchtigte Grundstück erwerbsgartenbaulich oder als Hofraum genutzt oder die Zweige auf ein Gebäude treffen, dieses beeinträchtigen oder die Errichtung eines Gebäudes (be)hindern. Vgl. im Einzelnen Anm. 2 zu §23 NRG.

e) §23 Abs. 3 NRG gilt für die Zeit und Art der Beseitigung entsprechend, §25 Abs. 1 S. 2 NRG. Vgl. im Einzelnen §23 NRG Anm. 3 ff.

f) Der Beseitigungsanspruch verjährt nicht, §26 Abs. 3.

2. Wurzeln

a) Der Besitzer eines Grundstücks hat einen Anspruch auf Beseitigung der von einer öffentlichen Straße oder deren Nebenanlagen eingedrungenen **Wurzeln** nur, wenn die Voraussetzungen des §24 Abs. 2 NRG erfüllt sind, d. h. die eingedrungenen Wurzeln das Grundstück **wesentlich** beeinträchtigen, insbesondere Arbeiten zur Herstellung oder Unterhaltung eines Weges, eines Grabens, einer baulichen Anlage, eines Drains oder einer sonstigen Leitung die Beseitigung notwendig machen; Abs. 2 i. V. m. §24 Abs. 2 und 1 NRG[1]. Auf die Art der an der Straße stehenden Bäume kommt es nicht an.

b) Der Anspruch verjährt nach §26 Abs. 3 NRG nicht, vgl. Anm. 5 zu §24 NRG.

§25 bezieht sich ausdrücklich nur auf Bäume; zur Definition siehe §16 Ziff. 11. Für Sträucher gilt §910 BGB.

---

1 Zum Schadenersatzanspruch bei Zerstörung von Leitungen durch Wurzeln von Bäumen entlang öffentlicher Straße: BGH (7. 3. 1986) V ZR 92/85, EBE 86, 245.

§911 BGB (Überfall)

[1]Früchte, die von einem Baum oder einem Strauch auf ein Nachbargrundstück hinüberfallen, gelten als Früchte dieses Grundstücks. [2]Diese Vorschrift findet keine Anwendung, wenn das Nachbargrundstück dem öffentlichen Gebrauch dient.

Anmerkungen

1. Die Früchte, die von einem Baum oder Strauch auf das Nachbargrundstück fallen, gehören dem Eigentümer des Grundstücks, auf das sie fallen. Bis zu diesem Zeitpunkt gehören sie dem Eigentümer des Baumes oder Strauches, auch dann, wenn die Zweige über die Grenze ragen.

a) Dabei kommt es nicht darauf an, ob die Früchte von zulässiger- oder unzulässigerweise über die Grenze ragenden Zweigen stammen, §910 BGB, §§23, 25 NRG, oder durch Windwurf über die Grenze fallen.

b) Mit „Fallen" ist das selbständige Fallen der Früchte (Reife oder Wind) gemeint. Dies liegt auch vor, wenn der Eigentümer oder Besitzer seinen Baum durch „Schütteln" erntet. Der Nachbar darf nicht den fremden Baum „schütteln", damit die Früchte auf sein Grundstück fallen. In diesem Fall erwirbt er kein Eigentum an den Früchten, haftet zudem auf Schadensersatz nach §823 BGB.

Selbstverständlich können die Nachbarn untereinander eine von §911 BGB abweichende Regelung vereinbaren.

Zum Ernten des Baumes darf das Nachbargrundstück ohne Erlaubnis des Nachbarn nicht betreten werden. §7c NRG ist nicht, auch nicht entsprechend, anzuwenden.

c) Der Nachbar hat keinen Anspruch auf Beseitigung der auf sein Grundstück gefallenen Früchte, wenn er diese nicht haben will. Er muss diese Früchte also selbst und auf eigene Kosten beseitigen.

2. Die Regelung des §911 S.1 BGB gilt nicht, wenn die **Früchte auf öffentlichen Grund fallen**. Damit sind alle zum öffentlichen Gebrauch gewidmeten Grundstücke erfasst. S.2 ist entsprechend anzuwenden für Grundstücke, die der öffentlichen Hand gehören, auch wenn sie nicht zum öffentlichen Gebrauch gewidmet sind. Fallen Früchte auf solch öffentliche Grundstücke, verbleiben die Früchte dem Eigentümer des Baumes. Umgekehrt bleibt es bei der Regelung des Satzes 1: Früchte, die von

Straßenbäumen auf die Nachbargrundstücke fallen, gelten als Früchte dieser Grundstücke.

5. Abschnitt
Allgemeine Bestimmunge

§26 Verjährung

(1) [1]Beseitigungsansprüche nach diesem Gesetz verjähren in fünf Jahren. [2]Sind Gehölze i.S. des §16 Abs.1 Nr.4 oder 5 betroffen, so beträgt die Verjährungsfrist 10 Jahre. [3]Bei Pflanzungen beginnt der Lauf der Verjährungsfrist mit dem 1. Juli nach der Pflanzung. [4]Bei an Ort und Stelle gezogenen Gehölzen beginnt sie am 1. Juli des zweiten Entwicklungsjahres. [5]Bei späterer Veränderung der artgemäßen Ausdehnung des Gehölzes beginnt die Verjährung von neuem; dasselbe gilt im Falle des §16 Abs.1 Nr.4 Buchstabe c, wenn die Umtriebszeit von 10 Jahren überschritten ist.

(2) [1]Die Berufung auf Verjährung ist ausgeschlossen, wenn die Anlage erneuert oder in einer der Erneuerung gleichkommenden Weise ausgebessert wird. [2]Dasselbe gilt, wenn eine Pflanzung erneuert oder ergänzt wird.

(3) Der Anspruch auf das Zurückschneiden der Hecken, auf Beseitigung herüberragender Zweige und eingedrungener Wurzeln sowie auf Verkürzung zu hoch gewachsener Gehölze ist der Verjährung nicht unterworfen.

Art.2 Abs.3 des Gesetzes zur Änderung des Nachbarrechtsgesetzes vom 4.2.2015 (GBl. 65) lautet:
„§26 ist in der durch Art.1 geänderten Fassung auf alle an dem Tag des Inkrafttretens dieses Gesetzes bestehenden und noch nicht verjährten Ansprüche anzuwenden."

Vorbemerkung

Die Novelle 2014 hat für die in §16 Abs.1 Nr.4 und 5 genannten Gehölze eine Verjährungsfrist von **10 Jahren** eingeführt; §16 Abs.1 Nr.4 ist selbst durch die Novelle 2014 geändert worden. Die 10-Jahres-Frist ist zusätzlich eingeführt worden für Pappeln in Kurzumtriebsanlagen gem. §16 Abs.1 Nr.4c, wenn die Umtriebszeit von 10 Jahren überschritten ist. Art.2 des Gesetzes zur Änderung des NRG beinhaltet Übergangsregelungen.

Einleitung

Die Verjährungsvorschriften dienen in erster Linie der **Befriedung**. Wer während der in der Vorschrift genannten Zeit Verstöße gegen dieses Gesetz nicht gerügt hat, von dem nimmt das Gesetz unwiderlegbar an, dass er sich nicht gestört fühlt. Spätere Einwendungen sind nicht möglich: Nach Ablauf der Verjährungsfrist braucht die rechtswidrige Anlage also nicht mehr beseitigt zu werden[1], wenn der Eigentümer sich auf die Einrede der Verjährung beruft. §26 NRG beinhaltet eine zulässige Abweichung von der zum 1.1.2002 geänderten Verjährungsfrist des BGB. Die vergleichbaren Ansprüche nach BGB verjähren nunmehr in 3 Jahren, §195 BGB (bis zum 31.12.2001 in 30 Jahren!).

Die Beseitigungsansprüche betreffen sämtliche Verstöße gegen Regelungen, die Abstände, Höhen oder sonstige Maßbegrenzungen des NRG betreffen. *Ansprüche aus Besitigungsansprüchen auf der (alleinigen) Rechtsgrundlage des BGB verjähren in 3 Jahren; LG Freiburg (22.1.2015) 3 S 143/14.*

Anmerkungen

1. Der **10-jährigen Verjährung** (§26 Abs.1 S.2) unterliegen die Beseitigungsansprüche der in §16 Abs.1 Nr.4 und 5 genannten Gehölze, wenn und soweit sie in diesem Zeitraum die genannten Höhen und Grenzabstände nicht einhalten. Diese (verlängerte) Frist ist mit der Novelle 2014 eingeführt worden. Sie soll sicherstellen, dass bei später eintretender Höhenüberschreitung von hoch wachsenden Gehölzen der Beseitigungsanspruch noch nicht verjährt ist.

a) Der Beseitigungsanspruch besteht ab Pflanzung, wenn die in §16 Abs.1 Ziff.4 und 5 genannten Grenzabstände nicht eingehalten sind. Auch für die Höhen- und Abstandsregelung gem. §16 Abs.1 Ziff.4 beginnt für Pappeln, unabhängig von der zulässigen Gesamthöhe von 12m, bei einem Grenzabstand von weniger als 4m die Verjährungsfrist mit der Pflanzung des Gehölzes.

b) Gegenüber Pappeln in Kurzumtriebsanlagen mit einer Umtriebszeit von höchstens 10 Jahren besteht ein 10-jähriger Beseitigungsanspruch ab

---

1 Vgl. §16 NRG Ziff.6, zu der Schadensersatzverpflichtung desjenigen, der unter Verletzung der Abstandsregelungen gepflanzt oder errichtet hat.

Pflanzung, der nach Ablauf einer maximalen Umtriebszeit erneut mit einer Frist von (weiteren) 10 Jahren eröffnet wird. Der Nachbar soll einen Beseitigungsanspruch haben, wenn die Pappel die in §16 Abs.1 Nr.4c) zulässige Höhe von 12m bei einem Grenzabstand von 4m überschreitet. Nach Ablauf dieser (zweiten) Verjährungsfrist endet die Beseitigungspflicht endgültig.

2. Der **5-jährigen Verjährung** unterliegen alle sonstigen (nicht unter Ziff.1 genannten) sich aus dem NRG ergebenden Beseitigungsansprüche. Die frühere Unterscheidung zwischen den innerhalb 5 Jahren verjährenden Beseitigungsansprüchen der §§11 bis 18 NRG und der innerhalb von 30 Jahren verjährenden Ansprüche nach §§8–10 NRG ist damit entfallen. Die Gesetzesbegründung hebt darauf ab, diese Differenzierung sei nicht gerechtfertigt; eine einheitliche Verjährung der Beseitigungsansprüche diene zudem dem Rechtsfrieden[2].

3. Keiner Verjährung unterworfen ist der Anspruch auf Zurückschneiden der Hecken, auf Beseitigung herüberragender Zweige und eingedrungener Wurzeln. Dies gilt ebenso für den Anspruch auf Verkürzung zu hoch gewachsener Gehölze, §26 Abs.3[3].

a) Ein Anspruch auf Zurückschneiden der Hecken und Beseitigung von Zweigen und Wurzeln setzt voraus, dass der betroffene Grundstückseigentümer keiner Duldungspflicht unterliegt, vgl. dazu §§23, 24 und 25.

b) Zur Beseitigung zu hoch gewachsener Gehölze, siehe §16 Ziff.6.

c) Der Anspruch auf Verkürzung kann aber nach allgemeinen Vorschriften dann **verwirkt** sein, wenn der Nachbar über Jahre hinweg die Überschreitung der zulässigen Höchstwerte duldet[4] und aus seinem ganzen Verhalten der (an sich) Verpflichtete sich darauf einrichten konnte und eingerichtet hat, dass der Nachbar das Recht auch in Zukunft nicht geltend machen werde[5].

---

2 Landtags-Drucksache 11/1481 S.5.

3 OLG Stuttgart (14.11.2006) 12 U 97/06, juris: Das Verlangen auf Zurückschneiden ist nicht rechtsmissbräuchlich.

4 In der Duldung der Anpflanzung einer Hecke, die höher als zulässig werden kann, liegt allerdings kein Verzicht auf das Zurückschneiden, LG Karlsruhe (26.9.1975) 9 S 52/75.

5 Vgl. dazu *Palandt/Heinrichs*, §242 Rdnr.87ff.

4. Beginn der Verjährungsfrist

a) **Die Verjährungsfrist beginnt** – außer bei Pflanzungen – am Ende des Jahres (§§195, 199 BGB), in dem die Schaffung der fraglichen Einrichtung erfolgte (z. B. Einfriedigung, Spaliervorrichtung).

b) Bei **Pflanzungen** beginnt die Verjährungsfrist an dem der jeweiligen Pflanzung folgenden 1. 7. Werden Gehölze an Ort und Stelle gezogen, verlängert sich die Verjährungsfrist um 1 Jahr (Abs. 1 S. 3) dadurch, dass die Verjährungsfrist von 10 bzw. 5 Jahren erst am übernächsten 1. 7. nach der Pflanzung, Aussaat o. Ä. zu laufen beginnt.

Beispiel 1 – Pflanzung fremd gezogener Pflanzen:

Pflanzung	1.5.2015
Verjährungsbeginn	1.7.2015
Verjährungsende	30.6.2025 oder 2020

Beispiel 2 – Pflanzung eigen gezogener Pflanzen:

Pflanzung	1.5.2017
Verjährungsbeginn	1.7.2018
Verjährungsende	30.6.2028/2022

c) Die **10- bzw. 5-jährige Verjährungsfrist** beginnt **jeweils neu** zu laufen, wenn die genannten Einrichtungen und Pflanzungen durch Ersetzung erneuert oder in einer der Ersetzung entsprechenden Weise ausgebessert oder ergänzt werden, **Abs. 2**. Eine solche Erneuerung oder Ersetzung liegt vor, wenn im Ergebnis quantitativ oder qualitativ mehr Neues oder Ersetztes entsteht, als Altes erhalten bleibt; vgl. auch §33 Anm. 2.

Beispiel 1: Bei einem Lattenzaun werden mehrere Latten, die fehlen oder morsch sind, ersetzt: Keine neue Verjährungsfrist.

Beispiel 2: Bei einem Lattenzaun sind die meisten Pfosten morsch und müssen ausgewechselt und neu gesetzt werden, die Latten können größtenteils weiterverwendet werden: Neue Verjährungsfrist.

Einen Sonderfall behandelt §26 Abs. 1 S. 5 HS 1, vgl. dazu oben Ziff. 1 b).

d) Die Verjährung beginnt außerdem erneut, wenn die artgemäße Ausdehnung eines Gehölzes nachträglich verändert wird, z. B. durch Aufpfropfen o. Ä., Abs. 1 S. 5.

e) Ein Eigentümerwechsel – sowohl auf Seiten des Störers wie des Gestörten – berührt weder Beginn noch Ende der Verjährungsfrist, setzt also keine neue Verjährungsfrist in Gang[6].

5. Die **Hemmung der Verjährung** unterbricht den Lauf der Verjährungsfrist und verlängert die Verjährungsfrist nach Ende der Hemmung um den Zeitraum der Hemmung. Nach §203 S.2 BGB tritt die Verjährungsfrist frühestens 3 Monate nach Ende der Hemmung ein.

> **Beispiel:** Tritt ein hemmendes Ereignis einen Monat vor Ablauf der Verjährungsfrist ein, dann würde nach Ende der Hemmung nach einem Monat die Verjährung eintreten; diese Frist ist auf 3 Monate verlängert.

Hemmende Wirkung haben u.a.

a) Verhandlungen zwischen den Nachbarn, §203 S.1 BGB.

b) Klagerhebung, §204 Abs.1 Ziff.1 BGB.

c) Selbstständiges Beweisverfahren, §204 Abs.1 Ziff.7 BGB.

Von der Hemmung zu unterscheiden ist die **Unterbrechung der Verjährung**, nach der die Verjährung neu beginnt; die Einzelheiten regelt §212 BGB. Ein üblicher Fall der Verjährungsunterbrechung liegt im Anerkenntnis des Beseitigungsanspruches durch den Verpflichteten.

Wird die Verjährung unterbrochen, so wird die bis zur Unterbrechung verstrichene Zeit nicht gerechnet, §212 BGB. Nach Aufhebung der Unterbrechung beginnt die Frist neu zu laufen. Das in einem rechtskräftigen Urteil festgelegte Tun oder Unterlassen (z.B. Beseitigen) verjährt in 30 Jahren, auch wenn dieses Tun oder Unterlassen an sich nach §26 NRG einer kürzeren Verjährungsfrist unterläge, §197 Abs.1 Ziff.3 BGB.

6. **Beweispflichtig** für den Eintritt der Verjährung ist derjenige, der sich darauf beruft. Das ist in aller Regel der zur Beseitigung Verpflichtete. Dieser tut also für mögliche Auseinandersetzungen gut daran, die Errichtung von Anlagen oder die Pflanzung nachweisbar zu dokumentieren. Außer bei Pflanzungen kann die Verjährung „an jedem Tag" beginnen; vgl. oben 4a). Kann die Verjährung eines Beseitigungsanspruches nicht bewiesen und auch nicht anderweitig nachgewiesen werden (z.B. durch Gutachten über das Alter eines Gehölzes), dann greift die Einrede der Verjährung nicht, der Beseitigungsanspruch setzt sich also durch.

---

6 OLG Stuttgart (7.9.1983) 1 U 18/83.

7. Übergangsregelungen

Nach Art. 2 Abs. 3 des NRG-Änderungsgesetzes 2014 gelten die verlängerten Fristen, also jene nach Abs. 1 S. 2 und S. 5 HS 2, dann, wenn die Beseitigungsansprüche nach bisherigem Recht zum Zeitpunkt des Inkrafttretens des Gesetzes (12. 2. 2014) noch nicht verjährt sind. Verlängert werden also nur die nicht abgelaufenen Verjährungsfristen.

8. Sonstige Ansprüche und ihr Entfallen

Neben §26 NRG gelten die Verjährungsansprüche des §1004 BGB, die (früher) nach §§155, 199 BGB verjähren. §1004 BGB setzt allerdings eine tatsächliche Beeinträchtigung voraus, die im NRG in der Regel nicht Voraussetzung für den Beseitigungsanspruch ist[7]. Die Verjährung eines Anspruches nach §1004 BGB entsteht (allerdings erst) mit dem Beginn der Beeinträchtigung; dieser Zeitpunkt kann später liegen, als das Verjährungsende nach NRG. Die Verjährung nach NRG hat keine Auswirkung auf die Ansprüche nach BGB[8].

---

7 BGH (10. 5. 2005) V ZR 251/04, ZMR 2013, 395.

8 Vgl. BGH, a. a. O.

§ 27 Vorrang von Festsetzungen im Bebauungsplan

[1]Enthält ein Bebauungsplan oder eine sonstige Satzung nach dem Baugesetzbuch oder dem Maßnahmengesetz zum Baugesetzbuch Festsetzungen über Böschungen, Aufschüttungen, Einfriedigungen, Hecken oder Anpflanzungen, so müssen hierfür die nach diesem Gesetz vorgeschriebenen Abstände insoweit nicht eingehalten werden, als es die Verwirklichung der planerischen Festsetzungen erfordert. [2]Dies gilt nicht gegenüber landwirtschaftlich genutzten Grundstücken.

Einleitung

Die Festsetzungen eines qualifizierten Bebauungsplanes gem. § 30 BauGB beinhalten ein „Angebot“, wie die Grundstücke im Bebauungsplangebiet baulich genutzt werden dürfen. Der qualifizierte Bebauungsplan und seine Festsetzungen sagen jedoch nichts über die zivilrechtliche Zulässigkeit dieser Nutzungen aus. Das gilt für die Überbauung privater Grundstücke ebenso wie für den Bau von Straßen oder anderen öffentlichen Einrichtungen. Gebaut werden kann damit nur, wenn der Bauherr Eigentümer oder sonstiger Berechtigter eines bebaubaren Grundstücks ist. Kann das Grundstück wegen seines Zuschnitts oder wegen fehlender Erschließung nicht bebaut werden, so muss vorher ein gesetzliches (§§ 45 ff. BauGB) oder freiwilliges (§ 11 BauGB)[1] Umlegungsverfahren durchgeführt werden. Erhält die Gemeinde die Erschließungsflächen nicht durch Kaufvertrag oder im Wege der Umlegung, dann verbleibt ihr allein der Weg ins Enteignungsverfahren (§§ 85 ff. BauGB); dies gilt ebenso für Leitungs- oder Fahrrechte, die in einem Bebauungsplan vorgesehen sind. Jeder Bebauungsplan bedarf also zu seiner Realisierung der zivilrechtlichen Umsetzung. Demgegenüber statuiert der vorhabenbezogene Bebauungsplan nach § 12 BauGB eine Bauverpflichtung. Dazu muss die zivil-/ sachenrechtliche Vollziehbarkeit vorhanden sein; § 12 Abs. 1 S. 1 BauGB verlangt deshalb, dass der Vorhabenträger zur Bebauung und Erschließung „bereit und in der Lage ist“. Das beinhaltet die Rechtsmacht, das Grundstück entsprechend den Festsetzungen des Be-

---

1 Vgl. dazu insgesamt *Birk*, Städtebauliche Verträge, 5. Auflage 2013, Rdnr. 567 ff.

bauungsplans zu bebauen[2]; diese ist jedoch beschränkt auf den Regelungsgehalt der Bebaubarkeit des Grundstückes.

§27 NRG regelt das Verhältnis der planungsrechtlichen Satzungen des BauGB, vgl. dazu unten Ziff. 2a) zu den Vorschriften des NRG. Ohne diese Vorschrift hätten sämtliche Regelungen des NRG Vorrang vor den Festsetzungen eines Bebauungsplanes; die Festsetzungen des Bebauungsplans müssen zu ihrer Realisierung zivilrechtlich umgesetzt werden. Der Bebauungsplan könnte ohne §27 nur realisiert werden, wenn entweder die jeweils Begünstigten auf ihre Abstands- und sonstige Rechte verzichten oder eine anderweitige Möglichkeit zur öffentlich-rechtlichen Durchsetzung gegeben ist. Ein solches Instrumentarium stellen allein die Vorschriften über die Umlegung und Enteignung zur Verfügung. Ohne hier auf Einzelheiten eingehen zu können ist festzustellen, dass die genannten Instrumentarien in aller Regel nicht dazu geeignet sind, die vom NRG abweichenden Abstandsvorstellungen eines Bebauungsplans durchzusetzen.

Im Bebauungsplanverfahren findet nach §1 Abs. 7 BauGB eine Abwägung der verschiedenen Interessen statt, sowohl der Grundstückseigentümer untereinander als auch zwischen Grundstückseigentümer und der Allgemeinheit (öffentliches Interesse). Dabei können die Folgen eines Unterschreitens der Abstände oder einer Vergrößerung beurteilt und abgewogen werden. Die gilt ebenso für die Beeinträchtigungen durch Böschungen usw.

Anmerkungen

Durch das Bau- und Raumordnungsgesetz (BauROG) 1998 vom 18.8.1997 (BGBl. I 2081) wurde (u.a.) das BauGBMaßnG und BauGB zusammengefasst. Für die Anwendung des §27 NRG hat sich dadurch nichts geändert. Die Bezugnahme auf das BauGBMaßnG stellt sicher, dass auch Bauleitpläne oder Satzungen, die sich auf diese Rechtsgrundlage stützen, von §27 erfasst sind.

1. §27 S. 1 gibt einer Bebauungsplanfestsetzung Vorrang gegenüber den Grenz- und Höhenregelungen des NRG. Voraussetzung für diesen Vorrang ist eine Bebauungsplanfestsetzung, die konkret eine Bestimmung enthält, die die Einhaltung oder Ausnutzung einer Vorschrift des NRG

---

2 *Mitschang*, in: BKL, §12 Rdnr. 10; *Birk*.

ausschließt[3]. Das bedeutet gleichzeitig, dass eine Bebauungsplanfestsetzung die Vorschriften des NRG dann nicht verdrängt, wenn sie ohne Verstoß gegen diese eingehalten werden können.

§27 S.1 NRG bezieht sich auf bestimmte, einzeln aufgezählte Bebauungsplanfestsetzungen:

a) **Böschungen** können, soweit sie zur Herstellung des Straßenkörpers notwendig sind, gem. §9 Abs.1 Ziff.26 BauGB im Bebauungsplan festgesetzt werden; zur zeichnerischen Darstellung vgl. Ziff.15.9 der Anlage zur PlanzV 1990. Bedeutung im Rahmen der vorliegenden Vorschrift hat diese Festsetzung allerdings nicht nur, wenn sie auf dem Privatgrundstück (also dem der Straße benachbarten Grundstück) festgesetzt wird[4]. Wird die Böschung auf dem Straßengrundstück selbst festgesetzt, gilt dies ebenso; §21 NRG gilt nur für die § §11–18 NRG, nicht aber für §§9 und 10 NRG.

Böschungen ohne Bezug zu einer Straße können im Bebauungsplan nicht festgesetzt werden. §9 Abs.1 BauGB enthält einen abschließenden Katalog der zulässigen Festsetzungen, eine solche „privatnützige" Böschung ist nicht vorgesehen. Ergeben sich Böschungen bei der Realisierung des Bebauungsplanes (z.B. auf Grund der Höhenlage des zu bauenden Gebäudes), so handelt es sich um keine „festgesetzte" Böschung; für sie gilt daher §27 NRG nicht; hier haben also die Regelungen des NRG Vorrang. Die vorstehenden Regelungen für Böschungen gelten auch für **Stützmauern**.

b) Für **Aufschüttungen** gilt insgesamt dasselbe wie für Böschungen, einschließlich Stützmauern; vgl. vorstehend a).

c) **Einfriedigungen** können im Bebauungsplan nicht direkt, sondern nur im Zusammenhang mit örtlichen Bauvorschriften nach §74 LBO festgesetzt werden, vgl. §74 Abs.7 LBO; ihre Anbringung kann aber auch nach den Festsetzungsmöglichkeiten des §9 BauGB untersagt sein. Im Einzelnen:

(1) Nach §74 Abs.1 Ziff.3 LBO können in einer örtlichen Bauvorschrift – die rechtlich getrennt, aber zeitlich zusammen mit einem Be-

---

3 VGH BW (27.7.2000) 3 S 1664/99, AgrarR 2002, 193f. Im Bebauungsplan festgesetzter Schutzstreifen mit einer Hecke von 6m Höhe zur Abwehr abdriftender Pflanzenschutzmittel.

4 Zur planungsrechtlichen Zulässigkeit vgl. z.B. *Mitschang*, in: BKL BauGB, §9 Rdnr.157.

bauungsplan beschlossen werden kann – Regeln über die Zulässigkeit/Unzulässigkeit einer Einfriedigung festgesetzt werden. Vorstellbar ist z.B. das Verbot einer Einfriedigung in der Nähe einer Straßeneinmündung (Sichtdreieck).

(2) Nach §74 Abs.1 Ziff.3 LBO kann auch eine Pflicht zur Errichtung einer Einfriedigung („Notwendigkeit") statuiert werden. Dies ist vorstellbar gegenüber besonders gefährdenden Nutzungen auf dem Nachbargrundstück (z.B. Schnellstraße).

(3) Nach den Festsetzungsmöglichkeiten des §9 BauGB kann sich ein Verbot von Einfriedigungen aus der Festsetzung einer unüberbaubaren Fläche oder einem Pflanzgebot ergeben, §9 Abs.1 Nr.10 und 25b BauGB.

d) Hecken können als Einfriedigungen in örtlichen Bauvorschriften festgesetzt werden; dann gilt vorstehend c). Im Bebauungsplan dürften Hecken im Regelfall trotz des §9 Abs.1 Nr.25 BauGB in erster Linie im Falle der Erhaltung bestehender Hecken vorgeschrieben werden.

e) Anpflanzungen können nach §9 Abs.1 Nr.25a und b BauGB zum Zwecke der Grünordnung im Bebauungsplangebiet festgesetzt werden.

2. Die in Anm.1 dargestellten Festsetzungen verdrängen die Regeln des NRG, soweit diese hinsichtlich Abstand und Höhe anderes fordern. Der durch die Vorschriften Begünstigte verliert also seinen Beseitigungs- oder Kürzungsanspruch, soweit die Festsetzungen reichen. Das bedeutet gleichzeitig, dass die Regeln des NRG nur im konkreten „Einzelfall" weichen.

> **Beispiel:** Setzt der Bebauungsplan eine Fläche für Anpflanzungen fest und können innerhalb dieser Fläche die Abstände des NRG eingehalten werden, so sind sie auch einzuhalten. Können innerhalb dieser Fläche (z.B. für das Anpflanzen von Bäumen) die Regeln des §16 NRG nicht eingehalten werden, so geht die Bebauungsplanfestsetzung vor.

a) Die Festsetzungen müssen in (rechtmäßigen) **Bebauungsplänen** oder **anderen Satzungen des BauGB** zulässigerweise enthalten sein. Folgende Satzungen können dem NRG vorgehende Regelungen enthalten:

(1) Qualifizierte und einfache Bebauungspläne, §§30 Abs.1 und 3 BauGB.

(2) Vorhabenbezogene Bebauungspläne (Vorhaben- und Erschließungsplan), §12 BauGB.

(3) Satzungen nach § 34 Abs. 4 BauGB (unbeplanter Innenbereich).

(4) Satzungen nach § 35 Abs. 6 BauGB (Außenbereich).

b) Voraussetzung einer rechtmäßigen Satzung nach BauGB oder BauGBMaßG ist eine ordnungsgemäße Abwägung, § 1 Abs. 7 BauGB. Eine solche liegt nur vor, wenn das Abwägungsmaterial (also die Interessenlagen aller Beteiligter) richtig und vollständig zusammengestellt und dem entscheidenden Gremium (Gemeinderat) zur Entscheidung vorgelegt wird[5]. Zur ordnungsgemäßen Zusammenstellung des Abwägungsmaterials dürfte auch gehören, dass „offen gelegt" wird, wenn eine bestimmte Festsetzung dazu führt, dass die ansonsten geltenden Vorschriften des NRG insoweit „aufgehoben" werden. Notwendig ist dies deshalb, weil der Bebauungsplan oder eine sonstige Satzung mit den genannten Festsetzungen den Schutz und Abwehranspruch bestimmter Eigentümer aufhebt[6].

c) Es stellt sich die Frage, ob § 27 auch den Festsetzungen in örtlichen Bauvorschriften gemäß § 74 LBO Vorrang vor den Regeln des NRG einräumt, wie dies bei Festsetzungen in einem Bebauungsplan der Fall ist. Die Frage stellt sich deshalb, weil durch die zum 1. 1. 1996 in Kraft getretene LBO-Novelle die örtlichen Bauvorschriften nicht mehr (wie bisher) als Festsetzungen in den Bebauungsplan aufgenommen werden (so § 74 Abs. 6 LBO a. F.), sondern „nur" noch zusammen mit einem Bebauungsplan in einer gesonderten Satzung beschlossen werden, ohne zu Bebauungsplanfestsetzungen zu werden; vgl. § 74 Abs. 7 LBO; dies gilt auch für den (regelmäßig) vorliegenden Fall, dass diese örtlichen Bauvorschriften in einer Urkunde (Plan oder textliche Festsetzungen) mit dem Bebauungsplan zusammen beschlossen werden. Die Frage ist bisher bejaht worden, soweit die Festsetzungen zusammen mit einem Bebauungsplan beschlossen werden[7]. Nach der Rechtslage, die durch die NRG-Novelle 2014 geschaffen wurde, bestehen Zweifel, ob diese Ansicht aufrecht zu halten ist. Der Landesgesetzgeber hat es 2014 bei dem

---

5 Zu den Einzelheiten siehe alle BauGB-Kommentierungen zu § 1 Abs. 6 und *Birk*.

6 Zur Bedeutung von Fehlern in diesem Bereich, vgl. § 214 Abs. 3 BauGB und die Kommentierungen hierzu.

7 Vgl. Vorauflage Ziff. 2 c a. E. So auch *Bruns*, § 27 Rdnr. 11, der allerdings den Verfasser insoweit falsch verstanden hat, dass er die Anwendung des § 27 für isolierte Satzungen über örtliche Bauvorschriften nicht ausschließen wollte.

Wortlaut des § 27 belassen, der allein auf das Baugesetzbuch und dessen Satzungen verweist (das BauGBMaßnG ist außer Kraft getreten) und die örtlichen Bauvorschriften nach § 74 LBO nicht benannt. Das deutet darauf hin, dass die örtlichen Bauvorschriften den Regelungen des NRG nicht vorgehen sollen.

3. Diese Freistellung von den Regeln des NRG durch Festsetzungen in Bebauungsplänen oder anderen Satzungen nach dem BauGB oder BauGBMaßnG gilt **nicht gegenüber landwirtschaftlich genutzten Grundstücken**, § 27 S. 2 NRG. Zur Definition landwirtschaftlich genutzter Grundstücke, vgl. § 7 Abs. 1 S. 1 NRG und Vorbemerkung zu § 7 NRG. Hier verbleibt es also beim Vorrang des NRG mit der Folge, dass die Festsetzungen des Bebauungsplans oder der anderen Satzungen nur in der oben geschilderten Art (vgl. Einleitung) durchgesetzt werden können.

§28 Erklärte Waldlage, erklärte Reblage und erklärte Gartenbaulage

(1) Teile des Gemeindegebiets außerhalb des geschlossenen Wohnbezirks und des Bereichs des Bebauungsplans können durch Gemeindesatzung zur Waldlage erklärt werden (erklärte Waldlage), wenn ihre Aufforstung mit Rücksicht auf die Standortverhältnisse oder aus Gründen der Landeskultur zweckmäßig ist.

(2) Teile des Gemeindegebiets können durch Gemeindesatzung zur Reblage erklärt werden (erklärte Reblage), wenn sie für den Weinbau besonders geeignet sind.

(3) Teile des Gemeindegebiets können durch Gemeindesatzung zur Gartenbauanlage erklärt werden (erklärte Gartenbaulage), wenn sie für den unter Verwendung ortsfester Kulturvorrichtungen betriebenen Erwerbsgartenbau besonders geeignet sind.

(4) Die Gemeinde hat vor der Erklärung nach den Absätzen 1, 2 oder 3 die untere Verwaltungsbehörde zu hören.

Vorbemerkung

Zur Definition des „geschlossenen Wohnbezirks" und zur Unterscheidung von der „Innerortslage" vgl. §12 Ziff. 2.

Durch Ziff. 2 des Art. 63 Verwaltungsstruktur-Reformgesetz (VRG) vom 1.7.2004 (GBl. S. 469, 507) wurden in Abs. 4 das Landwirtschaftsamt und das Forstamt durch die Untere Verwaltungsbehörde ersetzt, weil diese beiden Behörden dorthin eingegliedert wurden.

Die Vorschrift hat in der Praxis geringe Bedeutung.

Anmerkungen

1. Durch gemeindliche Satzung können Teile des Gemeindegebietes **außerhalb des geschlossenen Wohnbezirkes** und **außerhalb des Geltungsbereiches von Bebauungsplänen** bestimmt werden zu

a) erklärter Waldlage (Abs. 1), nach Anhörung des Landwirtschafts- und Forstamtes (Abs. 4) und wenn die Aufforstung wegen des Standortes und/oder der Landeskultur zweckmäßig ist;

b) erklärter Reblage (Abs. 2), nach Anhörung des Landwirtschaftsamtes (Abs. 4), wenn die Fläche für Weinbau besonders geeignet ist;

c) **erklärter Gartenbauanlage** (Abs. 3) nach Anhörung des Landwirtschaftsamtes (Abs. 4), wenn die Fläche für Erwerbsgartenbau gesondert geeignet ist.

Diese „Erklärung" führt z. T. zu besonderen (weiter gehenden) Abstandsvorschriften nach den §§ 11 ff. § 18 NRG; vgl. dort.

2. **Erklärte Lagen** i. S. des NRG liegen nur vor, wenn Teile des Gemeindegebietes durch **Satzung** hierzu ausdrücklich bestimmt sind.

3. Das **formelle Verfahren** zum Erlass der genehmigten Satzungen ist in § 29 NRG geregelt, vgl. dort.

4. Die Satzung ist **materiell nur rechtmäßig**, wenn außer den in § 28 NRG genannten Voraussetzungen die verschiedenen Interessenlagen richtig festgestellt, gewichtet und gewertet werden und so in die konkrete Festlegung und Abgrenzung einfließen. Vgl. Anm. 2 b zu § 27 NRG. Zur Normen- und Inzidentkontrolle vgl. § 29 Ziff. 5 NRG.

5. Im Erlass eines Bebauungsplanes für das entsprechende Gebiet ist die gleichzeitige Aufhebung einer bestehenden Satzung nach § 28 NRG zu sehen[1]. Der Bebauungsplan ist eine gemeindliche Satzung wie jene nach § 28; tritt sie später als der Bebauungsplan in Kraft, hebt sie früheres gleichrangiges Recht auch dann auf, wenn dies nicht ausdrücklich in der Satzung bestimmt wird. Hierin unterscheidet sich das Verhältnis von Planfeststellungsbeschluss und Bebauungsplan, wenn Ersterer den Letzteren überlagert[2].

6. Der Gemeindetag Baden-Württemberg hat zu den Satzungen des § 28 NRG Satzungsmuster ausgearbeitet.

---

1 A. A: *Bruns*, § 28 Rdnr. 10, der von einem „Verdrängen der Satzung" nach § 28 durch den Bebauungsplan ausgeht; entsprechend wohl auch *VVK*, § 28 Rdnr. 7. Die Ansicht überzeugt nicht, da schon das „Verdrängen" keinen rechtlich definierten Begriff darstellt.

2 Vgl. dazu *Birk*, NVwZ 1989, 904 ff, 909 für das Verhältnis Planfeststellungsbeschluss und Bebauungsplan und *Kraft* in: SP/Ue, § 38 Rdnr. 23, er spricht im ähnlichen Fall des § 38 BauGB von „Überlagern" mit der Folge, dass bei Aufhebung oder Nichtausnutzung des Planfeststellungsbeschlusses der Bebauungsplan wieder auflebt.

§29 Erlass von Gemeindesatzungen

(1) [1]Die Gemeinde hat den Entwurf einer Satzung nach §28 öffentlich bekannt zu machen. [2]Die Betroffenen können innerhalb eines Monats nach der Bekanntmachung Einwendungen erheben. [3]Hierauf ist in der öffentlichen Bekanntmachung hinzuweisen.

(2) Über die Einwendungen ist gleichzeitig mit dem endgültigen Beschluss über die Satzung zu entscheiden.

Anmerkungen

Das Verfahren zum Erlass der in §28 genannten Gemeindesatzungen ist im Wesentlichen dem Verfahren zur Aufstellung von Bebauungsplänen nach §§2ff. BauGB (wenn auch sehr vereinfacht) angepasst:

1. Der **Entwurf der Satzung** ist öffentlich – entsprechend den gemeindlichen Bekanntmachungsvorschriften – **bekannt zu machen**. Dazu gehört die Veröffentlichung des Entwurfes des Satzungstextes mit den betroffenen Grundstücken und gegebenenfalls auch einer das betreffende Gebiet darstellenden Flurkarte, sowie der **Hinweis** an die Betroffenen auf Möglichkeit, **Einwendungen** zu erheben. Obwohl weder §§28 noch 29 die Notwendigkeit einer Begründung ausdrücklich vorsehen, ist eine solche dem Satzungsentwurf beizufügen und mit auszulegen. Dies ergibt sich aus der Möglichkeit der Betroffenen, Einwendungen zu erheben. Einwendungen lassen sich konkret nur formulieren, wenn Ziel und Zweck der Satzung, einschließlich ihrer Auswirkungen, mit der Auslegung verdeutlicht werden.

2. **Einwendungen** können **innerhalb eines Monats** nach Bekanntmachung von **Betroffenen** erhoben werden. Betroffene sind Eigentümer, Mieter und Pächter der Grundstücke im Satzungsgebiet und im räumlichen Anschluss, jeweils soweit sie durch die Satzung in ihren Rechten betroffen sein können. Der Begriff der Betroffenheit ist weit zu fassen: Jede Änderung oder Einschränkung der bisher ausgeübten und möglichen Nutzung löst die Betroffenheit aus, soweit die Nutzung rechtmäßig ist. Dies kann schriftlich oder zu Protokoll der Gemeinde geschehen.

3. **Der Satzungsbeschluss** setzt eine Abwägung der verschiedenen betroffenen Interessen voraus. Deshalb ist – formell – zusammen mit dem Satzungsbeschluss auch über die Einwendungen zu entscheiden. Materiell muss – je nach Satzung – darauf geachtet werden, dass auch die Interessen

der anderen Grundstückseigentümer (z.B. in oder angrenzend an eine zu erklärende Reblage) ausreichend Berücksichtigung finden, vgl. Anm. 4 zu §28 NRG. Eine Satzung, die ohne diese Abwägung oder unter unzureichender Berücksichtigung der verschiedenen Interessenlagen beschlossen wird, kann für unwirksam erklärt werden, soweit sie in einem Gerichtsverfahren angegriffen wird; vgl. nachstehend Ziff. 6. Dies gilt auch, soweit **formelle Fehler** (z.B. Teilnahme befangener Gemeinderäte, Nichteinhaltung der Bekanntmachungsvorschriften o.Ä.) auftreten; die Rügefähigkeit bestimmter Fehler entfällt nach einem Jahr, §4 Abs. 4 GemO.

4. Die Satzung bedarf **keiner Genehmigung**, ist aber der Rechtsaufsichtsbehörde anzuzeigen, §4 Abs. 3 S. 3 GemO. Gültig wird sie mit der öffentlichen Bekanntmachung, soweit in der Satzung nicht ein anderer Zeitpunkt bestimmt ist, §4 Abs. 3 S. 2 GO. Ein rückwirkendes In-Kraft-Treten der Satzung ist nicht zulässig.

5. Die formell und materiell rechtmäßige Satzung führt zu den erhöhten Grenzabstandsvorschriften nach §§18, 11ff. NRG. Nach dem Grundgedanken des §33 NRG können die bestehenden Pflanzungen und Anlagen im (nach der Satzung zu geringen Grenz-)Abstand bestehen bleiben, §33 Abs. 2 NRG ist entsprechend anzuwenden.

6. Die Satzung kann nur nach §47 VwGO i.V.m. §4 des Gesetzes zur Ausführung der VwGO vom 14.10.2008 (GBl. S. 343) im Wege der **Normenkontrolle** gerichtlich überprüft werden. Antragsberechtigt sind als Betroffene (vgl. oben Ziff. 2) natürliche und juristische Personen, die durch die fragliche Satzung in ihren Rechten verletzt werden, sowie Behörden. Der Antrag ist innerhalb eines Jahres nach Inkrafttreten zu stellen, §47 Abs. 2 S. 1 VwGO. Für dieses Verfahren ist der Verwaltungsgerichtshof Baden-Württemberg zuständig. Wird dem Antrag stattgegeben, so wird die Satzung (ganz oder teilweise) für unwirksam erklärt. Diese Entscheidung ist ebenso zu veröffentlichen, wie die aufgehobene Satzung bekannt gemacht wurde. Diese Entscheidung wirkt gegenüber allen; die Satzung ist mit der Entscheidung (insgesamt oder teilweise) aufgehoben.

Kommt es im Rahmen eines zivilrechtlichen Nachbarstreites auf die Gültigkeit einer solchen Satzung an, so hat das Zivilgericht die Satzung ebenfalls zu überprüfen. Bei dieser so genannten Inzidentkontrolle wirkt aber eine sich ergebende Ungültigkeit der Satzung nur zwischen den streitenden Prozessparteien. Die Satzung bleibt in diesem Fall – anders als bei der Normenkontrolle – also gegenüber allen anderen in Kraft.

6. Abschnitt
Einwirkung von Verkehrsunternehmen

§30 (Einwirkung von Verkersunternehmen)

Die Vorschrift des §14 des Bundes-Immissionsschutzgesetzes wird auf Eisenbahn-, Schifffahrts- und ähnliche Verkehrsunternehmungen erstreckt.

Anmerkungen

1. In den Gesetzesmaterialien des Landtags von Baden-Württemberg[1] heißt es zu §30: „Art. 125 EGBGB ermächtigt das Land, die Vorschrift des §26 der Gewerbeordnung auf Eisenbahn-, Dampfschifffahrts- und ähnliche Verkehrsunternehmen zu erstrecken. Art. 224 württ. AGBGB hat von dieser Ermächtigung Gebrauch gemacht. Um eine einheitliche und klare Rechtslage für das ganze Land zu schaffen, ist sie in den Entwurf übernommen worden[2]."

2. Durch das Bundesimmissionsschutzgesetz ist §26 der Gewerbeordnung aufgehoben und durch §14 BImSchG ersetzt; dieser gilt nun im Rahmen des §30 NRG.

3. Beeinträchtigungen, die von den genannten Verkehrsunternehmen ausgehen, führen zu keinem Anspruch des Betroffenen auf Einstellung des Verkehrs, sondern nur zu wirtschaftlich für das Unternehmen tragbaren Maßnahmen oder zu einem Schadensersatzanspruch.

---

1 Beilage 2/2220 vom 12.12.1958.

2 Gesetzestext zu Art. 125 EGBGB vgl. S. 270.

7. Abschnitt
Übergangs- und Schlussbestimmungen

§ 31 Durch Zeitablauf entstandene Fensterschutzrechte

Hat im Geltungsbereich des badischen Ausführungsgesetzes zum Bürgerlichen Gesetzbuch der Eigentümer eines Gebäudes vor dem In-Kraft-Treten des Bürgerlichen Gesetzbuchs durch Zeitablauf das Recht erlangt, dass zum Schutz seiner Fenster Anlagen auf einem Nachbargrundstück einen bestimmten Abstand einhalten müssen, so gilt dieses Recht auch weiterhin als Grunddienstbarkeit.

Einleitung

Die Vorschrift gewinnt – überraschenderweise – bei städtebaulichen Sanierungen nach dem BauGB (§§ 136 ff.) wieder an Bedeutung, wenn ein Teil der Gebäude abgerissen und diese – auch von den Abständen her – anders wieder errichtet werden.

Anmerkungen

1. Die Vorschrift gilt nur für die **ehemals badischen Landesteile**.

2. Die Regelung war früher in Art. 17 des badischen AGBGB enthalten, der durch § 37 Abs. 2 Nr. 1 NRG außer Kraft getreten ist. Die Vorschrift dient der Weitergeltung und dem Schutz vor dem 1. 1. 1900 schon bestehender Fensterschutzrechte[1] in dem in der Vorschrift beschriebenen Umfang.

3. Die nach dieser Vorschrift weiter geltenden Grunddienstbarkeiten mussten gemäß § 31 Abs. 1 BW AGBGB bis zum 31. 12. 1977 im Grundbuch eingetragen sein, um die Wirksamkeit gegenüber dem öffentlichen Glauben des Grundbuches zu erhalten. Ist dieses Recht nicht eingetragen, so gilt heute Folgendes[2]:

a) Hat zwischenzeitlich kein Eigentumswechsel am belasteten Grundstück stattgefunden, so kann die Grunddienstbarkeit auch jetzt noch eingetragen werden.

---

1 Vgl. Anm. 5 d (2.1) zu § 3 für Lichtöffnungen vor dem 1. 1. 1960.

2 Wie im Folgenden: LG Baden-Baden (20. 11. 1981) 1 S 54/81 und *VKK*, § 31 Anm. 2.

b) Mit Übereignung des Grundstückes nach dem 31.12.1977 ohne Eintragung der Grunddienstbarkeit kann der heutige Eigentümer gutgläubig erworben haben. Ein solcher gutgläubiger Erwerb liegt vor, wenn der Erwerber von dem Fensterschutzrecht nichts wusste. Mit dem gutgläubigen Erwerb ist das (nicht im Grundbuch eingetragene) Recht untergegangen; der Abstand ist nicht mehr einzuhalten.

§ 32 Alte Mauerrechte

Hat der Eigentümer eines Grundstücks vor dem In-Kraft-Treten des Bürgerlichen Gesetzbuchs auf Grund des Badischen Landrechtssatzes 663 von seinem Nachbarn verlangt, dass er zur Erbauung einer Scheidewand beitrage, so bleiben für das Recht und die Pflicht zur Errichtung derselben die bisherigen Vorschriften maßgebend.

Anmerkungen

1. Die Vorschrift gilt nur für die **ehemals badischen Landesteile**.

2. Die Regelung war früher in Art. 9 des badischen AGBGB enthalten, der durch § 37 Abs. 2 Nr. 1 NRG außer Kraft getreten ist.

3. Die Vorschrift beinhaltet die Weitergeltung des vor dem 1.1.1900 von dem Eigentümer gestellten Verlangens an den Nachbar, zur Erbauung der Scheidewand beizutragen. Bei diesem Recht kam es nicht darauf an, dass mit dem Bau der Scheidewand vor 1900 begonnen wurde, sondern allein, dass das Verlangen vorher gestellt wurde.

4. Diese Vorschrift gewinnt auch bei den städtebaulichen Sanierungen erneute Bedeutung, vgl. Einleitung zu § 31 NRG.

§ 33 Bestehende Einfriedigungen, Spaliervorrichtungen, Pflanzungen und bauliche Anlagen

(1) [1]Für die Abstände von Einfriedigungen, Spaliervorrichtungen und Pflanzungen, die bei In-Kraft-Treten des Gesetzes bereits bestehen, bleiben die bisherigen Vorschriften maßgebend, soweit sie in der Beschränkung des Eigentümers weniger weit gehen als die Vorschriften dieses Gesetzes. [2]Dasselbe gilt für die Abstände von baulichen Anlagen, die bei In-Kraft-Treten des Gesetzes bestehen, mit deren Bau begonnen worden ist oder die genehmigt sind.

(2) [1]Wird die Einfriedigung, Spaliervorrichtung oder Pflanzung erneuert, so greifen die Bestimmungen dieses Gesetzes Platz. [2]Dasselbe gilt, wenn in einer der Erneuerung gleichkommenden Weise die Einfriedigung oder Spaliervorrichtung ausgebessert oder die Pflanzung ergänzt wird.

Vorbemerkung

Der bisherige Text des (unverändert gebliebenen) § 33 NRG betrifft das ursprüngliche In-Kraft-Treten des NRG (1. 1. 1960).

Anmerkungen

1. Am **1. 1. 1960 bestehende Anlagen** und Anpflanzungen nach den §§ 11, 12, 13, 14, 15, 16, 17 und 18 NRG[1] werden, soweit frühere Vorschriften einen geringeren Grenzabstand forderten, **dem NRG nicht unterworfen**[2]. Diese Anlagen und Anpflanzungen können also – rechtmäßig – im bisherigen Grenzabstand und in der bisherigen Höhe verbleiben. Es besteht weder ein Beseitigungs- noch ein Verkürzungsanspruch auf Grund der Vorschriften des NRG. Ein Beseitigungsanspruch – nach altem Recht – besteht aber dann, wenn die dort festgelegten Abstände nicht eingehalten werden. Bei erstellten oder genehmigten baulichen Anlagen bezieht sich dieser „Bestandsschutz" allein auf den tatsächlichen Bestand oder den Inhalt der erteilten Genehmigung zum 1. 1. 1960. Spätere Baumaßnahmen (auch geringfügige Umbauten), z. B. Anbrin-

---

1 § 33 NRG gilt, trotz des wenig genauen Wortlautes, für alle in §§ 11–18 NRG genannten Anpflanzungen und Anlagen.

2 OLG Karlsruhe (27. 1. 1988) 6 U 58/87.

gung eines zusätzlichen Fensters, unterliegen nicht dem §33 Abs.1 NRG. Hier gilt dann direkt §3 NRG, der für jedes Fenster gesondert Anwendung findet.

2. Diese Privilegierung fällt nach Abs.2 weg, wenn die **Anlage oder Anpflanzung erneuert** oder in einer der Erneuerung gleichkommenden Weise ausgebessert oder ergänzt wird. Dann gelten in vollem Umfang die Vorschriften des NRG.

Eine Erneuerung oder eine der Erneuerung gleichkommende Ausbesserung oder Ergänzung liegt vor, wenn die Anpflanzung oder die Anlage zu mehr als 50 % durch neue Pflanzen oder Anlageteile ersetzt wird. Dies muss auch dann gelten, wenn die Erneuerung oder Ergänzung – nicht zuletzt wegen dieser Vorschrift und zur „Umgehung" der NRG-Vorschriften – in mehreren kleinen Etappen vorgenommen wird. Ergibt sich aus dem Gesamtzustand oder -alter einer Anpflanzung oder Anlage deren Erneuerungsbedürftigkeit, dann müssen die Vorschriften des NRG insgesamt eingehalten werden, auch wenn die Einzelergänzung nur in geringem Umfang geschieht. Vgl. auch §26 Anm.2.

3. Solche **„alten Grenzabstandsvorschriften"** – die allesamt ab 1.1.1960 gemäß §37 Abs.2 NRG nicht mehr gelten – finden sich

a) für die **ehemals badischen Landesteile** in Art.10, 11, 14, 15, 16 badisches AGBGB[3]; Wortlaut: **Vgl. Anlage 1 zu §37 NRG, S.225; vgl. aber §35 NRG;**

b) für die **ehemals württembergischen Landesteile** in Art.194, 196, 199–212, 219, 220 und 222 württembergisches AGBGB. Wortlaut: **Vgl. Anlage 2 zu §37 NRG.**

Auf Grund **Art.211** württembergisches AGBGB konnten Gemeinden vor In-Kraft-Treten des NRG **Satzungen** erlassen, in denen die gesetzlichen Grenzabstände abgeändert werden konnten. Auch diese Satzungen gelten im Rahmen des §33 Abs.1 NRG gegenüber Anlagen und Anpflanzungen, die vor dem 1.1.1960 geschaffen worden sind, weiter. Diese Satzungen sind bisherige Vorschriften i.S. des §33 Abs.1, Art.211 württembergischen AGBGB;

---

3 Bestätigt vom LG Freiburg (5.11.2014) 3 S 101/14.

c) für die **ehemals hohenzollerischen Landesteile:**
- zum Teil örtliches Gewohnheitsrecht;
- im Gebiet Hohenzollern-Hechingen: Feldpolizeiordnung vom 22.3.1845 (Verordnung und Anzeigenblatt für das Fürstentum Hohenzollern-Hechingen Nr. 19).

4. Soweit die **jetzigen Vorschriften des NRG** für den **Eigentümer der in Abs. 1 genannten Anlagen und Pflanzungen günstiger** sind, also geringerer Grenzabstand nur verlangt wird, kann dies sofort ausgenutzt werden.

§33 NRG beinhaltet also nur einen Schutz für bestehende Anpflanzungen und Anlagen, die nach NRG den Grenzabstand nicht mehr einhalten, nicht aber einen Schutz für die früher bestehenden größeren Abstände zu Gunsten des Nachbarn.

§34 Bäume von Waldgrundstücken

(1) Im Geltungsbereich des württembergischen Ausführungsgesetzes zum Bürgerlichen Gesetzbuch und zu anderen Reichsjustizgesetzen muss der Eigentümer eines Waldgrundstücks, in das Zweige und Wurzeln der Bäume und Sträucher eines anderen zur Zeit des In-Kraft-Tretens des Bürgerlichen Gesetzbuchs bereits mit Wald bestandenen Grundstücks herüberragen, die Zweige und Wurzeln dulden.

(2) Die Beseitigung herüberragender Zweige von Bäumen und Sträuchern, die an dem südwestlichen, westlichen oder nordwestlichen Trauf von am 1. Januar 1894 bereits vorhandenen, rein oder vorwiegend mit Nadelholz bestockten Waldungen stehen, kann nicht verlangt werden, wenn hierdurch der Fortbestand der Bäume gefährdet würde, die zum Schutz des hinterliegenden Waldes erforderlich sind.

(3) In diesen Fällen finden die Bestimmungen der §§23 Abs. 2 und 24 entsprechende Anwendung.

(4) Diese Vorschriften gelten nur, soweit nicht seit dem In-Kraft-Treten des Bürgerlichen Gesetzbuchs eine Verjüngung des Waldes stattgefunden hat, und, wenn dies nicht der Fall war, bis zur nächsten Verjüngung.

Anmerkungen

1. Die Vorschrift gilt nur für **die ehemals württembergischen Landesteile**. Sie stellt eine Abweichung von §910 BGB bezüglich der die Grenze überragenden Zweige und Wurzeln dar.

2. Die Vorschrift gilt zu Gunsten von Waldungen, die vor dem 1.1.1900 geschaffen wurden, bis zur nächsten Verjüngung des Waldes; Abs. 4.

3. Im Einzelnen gilt:

a) Der Eigentümer eines Waldgrundstückes (Nadel- oder Laubwald) muss Zweige oder Wurzeln eines angrenzenden Waldgrundstückes (Nadel oder Laubwald), das vor dem 1.1.1800 bereits mit Wald bepflanzt war, dulden, wenn diese in sein Grundstück ragen; Abs. 1. Diese Duldungspflicht reicht zeitlich bis zur nächsten Verjüngung; Abs. 4 (vgl. oben Anm. 2). Ein Beseitigungs- oder Verkürzungsanspruch besteht während des Zeitraums der Duldungspflicht nicht.

b) Der Eigentümer eines nicht mit Wald bestockten Grundstückes kann die Beseitigung von **Zweigen** von Bäumen oder Sträuchern nicht verlangen, die zum Schutz vorwiegender Nadelholzwaldungen an deren südwestlichem, westlichem, nordwestlichem Trauf vor dem 1.1.1894 gepflanzt wurden, Abs. 2. Diese Vorschrift gilt nicht für Wurzeln, die gemäß § 910 Abs. 2 BGB bei Vorliegen einer Beeinträchtigung auch in diesem speziellen Fall beseitigt werden dürfen.

c) Ändert der duldungspflichtige Waldbesitzer (Fall des Abs. 1) oder der Eigentümer eines Nichtwaldgrundstückes (Fall des Abs. 2) die Nutzung seines Grundstückes, so findet gemäß Abs. 3 § 23 Abs. 2 und § 24 NRG Anwendung.

(1) Nach § 23 Abs. 2 NRG kann die Beseitigung herübergewachsener **Zweige** auf die volle Baumhöhe bei bestimmten dort genannten Grundstücksnutzungen verlangt werden, vgl. Anm. 2 zu § 23, wenn ansonsten die Voraussetzungen des § 910 Abs. 2 BGB gegeben sind.

(2) Eingedrungene **Wurzeln** können bei Vorliegen der in § 24 NRG genannten Voraussetzungen beseitigt werden; vgl. Anm. zu § 24 NRG.

§ 35 Überragende Zweige und eingedrungene Wurzeln von bestehenden Obstbäumen

Im Geltungsbereich des badischen Ausführungsgesetzes zum Bürgerlichen Gesetzbuch sind die Vorschriften der §§ 23 und 24 für bestehende Obstbäume nicht anzuwenden, wenn mit diesen nicht mindestens die Abstände dieses Gesetzes eingehalten werden.

Anmerkungen

1. Nach § 33 NRG dürfen Anpflanzungen, die vor dem 1. 1. 1960 erfolgten, trotz der Nichteinhaltung der Grenzabstände nach den Vorschriften des NRG stehen bleiben.

2. Für Obstbäume im Gebiet der ehemals **badischen Landesteile**, die **vor 1960** gepflanzt worden sind und die Grenzabstände des NRG nicht einhalten, **gelten die §§ 23 und 24 NRG** für die die Grenze überragenden Zweige und Wurzeln **ausdrücklich nicht**. Es verbleibt in diesen Fällen bei den Vorschriften des § 910 BGB auch gegenüber Obstbäumen. Eine Beseitigung der über die Grenzen ragenden Zweige und Wurzeln ist zulässig, wenn eine Beeinträchtigung gemäß § 910 Abs. 2 BGB vorliegt. Nur Obstbäume, die die Grenzabstände gemäß §§ 12, 12, 16 NRG einhalten, genießen also den besonderen Schutz der §§ 23, 24 NRG!

§ 36 Verweisung auf aufgehobene Vorschriften

Soweit in Gesetzen und Verordnungen auf Vorschriften verwiesen ist, die durch dieses Gesetz aufgehoben werden, treten an ihre Stelle die entsprechenden Vorschriften dieses Gesetzes.

Anmerkung

Die Vorschrift dient der gesetzestechnischen Klarstellung.

§37 In-Kraft-Treten

(1) Das Gesetz tritt am 1. Januar 1960 in Kraft, mit Ausnahme der §§15 Abs. 2, 27, 28 und 29, diese treten mit der Verkündung des Gesetzes in Kraft.

(2) Gleichzeitig treten alle entgegenstehenden landesrechtlichen Vorschriften sowie die ortsrechtlichen Bestimmungen über das private Nachbarrecht außer Kraft. Insbesondere treten außer Kraft:

1. die Artikel 8–19 des badischen Ausführungsgesetzes zum Bürgerlichen Gesetzbuch vom 17. Juni 1899 in der Fassung der Bekanntmachung vom 13. Oktober 1925 (GVBl. S. 281),

2. die Artikel 191–224 des württembergischen Ausführungsgesetzes zum Bürgerlichen Gesetzbuch und zu anderen Reichsjustizgesetzen vom 29. Dezember 1931 (RegBl. S. 545), mit Ausnahme des Art. 209 Buchstabe b),

3. die §§64 bis 71 der Feldpolizeiordnung für das Fürstentum Hohenzollern-Hechingen vom 22. März 1845 (Verordnungs- und Anzeigenblatt für das Fürstentum Hohenzollern-Hechingen 1845 Nr. 19).

Das Gesetz zur Änderung des NRG ist am 12. 2. 2014 in Kraft getreten.

Anmerkungen

1. Es ist besonders darauf hinzuweisen, dass zu den ortsrechtlichen Bestimmungen auch die Gemeindesatzungen Art. 211 württembergisches AGBGB gehören, vgl. Anm. 3 b) zu § 33.

2. Wegen der Bedeutung der aufgehobenen Vorschriften für die vor dem 1. 1. 1960 errichteten Anlagen oder geschaffenen Anpflanzungen vgl. deren vollen Wortlaut in Anlage 1 und 2, soweit sie im Rahmen des § 33 von Bedeutung sind.

3. Nicht außer Kraft getreten ist Art. 209 Buchst. b des württembergischen AGBGB; vgl. Abs. 2 Nr. 2 a. E.; Wortlaut vgl. Anlage 2

Eine Satzung nach Art. 209 Buchst. b württembergisches AGBGB stellt keine Enteignung dar[1].

4. Die Änderungen auf Grund der NRG-Novelle '95 treten zum 1. 1. 1996 in Kraft.

---

1 VGH Baden-Württemberg (22. 6. 1960) 1 S 248/58, ESVGH 10, 49.

Anlage 1
Auszug aus dem badischen AGBGB

Art. 10

(1) Der Eigentümer eines Grundstücks kann verlangen, dass hochstämmige Bäume 1,80 m, andere Bäume und Sträucher 45 cm von der Grenze seines Grundstücks entfernt gehalten werden.

(2) Diese Vorschrift gilt nicht für Bäume und Sträucher, die an Spalieren oder Gegenspalieren befestigt sind, sofern sie sich hinter einer Mauer befinden und die Mauer nicht überragen.

Art. 11

(1) Neuanlagen von Wald sind nur in einer Entfernung von 3m vom Nachbargrundstück zulässig.

(2) Diese Bestimmung, sowie die Vorschrift des Artikels 10 Abs. 1 findet auf Wald, der an Wald oder an Ödfeld grenzt, keine Anwendung.

(3) Sofern ein neu angelegter Wald an ein Grundstück grenzt, welchem nach Lage und Beschaffenheit durch die Aufforstung kein erheblicher Schaden erwächst, genügt eine Entfernung von 1,80 m.

(4) Die in diesem Artikel und in Art. 10 bezeichneten Entfernungen werden von der Mittelachse des Baumes oder Strauches bis zur Grenze gemessen.

Art. 14

(l) Der Eigentümer eines Grundstücks kann verlangen, dass in der Mauer eines Nachbargrundstücks angebrachte Öffnungen, welche eine Aussicht auf sein Grundstück gewähren (Aussichtsfenster), sowie an einer solchen Mauer angebrachte Balkone, Erker, Galerien, ferner sonstige eine Aussicht auf sein Grundstück gewährende Anlagen im Falle einer geraden Aussicht mindestens 1,80 m, im Falle einer schrägen Aussicht mindestens 60 cm von der Grenze entfernt sind.

(2) Die Entfernung wird bei gerader Aussicht von der Außenseite der Mauer, worin das Fenster sich befindet, oder von der äußersten Linie des Vorsprungs, bei schräger Aussicht von der nach der Aussichtsseite gelegenen äußersten Kante des Fensters oder Vorsprungs gemessen.

Art. 15

(l) Der Eigentümer eines Grundstücks kann verlangen, dass in der Mauer eines Nachbargrundstücks angebrachte Lichtöffnungen, wenn sie die in Art. 14 bestimmten Abstände nicht haben, derart eingerichtet werden, dass sie im Erdgeschoss mindestens 2,40 m, in den Stockwerken mindestens 1,80 m über dem Fußboden des zu erhellenden Raumes angebracht und verschlossen sind, und nicht geöffnet werden können.

(2) Unter dieser Höhe dürfen Anlagen, welche das Licht durchlassen, angebracht werden, wenn das Offnen und Durchblicken nicht möglich und die das Licht durchlassende Substanz mindestens 2 cm dick ist.

Art. 16

(1) Lichtöffnungen, Aussichtsfenster und andere eine Aussicht gewährende Anlagen, welche auf einen öffentlichen Weg oder auf einen öffentlichen Platz gehen, sind den Beschränkungen der Art. 14, 15 dieses Gesetzes nicht unterworfen.

(2) Wenn ein Weg oder Platz die Eigenschaft der Öffentlichkeit verliert, so behalten die Eigentümer der angrenzenden Grundstücke das Recht auf Fortbestand von vorhandenen Anlagen der in Art. 14 bezeichneten Art, und der Eigentümer des Weges oder Platzes muss bei seinen Anlagen die in Art. 14 vorgeschriebene Entfernung beobachten.

Anlage 2
Auszug aus dem württembergischen AGBGB

Art. 194 Verwahrung der Lichtöffnungen

(1) Steht die Umfassungswand eines Gebäudes nicht wenigstens 0,60 m von der Grenze zurück, so sind die darin angebrachten Lichtöffnungen mit fest eingelassenen eisernen Gitterstäben oder mit starkem, unbeweglich angebrachtem Metallgeflecht zu verwahren. Die Gitter dürfen nicht über 100 cm^2, das Geflecht nicht über 10 cm^2 weite Öffnungen haben.

(2) Dieselben Bestimmungen sind auch für bedeckte Altane, Erker oder Galerien maßgebend, wenn deren äußerster Vorsprung nicht wenigstens 0,60 m von der Grenze zurücksteht. Sind derartige Gebäudeteile unbedeckt, so muss das Gitter vom Boden des Gebäudeteils aus gemessen eine Höhe von mindestens 2 m erhalten.

(3) Das Recht auf Luft und Licht befreit von dieser Verpflichtung und gibt die Befugnis, einen auf dem dienenden Grundstücke beabsichtigten Bau zu untersagen, wenn dieser nicht 1 m von der Eigentumsgrenze entfernt bleibt.

Art. 196 Abstände und Einfriedigung außerhalb des Wohnbezirks

(1) Bei der Errichtung neuer Gebäude außerhalb des geschlossenen Wohnbezirks oder des Ortsbauplans (Art. 65 Abs. 2 der Bauordnung) ist der Bauende verpflichtet, zu Gunsten landwirtschaftlich benützter Nachbargrundstücke eine angemessene Entfernung von der Eigentumsgrenze einzuhalten.

(2) Das Maß dieser Entfernung wird durch die Ortsbausatzung bestimmt. Beim Fehlen einer solchen Bestimmung muss die Entfernung zwischen den einander zunächst gelegenen Punkten des Gebäudes und des nachbarlichen Grundstücks waagrecht gemessen der Wandhöhe der dem nachbarlichen Grundstück gegenüberstehenden Trauf oder Giebelseite gleichkommen.

(3) Dieselben Grundsätze gelten für die Erhöhung bereits bestehender außerhalb des geschlossenen Wohnbezirks oder des Ortsbauplans liegender Gebäude.

(4) Unter den Voraussetzungen des Abs. 1 ist der Bauende verpflichtet, sein Grundstück insoweit und in der Art einzufriedigen, als es zum Schutze des nachbarlichen Eigentums erforderlich ist.

Art. 199 Befestigung von Erhöhungen

(1) Bei Erhöhungen muss die erhöhte Fläche für die Regel entweder durch Errichtung einer Mauer von genügender Stärke oder durch eine andere gleich sichere Befestigung oder eine Böschung von nicht mehr als 45 Grad Steigung befestigt werden, wenn die Kante der erhöhten Fläche nicht den Abstand von der Grenze waagrecht gemessen einhält, der dem doppelten Höhenunterschied zwischen der Grenze und der Kante der Erhöhung gleichkommt.

(2) Die Außenseite der Mauer oder sonstigen Befestigung oder der Fuß der Böschung muss, wenn das Nachbargrundstück außerhalb des geschlossenen Wohnbezirks oder angelegter Ortsstraßen liegt, einen Abstand von 0,30 m von der Grenze einhalten, doch sind Stützmauern für Weinberge von Einhaltung dieses Abstandes befreit.

Art. 200 Einleitende Vorschriften

Für die Abstände von Einfriedigungen und Pflanzenanlagen gegenüber der Grenze von Nachbargrundstücken, die außerhalb des geschlossenen Wohnbezirks und angelegter Ortsstraßen liegen, gelten die Bestimmungen der Art. 201 bis 209.

Art. 201 Tote Einfriedigungen

(1) Mit Drahtzäunen und Schranken ist gegenüber Grundstücken der in Abs. 2 bezeichneten Art ein Abstand von 0,50 m, gegenüber Weinbergen von 0,30 m, im Übrigen kein Abstand einzuhalten.

(2) Mit sonstigen toten Einfriedigungen muss gegenüber Grundstücken, die regelmäßig mit Gespann bearbeitet werden, ein Abstand von 0,50 m und, wenn die Einfriedigungen höher als 1,50 m sind, ein um das Maß der Mehrhöhe größerer Abstand eingehalten werden.

(3) Von Weinbergen müssen sonstige tote Einfriedigungen, wenn sie auf die südliche, östliche oder westliche Seite der Weinberge zu stehen kommen, so weit entfernt bleiben, als sie hoch sind. Stehen sie auf der nördlichen Seite der Weinberge, so ist ein Abstand von 0,30 m einzuhalten.

(4) Gegenüber anderen Grundstücken dürfen freistehende Mauern und andere geschlossene Einfriedigungen bis zur Höhe von 1 m, nicht geschlossene Einfriedigungen, bei denen die Breite der Zwischenräume der der Zaunteile mindestens gleichkommt, bis zur Höhe von 1,50 m ohne Einhaltung eines Abstands an die Grenze gesetzt werden.

(5) Gegenüber Wechselfeldern, die zeitweilig zur Weide benützt werden dürfen nicht geschlossene Einfriedigungen bis zu 1,50 m Höhe ohne Einhaltung eines Abstands an die Grenze gesetzt werden.

(6) Übersteigt in den Fällen des Abs. 4 und 5 die Höhe der Einfriedigungen die dort bezeichneten Maße, so müssen sie um das Maß der Mehrhöhe von der Grenze abgerückt werden.

(7) Bei Zäunen, die von der Grenze nicht wenigstens 0,50 m abstehen, müssen die Zaunstücke auf der Seite des Eigentümers des Zaunes befestigt werden.

(8) Freistehende Mauern mit einem geringeren Abstand von der Grenze als 0,50 m dürfen nicht gegen das Nachbargrundstück abgedacht werden.

Art. 202 Hecken

(1) Hecken müssen von der Grenze 1 m abstehen und dürfen bei diesem Abstand nicht höher als 1,50 m werden. Bei größerem Abstand darf ihre Höhe das Maß von 1,50 m um so viel überschreiten, als der Abstand mehr als 1 m beträgt.

(2) Von Weinbergen müssen Hecken 4 m entfernt bleiben.

(3) Die Seitenzweige sind stets bis zur Hälfte des vorgeschriebenen Abstands zurückzuschneiden.

(4) Hecken hinter geschlossenen Einfriedigungen sind von der Einhaltung eines Abstandes befreit, wenn sie die Einfriedigung nicht überragen.

Art. 203 Spalieranlagen

(1) Abgesehen von Obstbaumspalieren müssen Vorrichtungen, die eine flächenartige Ausdehnung des Wachstums der Pflanzen bezwecken, von benachbarten Grundstücken um so viel, als ihre Höhe 1 m übersteigt, von Weinbergen um das Maß ihrer Höhe abgerückt werden, wenn sie auf die südliche, östliche oder westliche Seite der Weinberge zu stehen kommen.

(2) Vorrichtungen, die sich hinter geschlossenen Einfriedigungen befinden, ohne deren Höhe zu übersteigen, sind von der Einhaltung eines Abstandes befreit.

Art. 204 Anpflanzung von Bäumen und Sträuchern

(1) Bei der Anpflanzung von Obstbäumen in Form von Hoch- und Halbhochstämmen sowie von Zierbäumen und Wildbäumen, bei denen die Hoch- und Halbhochstammbildung nicht ausgeschlossen ist, sind folgende Abstände von der Grenze einzuhalten:

Mit Nussbäumen, echten und Rosskastanien, Pappeln, Weidenbäumen, Linden, Ahorn, Ulmen, Birken, Platanen, Eichen, Buchen, Eschen, Nadelholzbäumen und sonstigen großen, nachstehend nicht genannten Bäumen .... 8,00 m,

mit kleinen Wald- und Zierbäumen, sowie Maulbeerbäumen .... 5,00 m,

mit Kernobst- und Süßkirschenbäumen .... 4,00 m,

mit Steinobstbäumen außer Süßkirschenbäumen .... 3,00 m.

(2) Obstniederstämme wie Buschbäume, Pyramiden, Spaliere, Spindeln, senkrechte Schnurrbäume müssen 2,50 m von der Grenze entfernt bleiben. Die Höhe von 5 m dürfen sie nur überschreiten, wenn die Abstände des Abs. 1 eingehalten sind. Wenn sie sich hinter geschlossenen Einfriedigungen befinden, ohne deren Höhe zu überschreiten, sind sie von der Einhaltung eines Abstandes befreit.

(3) Sonstige Holzgewächse, insbesondere Nadelhölzer, die nicht unter Abs. 1 fallen, und Sträucher müssen 1,50 m von der Grenze wegbleiben. Sie dürfen die Höhe von 2,50 m nur dann überschreiten, wenn sie nicht weniger als 3 m von der Grenze entfernt stehen. Wenn sie sich hinter geschlossenen Einfriedigungen befinden, ohne deren Höhe zu überschreiten, sind sie von der Einhaltung eines Abstandes befreit.

(4) Beerenobststräucher und Beerenobsthochstämme sowie waagrechte Schnurrbäume müssen, wenn sie sich nicht hinter geschlossenen Einfriedigungen von mindestens 1,50 m Höhe befinden, 1 m von der Grenze wegbleiben.

(5) Baumschulen müssen

mit Allee-, Zier- und Nadelholzbäumen .... 1,50 m,

mit Ziersträuchern und Nadelhölzern .... 1,00 m,

mit Ziersträuchern, die 1 m nicht überschreiten, sowie mit Obstbäumen und Rosen .... 0,75 m von der Grenze entfernt bleiben. Baumschulen mit Allee-, Zier- und Nadelholzbäumen dürften 3 m Höhe nur dann überschreiten, wenn sie 3 m von der Grenze entfernt stehen.

(6) Gegenüber Weinbergen ist in den Fällen des Absatzes 1 das Doppelte, in den Fällen der Abs. 2 bis 5 mit Ausnahme der Pfirsichniederstämme das Eineinhalbfache der dort vorgeschriebenen Abstände einzuhalten, wenn die Bäume oder Hölzer auf deren südlicher, östlicher oder westlicher Seite gepflanzt werden.

Art. 205 Weiden- und ähnliche Pflanzungen

(1) Weidenpflanzungen ohne Hochstammbetrieb, die in Zeiträumen von nicht mehr als zwei Jahren genützt werden, sind von der Grenze 1 m entfernt zu halten.

(2) Weiden-, Erlen-, Eschen-, Maulbeer- und andere Pflanzungen ohne Hochstammbetrieb, die in Zeiträumen von mehr als zwei Jahren geschlagen werden, dürfen nicht näher als 2 m an die Grenze gerückt werden.

(3) Gegenüber Weinbergen sind die Abstände zu verdoppeln, wenn die Pflanzungen auf deren südlicher, östlicher oder westlicher Seite liegen.

Art. 206 Rebstöcke

Rebstöcke, die sich dicht hinter geschlossenen Einfriedigungen befinden, müssen 0,60 m von der Grenze entfernt bleiben.

Art. 207 Hopfenpflanzungen

(1) Hopfenpflanzungen müssen von dem Nachbargrundstück 1,25 m und, wenn dieses gleichfalls mit Hopfen bepflanzt ist, 0,75 m entfernt bleiben.

(2) Gegenüber Weinbergen muss ein Abstand von 4 m eingehalten werden, wenn die Hopfenpflanzung auf deren südlicher, östlicher oder westlicher Seite liegt. Bei Hopfenanlagen von weniger als 4 m Höhe genügt ein der Höhe der Anlage gleichkommender Abstand.

Art. 208 Geltungsbereich

(1) Die Bestimmungen der Art. 201 bis 207 gelten auch gegenüber Gebäuden und Hofräumen.

(2) Sie gelten nicht gegenüber Grundstücken, die Wald, ständige Weide, Heide, Ödung oder sonst landwirtschaftlich nicht benützt sind. Der Abstand vermindert sich um die Entfernung, auf die von der Grenze an

gerechnet eine landwirtschaftliche Benutzung des Nachbargrundstücks nicht stattfindet.

Art. 209 Regelung durch Gemeindesatzung

Durch Gemeindesatzung können

a) die in Art. 201 bis 205, 207 zu Gunsten der Weinberge festgesetzten Abstände für einzelne Lagen bis auf das gegenüber unbevorzugten Grundstücken vorgeschriebene Maß herabgesetzt und der Abstand des Art. 207 Abs. 2 bis auf das der Höhe der Hopfenanlage gleichkommende Maß, jedoch nicht über 6 m erhöht,

b) für besonders bevorzugte Weinberganlagen Anpflanzungen von Bäumen ganz untersagt,

c) die in Art. 204 Abs. 1 und 2 bestimmten Abstände je bis zu 1 m größer festgesetzt,

d) die in Art. 204 Abs. 6 zu Gunsten der Weinberge festgesetzten Vergrößerungen der Abstände für besonders bevorzugte Weinberglagen auf die innerhalb des Weingeländes gepflanzten Bäume oder Hölzer, auch gegenüber der nördlichen Seite der Weinberge zur Anwendung gebracht werden.

b) Abstände innerhalb des geschlossenen Wohnbezirks oder angelegter Ortsstraßen

Art. 210 Gesetzliche Abstände

(1) Mit toten Einfriedigungen ist gegenüber Grundstücken einschließlich der Gebäude und Hofräume, die innerhalb des geschlossenen Wohnbezirks oder angelegter Ortsstraßen liegen, ein Abstand von der Nachbargrenze nicht einzuhalten. Dies gilt auch für geschlossene Einfriedigungen gegenüber Gärten oder landwirtschaftlich benützten Grundstücken, wenn die Einfriedigung nicht höher als 1,50 m ist. Für Zäune und Mauern verbleibt es bei den Vorschriften des Artikels 201 Abs. 7 und 8.

(2) Für geschlossene Einfriedigungen von mehr als 1,50 m Höhe gegenüber Gärten oder landwirtschaftlich benützten Grundstöcken, für Hecken sowie für sonstige Pflanzenanlagen und Vorrichtungen gelten die Bestimmungen der Art. 201 bis 207 mit der Maßgabe, dass die dort vorgeschriebenen Abstände auf die Hälfte ermäßigt werden.

Art. 211 Regelung durch Gemeindesatzung

Durch Gemeindesatzung können

a) zu Gunsten von Grundstücken der in Art. 210 Abs. 1 bezeichneten Lage auch für tote Einfriedigungen innerhalb des durch Art. 201 gegebenen Rahmens Abstände festgesetzt und die Abstände der Art. 202 bis 207 bis zu ihrem vollen Maß eingeführt,

b) die durch Art. 210 Abs. 2 gegenüber Weinbergen vorgeschriebenen Abstände bis auf das gegenüber unbevorzugten Grundstücken einzuhaltende Maß herabgesetzt,

c) der Abstand des Art. 207 Abs. 2 auf 6 m erhöht,

d) der Abstand des Art. 204 Abs. 1 bis 3 die aus Art. 210 Abs. 2 sich ergebenden Abstände bis zu 1 m festgesetzt werden.

c) Abstände von Waldungen

Art. 212

(1) Waldanlagen im Sinne des Forstpolizeigesetzes, die auf bisher zum Waldgrund nicht gehörenden Boden gemacht werden, müssen von den Nachbargrundstücken folgende Abstände einhalten:

bei dem Niederwaldbetrieb sowie mit dem
Unterholz bei dem Mittelwaldbetrieb .... 5,00 m,

bei dem Hochwaldbetrieb sowie mit dem
Oberholz bei dem Mittelwaldbetrieb .... 8,00 m.

(2) Wenn Waldanlagen, die am 1. Januar 1894 bereits bestanden haben, durch Saat oder Pflanzung verjüngt werden, so ist von den Nachbargrundstücken ein Abstand von 3 m einzuhalten. Bei Verjüngung der vom 1. Januar 1894 bis zum In-Kraft-Treten dieses Gesetzes entstandenen Waldungen ermäßigen sich die Abstände des Abs. 1 je um 2 m.

(3) Gegenüber Weinbergen sind die Abstände des Abs. 1 und 2 zu verdoppeln, soweit der Wald auf deren südlicher, östlicher oder westlicher Seite liegt. Gegenüber Grundstücken, die seit mindestens fünf Jahren als Gärten oder Äcker benützt worden sind, können die Abstände des Abs. 1 durch Gemeindesatzung bis auf das doppelte Maß erhöht werden, soweit der Wald auf der südlichen, östlichen oder westlichen Seite dieser Grundstücke liegt.

(4) Die Bestimmungen des Abs. 1 und 2 gelten auch gegenüber Gebäuden und Hofräumen, greifen aber nicht Platz gegenüber Nachbargrundstü-

cken, die Wald, ständige Weide, Heide, Ödung oder sonst landwirtschaftlich nicht benützt sind und außerhalb des geschlossenen Wohnbezirks und angelegter Ortsstraßen liegen.

Art. 219 Verhältnis zu Wegen, Gewässern, Eisenbahn

(1) Die Bestimmungen der Art. 197–207, 210–212 haben für das nachbarliche Verhältnis der öffentlichen Wege und öffentlichen Gewässer einerseits und der an sie stoßenden Grundstücke andererseits keine Geltung. Im Verhältnis der durch öffentliche Wege oder Gewässer getrennten Grundstücke zueinander werden die Abstände der Art. 201–207, 209–212 von der Mitte des Weges oder Gewässers an gemessen.

(2) Bäume, die polizeilicher Vorschrift zufolge in regelmäßiger Anordnung längs der Straßen auf den angrenzenden Grundstücken gepflanzt werden, sind von der Einhaltung eines Abstandes gegenüber den Nachbargrundstücken befreit.

(3) Die Bestimmungen der Art. 201, 202 und 210 über tote Einfriedigungen und Hecken finden für das nachbarliche Verhältnis zwischen Grundstücken an dem Schienenweg einer Eisenbahn einschließlich der zugehörigen Böschungen, Dämme und Gräben einerseits und der Eisenbahn andererseits keine Anwendung.

(4) Auf Einfriedigungen und Pflanzungen, die zum Uferschutze dienen oder die zum Schutze von Böschungen oder steilen Abhängen erforderlich sind, finden die Art. 201, 202, 204, 205 und 210 keine Anwendung.

Art. 220 Verzicht und Verjährung

Auf die Einhaltung der Abstände der Art. 201–210, 212 kann verzichtet werden. Der Verzicht wirkt für und gegen die späteren Grundstückseigentümer, wenn er schriftlich niedergelegt ist.

Art. 222 Bestehende Anlagen und Pflanzungen

(1) Für den Abstand von Anlagen und Pflanzungen i. S. der Art. 201–211, die bei In-Kraft-Treten dieses Gesetzes bereits bestanden haben, bleiben die früheren Gesetze maßgebend, soweit diese in der Beschränkung des Eigentümers weniger weit gehen als die Vorschriften dieses Gesetzes. Gegenüber Änderungen der in Art. 220 Abs. 3 bezeichneten Art, die bei den unter Art. 201–210 fallenden Anlagen und Pflanzungen eintreten, greifen die Bestimmungen dieses Gesetzes Platz.

(2) Die Vorschriften finden bei Erlassung von Gemeindesatzungen auf die zu dieser Zeit bestehenden Anlagen und Pflanzungen entsprechende Anwendung.

Anhang
Gesetzestexte

Bürgerliches Gesetzbuch (BGB)

in der Fassung der Bekanntmachung vom 2. Januar 2002 (BGBl. I S. 42, ber. S. 2909, ber. 2003 I S. 738), zuletzt geändert vom 20. Juli 2017 (BGBl. I S. 2780)

Dritter Abschnitt. Eigentum
Erster Titel. Inhalt des Eigentums

§ 903 Befugnisse des Eigentümers

[1]Der Eigentümer einer Sache kann, soweit nicht das Gesetz oder Rechte Dritter entgegenstehen, mit der Sache nach Belieben verfahren und andere von jeder Einwirkung ausschließen. [2]Der Eigentümer eines Tieres hat bei der Ausübung seiner Befugnisse die besonderen Vorschriften zum Schutz der Tiere zu beachten.

§ 904 Notstand

[1]Der Eigentümer einer Sache ist nicht berechtigt, die Einwirkung eines anderen auf die Sache zu verbieten, wenn die Einwirkung zur Abwendung einer gegenwärtigen Gefahr notwendig und der drohende Schaden gegenüber dem aus der Einwirkung dem Eigentümer entstehenden Schaden unverhältnismäßig groß ist. [2]Der Eigentümer kann Ersatz des ihm entstehenden Schadens verlangen.

§ 905 Begrenzung des Eigentums

[1]Das Recht des Eigentümers eines Grundstücks erstreckt sich auf den Raum über der Oberfläche und auf den Erdkörper unter der Oberfläche. [2]Der Eigentümer kann jedoch Einwirkungen nicht verbieten, die in solcher Höhe oder Tiefe vorgenommen werden, dass er an der Ausschließung kein Interesse hat.

§ 906 Zuführung unwägbarer Stoffe

(1) [1]Der Eigentümer eines Grundstücks kann die Zuführung von Gasen, Dämpfen, Gerüchen, Rauch, Ruß, Wärme, Geräusch, Erschütterungen

und ähnliche von einem anderen Grundstück ausgehende Einwirkungen insoweit nicht verbieten, als die Einwirkung die Benutzung seines Grundstücks nicht oder nur unwesentlich beeinträchtigt. [2]Eine unwesentliche Beeinträchtigung liegt in der Regel vor, wenn die in Gesetzen oder Rechtsverordnungen festgelegten Grenz- oder Richtwerte von den nach diesen Vorschriften ermittelten und bewerteten Einwirkungen nicht überschritten werden. [3]Gleiches gilt für Werte in allgemeinen Verwaltungsvorschriften, die nach § 48 des Bundes-Immissionsschutzgesetzes erlassen worden sind und den Stand der Technik wiedergeben.

(2) [1]Das Gleiche gilt insoweit, als eine wesentliche Beeinträchtigung durch eine ortsübliche Benutzung des anderen Grundstücks herbeigeführt wird und nicht durch Maßnahmen verhindert werden kann, die Benutzern dieser Art wirtschaftlich zumutbar sind. [2]Hat der Eigentümer hiernach eine Einwirkung zu dulden, so kann er von dem Benutzer des anderen Grundstücks einen angemessenen Ausgleich in Geld verlangen, wenn die Einwirkung eine ortsübliche Benutzung seines Grundstücks oder dessen Ertrag über das zumutbare Maß hinaus beeinträchtigt.

(3) Die Zuführung durch eine besondere Leitung ist unzulässig.

§ 907 Gefahr drohende Anlagen

(1) [1]Der Eigentümer eines Grundstücks kann verlangen, dass auf den Nachbargrundstücken nicht Anlagen hergestellt oder gehalten werden, von denen mit Sicherheit vorauszusehen ist, dass ihr Bestand oder ihre Benutzung eine unzulässige Einwirkung auf sein Grundstück zur Folge hat. [2]Genügt eine Anlage den landesgesetzlichen Vorschriften, die einen bestimmten Abstand von der Grenze oder sonstige Schutzmaßregeln vorschreiben, so kann die Beseitigung der Anlage erst verlangt werden, wenn die unzulässige Einwirkung tatsächlich hervortritt.

(2) Bäume und Sträucher gehören nicht zu den Anlagen im Sinne dieser Vorschriften.

§ 908 Drohender Gebäudeeinsturz

Droht einem Grundstück die Gefahr, dass es durch den Einsturz eines Gebäudes oder eines anderen Werkes, das mit einem Nachbargrundstück verbunden ist, oder durch die Ablösung von Teilen des Gebäudes oder des Werkes beschädigt wird, so kann der Eigentümer von demjenigen, welcher nach dem § 836 Abs. 1 oder den §§ 837, 838 für den eintretenden

Schaden verantwortlich sein würde, verlangen, dass er die zur Abwendung der Gefahr erforderliche Vorkehrung trifft.

§ 909 Vertiefung

Ein Grundstück darf nicht in der Weise vertieft werden, dass der Boden des Nachbargrundstücks die erforderliche Stütze verliert, es sei denn, dass für eine genügende anderweitige Befestigung gesorgt ist.

§ 910 Überhang

(1) [1]Der Eigentümer eines Grundstücks kann Wurzeln eines Baumes oder eines Strauches, die von einem Nachbargrundstück eingedrungen sind, abschneiden und behalten. [2]Das Gleiche gilt von herüberragenden Zweigen, wenn der Eigentümer dem Besitzer des Nachbargrundstücks eine angemessene Frist zur Beseitigung bestimmt hat und die Beseitigung nicht innerhalb der Frist erfolgt.

(2) Dem Eigentümer steht dieses Recht nicht zu, wenn die Wurzeln oder die Zweige die Benutzung des Grundstücks nicht beeinträchtigen.

§ 911 Überfall

[1]Früchte, die von einem Baume oder einem Strauche auf ein Nachbargrundstück hinüberfallen, gelten als Früchte dieses Grundstücks. [2]Diese Vorschrift findet keine Anwendung, wenn das Nachbargrundstück dem öffentlichen Gebrauch dient.

§ 912 Überbau; Duldungspflicht

(1) Hat der Eigentümer eines Grundstücks bei der Errichtung eines Gebäudes über die Grenze gebaut, ohne dass ihm Vorsatz oder grobe Fahrlässigkeit zur Last fällt, so hat der Nachbar den Überbau zu dulden, es sei denn, dass er vor oder sofort nach der Grenzüberschreitung Widerspruch erhoben hat.

(2) [1]Der Nachbar ist durch eine Geldrente zu entschädigen. [2]Für die Höhe der Rente ist die Zeit der Grenzüberschreitung maßgebend.

§ 913 Zahlung der Überbaurente

(1) Die Rente für den Überbau ist dem jeweiligen Eigentümer des Nachbargrundstücks von dem jeweiligen Eigentümer des anderen Grundstücks zu entrichten.

(2) Die Rente ist jährlich im Voraus zu entrichten.

§ 914 Rang, Eintragung und Erlöschen der Rente

(1) [1]Das Recht auf die Rente geht allen Rechten an dem belasteten Grundstück, auch den älteren, vor. [2]Es erlischt mit der Beseitigung des Überbaus.

(2) [1]Das Recht wird nicht in das Grundbuch eingetragen. [2]Zum Verzicht auf das Recht sowie zur Feststellung der Höhe der Rente durch Vertrag ist die Eintragung erforderlich.

(3) Im Übrigen finden die Vorschriften Anwendung, die für eine zugunsten des jeweiligen Eigentümers eines Grundstücks bestehende Reallast gelten.

§ 915 Abkauf

(1) [1]Der Rentenberechtigte kann jederzeit verlangen, dass der Rentenpflichtige ihm gegen Übertragung des Eigentums an dem überbauten Teil des Grundstücks den Wert ersetzt, den dieser Teil zur Zeit der Grenzüberschreitung gehabt hat. [2]Macht er von dieser Befugnis Gebrauch, so bestimmen sich die Rechte und Verpflichtungen beider Teile nach den Vorschriften über den Kauf.

(2) Für die Zeit bis zur Übertragung des Eigentums ist die Rente fortzuentrichten.

§ 916 Beeinträchtigung von Erbbaurecht oder Dienstbarkeit

Wird durch den Überbau ein Erbbaurecht oder eine Dienstbarkeit an dem Nachbargrundstück beeinträchtigt, so finden zugunsten des Berechtigten die Vorschriften der §§ 912 bis 914 entsprechende Anwendung.

§ 917 Notweg

(1) [1]Fehlt einem Grundstück die zur ordnungsmäßigen Benutzung notwendige Verbindung mit einem öffentlichen Wege, so kann der Eigentümer von den Nachbarn verlangen, dass sie bis zur Hebung des Mangels die Benutzung ihrer Grundstücke zur Herstellung der erforderlichen Verbindung dulden. [2]Die Richtung des Notwegs und der Umfang des Benutzungsrechts werden erforderlichenfalls durch Urteil bestimmt.

(2) [1]Die Nachbarn, über deren Grundstücke der Notweg führt, sind durch eine Geldrente zu entschädigen. [2]Die Vorschriften des § 912 Abs. 2 Satz 2 und der §§ 913, 914, 916 finden entsprechende Anwendung.

§ 918 Ausschluss des Notwegrechts

(1) Die Verpflichtung zur Duldung des Notwegs tritt nicht ein, wenn die bisherige Verbindung des Grundstücks mit dem öffentlichen Wege durch eine willkürliche Handlung des Eigentümers aufgehoben wird.

(2) [1]Wird infolge der Veräußerung eines Teils des Grundstücks der veräußerte oder der zurückbehaltene Teil von der Verbindung mit dem öffentlichen Wege abgeschnitten, so hat der Eigentümer desjenigen Teils, über welchen die Verbindung bisher stattgefunden hat, den Notweg zu dulden. [2]Der Veräußerung eines Teils steht die Veräußerung eines von mehreren demselben Eigentümer gehörenden Grundstücken gleich.

§ 919 Grenzabmarkung

(1) Der Eigentümer eines Grundstücks kann von dem Eigentümer eines Nachbargrundstücks verlangen, dass dieser zur Errichtung fester Grenzzeichen und, wenn ein Grenzzeichen verrückt oder unkenntlich geworden ist, zur Wiederherstellung mitwirkt.

(2) Die Art der Abmarkung und das Verfahren bestimmen sich nach den Landesgesetzen; enthalten diese keine Vorschriften, so entscheidet die Ortsüblichkeit.

(3) Die Kosten der Abmarkung sind von den Beteiligten zu gleichen Teilen zu tragen, sofern nicht aus einem zwischen ihnen bestehenden Rechtsverhältnis sich ein anderes ergibt.

§ 920 Grenzverwirrung

(1) [1]Lässt sich im Falle einer Grenzverwirrung die richtige Grenze nicht ermitteln, so ist für die Abgrenzung der Besitzstand maßgebend. [2]Kann der Besitzstand nicht festgestellt werden, so ist jedem der Grundstücke ein gleich großes Stück der streitigen Fläche zuzuteilen.

(2) Soweit eine diesen Vorschriften entsprechende Bestimmung der Grenze zu einem Ergebnis führt, das mit den ermittelten Umständen, insbesondere mit der feststehenden Größe der Grundstücke, nicht übereinstimmt, ist die Grenze so zu ziehen, wie es unter Berücksichtigung dieser Umstände der Billigkeit entspricht.

§ 921 Gemeinschaftliche Benutzung von Grenzanlagen

Werden zwei Grundstücke durch einen Zwischenraum, Rain, Winkel, einen Graben, eine Mauer, Hecke, Planke oder eine andere Einrichtung, die zum Vorteil beider Grundstücke dient, voneinander geschieden, so wird vermutet, dass die Eigentümer der Grundstücke zur Benutzung der Einrichtung gemeinschaftlich berechtigt seien, sofern nicht äußere Merkmale darauf hinweisen, dass die Einrichtung einem der Nachbarn allein gehört.

§ 922 Art der Benutzung und Unterhaltung

[1]Sind die Nachbarn zur Benutzung einer der in § 921 bezeichneten Einrichtungen gemeinschaftlich berechtigt, so kann jeder sie zu dem Zwecke, der sich aus ihrer Beschaffenheit ergibt, insoweit benutzen, als nicht die Mitbenutzung des anderen beeinträchtigt wird. [2]Die Unterhaltungskosten sind von den Nachbarn zu gleichen Teilen zu tragen. [3]Solange einer der Nachbarn an dem Fortbestand der Einrichtung ein Interesse hat, darf sie nicht ohne seine Zustimmung beseitigt oder geändert werden. [4]Im Übrigen bestimmt sich das Rechtsverhältnis zwischen den Nachbarn nach den Vorschriften über die Gemeinschaft.

§ 923 Grenzbaum

(1) Steht auf der Grenze ein Baum, so gebühren die Früchte und, wenn der Baum gefällt wird, auch der Baum den Nachbarn zu gleichen Teilen.

(2) [1]Jeder der Nachbarn kann die Beseitigung des Baumes verlangen. [2]Die Kosten der Beseitigung fallen den Nachbarn zu gleichen Teilen zur Last. [3]Der Nachbar, der die Beseitigung verlangt, hat jedoch die Kosten allein zu tragen, wenn der andere auf sein Recht an dem Baume verzichtet; er erwirbt in diesem Falle mit der Trennung das Alleineigentum. [4]Der Anspruch auf die Beseitigung ist ausgeschlossen, wenn der Baum als Grenzzeichen dient und den Umständen nach nicht durch ein anderes zweckmäßiges Grenzzeichen ersetzt werden kann.

(3) Diese Vorschriften gelten auch für einen auf der Grenze stehenden Strauch.

§ 924 Unverjährbarkeit nachbarrechtlicher Ansprüche

Die Ansprüche, die sich aus den §§ 907 bis 909, 915, dem § 917 Abs. 1, dem § 918 Abs. 2, den §§ 919, 920 und dem § 923 Abs. 2 ergeben, unterliegen nicht der Verjährung.

Einführungsgesetz zum Bürgerlichen Gesetzbuche (EGBGB)

in der Fassung der Bekanntmachung vom 21. September 1994 (BGBl. I S. 2494, ber. 1997 I S. 1061), zuletzt geändert vom 20. Juli 2017 (BGBl. I S. 2780)

Artikel 1
(Inkrafttreten; Vorbehalt für Landesrecht)

(1) Das Bürgerliche Gesetzbuch tritt am 1. Januar 1900 gleichzeitig mit einem Gesetz, betreffend Änderungen des Gerichtsverfassungsgesetzes, der Zivilprozessordnung und der Konkursordnung, einem Gesetz über die Zwangsversteigerung und die Zwangsverwaltung, einer Grundbuchordnung und einem Gesetz über die Angelegenheiten der freiwilligen Gerichtsbarkeit in Kraft.

(2) Soweit in dem Bürgerlichen Gesetzbuch oder in diesem Gesetz die Regelung den Landesgesetzen vorbehalten oder bestimmt ist, dass landesgesetzliche Vorschriften unberührt bleiben oder erlassen werden können, bleiben die bestehenden landesgesetzlichen Vorschriften in Kraft und können neue landesgesetzliche Vorschriften erlassen werden.

Artikel 111
(Landesrechtliche Vorschriften über Verfügungsbeschränkungen)

Unberührt bleiben die landesgesetzlichen Vorschriften, welche im öffentlichen Interesse das Eigentum in Ansehung tatsächlicher Verfügungen beschränken.

Artikel 113
(Landesrechtliche Vorschriften zu Grund- und Wegerechten)

[1]Unberührt bleiben die landesgesetzlichen Vorschriften über die Zusammenlegung von Grundstücken, über die Gemeinheitsteilung, die Regulierung der Wege, die Ordnung der gutsherrlich-bäuerlichen Verhältnisse sowie über die Ablösung, Umwandlung oder Einschränkung von Dienstbarkeiten und Reallasten. [2]Dies gilt insbesondere auch von den Vorschriften, welche die durch ein Verfahren dieser Art begründeten gemeinschaftlichen Angelegenheiten zum Gegenstand haben oder welche sich auf den Erwerb des Eigentums, auf die Begründung, Änderung und

Aufhebung von anderen Rechten an Grundstücken und auf die Berichtigung des Grundbuchs beziehen.

Artikel 122
(Landesrechtliche Vorschriften zu Überhangfrüchten und Grenzbäumen)

Unberührt bleiben die landesgesetzlichen Vorschriften, welche die Rechte des Eigentümers eines Grundstücks in Ansehung der auf der Grenze oder auf dem Nachbargrundstück stehenden Obstbäume abweichend von den Vorschriften des § 910 und des § 923 Abs. 2 des Bürgerlichen Gesetzbuchs bestimmen.

Artikel 124
(Landesrechtliche Nachbarrechtsvorschriften)

[1]Unberührt bleiben die landesgesetzlichen Vorschriften, welche das Eigentum an Grundstücken zugunsten der Nachbarn noch anderen als den im Bürgerlichen Gesetzbuch bestimmten Beschränkungen unterwerfen. [2]Dies gilt insbesondere auch von den Vorschriften, nach welchen Anlagen sowie Bäume und Sträucher nur in einem bestimmten Abstand von der Grenze gehalten werden dürfen.

Artikel 125
(Landesrechtliche Vorschriften zur Erstreckung des § 26 GewO auf Eisenbahn-, Dampfschifffahrts- und ähnliche Verkehrsunternehmen)

Unberührt bleiben die landesgesetzlichen Vorschriften, welche die Vorschrift des § 26 der Gewerbeordnung auf Eisenbahn-, Dampfschiffahrts- und ähnliche Verkehrsunternehmungen erstrecken.

Artikel 183
(Übergangsvorschriften zu landesrechtlichen Regelungen über Waldgrundstücke)

Zugunsten eines Grundstücks, das zur Zeit des Inkrafttretens des Bürgerlichen Gesetzbuchs mit Wald bestanden ist, bleiben die landesgesetzlichen Vorschriften, welche die Rechte des Eigentümers eines Nachbargrundstücks in Ansehung der auf der Grenze oder auf dem Waldgrundstück stehenden Bäume und Sträucher abweichend von den Vorschriften des § 910 und des § 923 Abs. 2 und 3 des Bürgerlichen Gesetzbuchs bestimmen, bis zur nächsten Verjüngung des Waldes in Kraft.

Baugesetzbuch (BauGB)

in der Fassung der Bekanntmachung vom 23. September 2004 (BGBl. I S. 2414), zuletzt geändert vom 20. Juli 2017 (BGBl. I S. 2808)

§ 30 Zulässigkeit von Vorhaben im Geltungsbereich eines Bebauungsplans

(1) Im Geltungsbereich eines Bebauungsplans, der allein oder gemeinsam mit sonstigen baurechtlichen Vorschriften mindestens Festsetzungen über die Art und das Maß der baulichen Nutzung, die überbaubaren Grundstücksflächen und die örtlichen Verkehrsflächen enthält, ist ein Vorhaben zulässig, wenn es diesen Festsetzungen nicht widerspricht und die Erschließung gesichert ist.

(2) Im Geltungsbereich eines vorhabenbezogenen Bebauungsplans nach § 12 ist ein Vorhaben zulässig, wenn es dem Bebauungsplan nicht widerspricht und die Erschließung gesichert ist.

(3) Im Geltungsbereich eines Bebauungsplans, der die Voraussetzungen des Absatzes 1 nicht erfüllt (einfacher Bebauungsplan), richtet sich die Zulässigkeit von Vorhaben im Übrigen nach § 34 oder § 35.

§ 34 Zulässigkeit von Vorhaben innerhalb der im Zusammenhang bebauten Ortsteile

(1) [1]Innerhalb der im Zusammenhang bebauten Ortsteile ist ein Vorhaben zulässig, wenn es sich nach Art und Maß der baulichen Nutzung, der Bauweise und der Grundstücksfläche, die überbaut werden soll, in die Eigenart der näheren Umgebung einfügt und die Erschließung gesichert ist. [2]Die Anforderungen an gesunde Wohn- und Arbeitsverhältnisse müssen gewahrt bleiben; das Ortsbild darf nicht beeinträchtigt werden.

(2) Entspricht die Eigenart der näheren Umgebung einem der Baugebiete, die in der auf Grund des § 9 a erlassenen Verordnung bezeichnet sind, beurteilt sich die Zulässigkeit des Vorhabens nach seiner Art allein danach, ob es nach der Verordnung in dem Baugebiet allgemein zulässig wäre; auf die nach der Verordnung ausnahmsweise zulässigen Vorhaben ist § 31 Abs. 1, im Übrigen ist § 31 Abs. 2 entsprechend anzuwenden.

(3) Von Vorhaben nach Absatz 1 oder 2 dürfen keine schädlichen Auswirkungen auf zentrale Versorgungsbereiche in der Gemeinde oder in anderen Gemeinden zu erwarten sein.

(3 a) [1]Vom Erfordernis des Einfügens in die Eigenart der näheren Umgebung nach Absatz 1 Satz 1 kann im Einzelfall abgewichen werden, wenn die Abweichung

1. einem der nachfolgend genannten Vorhaben dient:
   a) der Erweiterung, Änderung, Nutzungsänderung oder Erneuerung eines zulässigerweise errichteten Gewerbe- oder Handwerksbetriebs,
   b) der Erweiterung, Änderung oder Erneuerung eines zulässigerweise errichteten, Wohnzwecken dienenden Gebäudes oder
   c) der Nutzungsänderung einer zulässigerweise errichteten baulichen Anlage zu Wohnzwecken, einschließlich einer erforderlichen Änderung oder Erneuerung,
2. städtebaulich vertretbar ist und
3. auch unter Würdigung nachbarlicher Interessen mit den öffentlichen Belangen vereinbar ist.

[2]Satz 1 findet keine Anwendung auf Einzelhandelsbetriebe, die die verbrauchernahe Versorgung der Bevölkerung beeinträchtigen oder schädliche Auswirkungen auf zentrale Versorgungsbereiche in der Gemeinde oder in anderen Gemeinden haben können.

(4) [1]Die Gemeinde kann durch Satzung

1. die Grenzen für im Zusammenhang bebaute Ortsteile festlegen,
2. bebaute Bereiche im Außenbereich als im Zusammenhang bebaute Ortsteile festlegen, wenn die Flächen im Flächennutzungsplan als Baufläche dargestellt sind,
3. einzelne Außenbereichsflächen in die im Zusammenhang bebauten Ortsteile einbeziehen, wenn die einbezogenen Flächen durch die bauliche Nutzung des angrenzenden Bereichs entsprechend geprägt sind.

[2]Die Satzungen können miteinander verbunden werden.

(5) [1]Voraussetzung für die Aufstellung von Satzungen nach Absatz 4 Satz 1 Nr. 2 und 3 ist, dass

1. sie mit einer geordneten städtebaulichen Entwicklung vereinbar sind,
2. die Zulässigkeit von Vorhaben, die einer Pflicht zur Durchführung einer Umweltverträglichkeitsprüfung nach Anlage 1 zum Gesetz

über die Umweltverträglichkeitsprüfung oder nach Landesrecht unterliegen, nicht begründet wird und

3. keine Anhaltspunkte für eine Beeinträchtigung der in §1 Absatz 6 Nummer 7 Buchstabe b genannten Schutzgüter oder dafür bestehen, dass bei der Planung Pflichten zur Vermeidung oder Begrenzung der Auswirkungen von schweren Unfällen nach §50 Satz 1 des Bundes-Immissionsschutzgesetzes zu beachten sind.

[2]In den Satzungen nach Absatz 4 Satz 1 Nr. 2 und 3 können einzelne Festsetzungen nach §9 Abs. 1 und 3 Satz 1 sowie Abs. 4 getroffen werden. [3]§9 Absatz 6 und §31 sind entsprechend anzuwenden. [4]Auf die Satzung nach Absatz 4 Satz 1 Nr. 3 sind ergänzend §1 a Abs. 2 und 3 und §9 Abs. 1 a entsprechend anzuwenden; ihr ist eine Begründung mit den Angaben entsprechend §2 a Satz 2 Nr. 1 beizufügen.

(6) [1]Bei der Aufstellung der Satzungen nach Absatz 4 Satz 1 Nr. 2 und 3 sind die Vorschriften über die Öffentlichkeits- und Behördenbeteiligung nach §13 Abs. 2 Satz 1 Nr. 2 und 3 sowie Satz 2 entsprechend anzuwenden. [2]Auf die Satzungen nach Absatz 4 Satz 1 Nr. 1 bis 3 ist §10 Abs. 3 entsprechend anzuwenden.

§35 Bauen im Außenbereich

(1) Im Außenbereich ist ein Vorhaben nur zulässig, wenn öffentliche Belange nicht entgegenstehen, die ausreichende Erschließung gesichert ist und wenn es

1. einem land- oder forstwirtschaftlichen Betrieb dient und nur einen untergeordneten Teil der Betriebsfläche einnimmt,
2. einem Betrieb der gartenbaulichen Erzeugung dient,
3. der öffentlichen Versorgung mit Elektrizität, Gas, Telekommunikationsdienstleistungen, Wärme und Wasser, der Abwasserwirtschaft oder einem ortsgebundenen gewerblichen Betrieb dient,
4. wegen seiner besonderen Anforderungen an die Umgebung, wegen seiner nachteiligen Wirkung auf die Umgebung oder wegen seiner besonderen Zweckbestimmung nur im Außenbereich ausgeführt werden soll, es sei denn, es handelt sich um die Errichtung, Änderung oder Erweiterung einer baulichen Anlage zur Tierhaltung, die dem Anwendungsbereich der Nummer 1 nicht unterfällt und die einer Pflicht zur Durchführung einer standortbezogenen oder allgemeinen Vorprüfung oder einer Umweltverträglichkeitsprü-

fung nach dem Gesetz über die Umweltverträglichkeitsprüfung unterliegt, wobei bei kumulierenden Vorhaben für die Annahme eines engen Zusammenhangs diejenigen Tierhaltungsanlagen zu berücksichtigen sind, die auf demselben Betriebs- oder Baugelände liegen und mit gemeinsamen betrieblichen oder baulichen Einrichtungen verbunden sind,

5. der Erforschung, Entwicklung oder Nutzung der Wind- oder Wasserenergie dient,
6. der energetischen Nutzung von Biomasse im Rahmen eines Betriebs nach Nummer 1 oder 2 oder eines Betriebs nach Nummer 4, der Tierhaltung betreibt, sowie dem Anschluss solcher Anlagen an das öffentliche Versorgungsnetz dient, unter folgenden Voraussetzungen:
   a) das Vorhaben steht in einem räumlich-funktionalen Zusammenhang mit dem Betrieb,
   b) die Biomasse stammt überwiegend aus dem Betrieb oder überwiegend aus diesem und aus nahe gelegenen Betrieben nach den Nummern 1, 2 oder 4, soweit letzterer Tierhaltung betreibt,
   c) es wird je Hofstelle oder Betriebsstandort nur eine Anlage betrieben und
   d) die Kapazität einer Anlage zur Erzeugung von Biogas überschreitet nicht 2,3 Millionen Normkubikmeter Biogas pro Jahr, die Feuerungswärmeleistung anderer Anlagen überschreitet nicht 2,0 Megawatt,
7. der Erforschung, Entwicklung oder Nutzung der Kernenergie zu friedlichen Zwecken oder der Entsorgung radioaktiver Abfälle dient, mit Ausnahme der Neuerrichtung von Anlagen zur Spaltung von Kernbrennstoffen zur gewerblichen Erzeugung von Elektrizität, oder
8. der Nutzung solarer Strahlungsenergie in, an und auf Dach- und Außenwandflächen von zulässigerweise genutzten Gebäuden dient, wenn die Anlage dem Gebäude baulich untergeordnet ist.

(2) Sonstige Vorhaben können im Einzelfall zugelassen werden, wenn ihre Ausführung oder Benutzung öffentliche Belange nicht beeinträchtigt und die Erschließung gesichert ist.

(3) [1]Eine Beeinträchtigung öffentlicher Belange liegt insbesondere vor, wenn das Vorhaben

1. den Darstellungen des Flächennutzungsplans widerspricht,
2. den Darstellungen eines Landschaftsplans oder sonstigen Plans, insbesondere des Wasser-, Abfall- oder Immissionsschutzrechts, widerspricht,
3. schädliche Umwelteinwirkungen hervorrufen kann oder ihnen ausgesetzt wird,
4. unwirtschaftliche Aufwendungen für Straßen oder andere Verkehrseinrichtungen, für Anlagen der Versorgung oder Entsorgung, für die Sicherheit oder Gesundheit oder für sonstige Aufgaben erfordert,
5. Belange des Naturschutzes und der Landschaftspflege, des Bodenschutzes, des Denkmalschutzes oder die natürliche Eigenart der Landschaft und ihren Erholungswert beeinträchtigt oder das Orts- und Landschaftsbild verunstaltet,
6. Maßnahmen zur Verbesserung der Agrarstruktur beeinträchtigt, die Wasserwirtschaft oder den Hochwasserschutz gefährdet,
7. die Entstehung, Verfestigung oder Erweiterung einer Splittersiedlung befürchten lässt oder
8. die Funktionsfähigkeit von Funkstellen und Radaranlagen stört.

[2]Raumbedeutsame Vorhaben dürfen den Zielen der Raumordnung nicht widersprechen; öffentliche Belange stehen raumbedeutsamen Vorhaben nach Absatz 1 nicht entgegen, soweit die Belange bei der Darstellung dieser Vorhaben als Ziele der Raumordnung abgewogen worden sind. [3]Öffentliche Belange stehen einem Vorhaben nach Absatz 1 Nr. 2 bis 6 in der Regel auch dann entgegen, soweit hierfür durch Darstellungen im Flächennutzungsplan oder als Ziele der Raumordnung eine Ausweisung an anderer Stelle erfolgt ist.

(4) [1]Den nachfolgend bezeichneten sonstigen Vorhaben im Sinne des Absatzes 2 kann nicht entgegengehalten werden, dass sie Darstellungen des Flächennutzungsplans oder eines Landschaftsplans widersprechen, die natürliche Eigenart der Landschaft beeinträchtigen oder die Entstehung, Verfestigung oder Erweiterung einer Splittersiedlung befürchten lassen, soweit sie im Übrigen außenbereichsverträglich im Sinne des Absatzes 3 sind:

1. die Änderung der bisherigen Nutzung eines Gebäudes im Sinne des Absatzes 1 Nr. 1 unter folgenden Voraussetzungen:
   a) das Vorhaben dient einer zweckmäßigen Verwendung erhaltenswerter Bausubstanz,
   b) die äußere Gestalt des Gebäudes bleibt im Wesentlichen gewahrt,
   c) die Aufgabe der bisherigen Nutzung liegt nicht länger als sieben Jahre zurück,
   d) das Gebäude ist vor mehr als sieben Jahren zulässigerweise errichtet worden,
   e) das Gebäude steht im räumlich-funktionalen Zusammenhang mit der Hofstelle des land- oder forstwirtschaftlichen Betriebs,
   f) im Falle der Änderung zu Wohnzwecken entstehen neben den bisher nach Absatz 1 Nr. 1 zulässigen Wohnungen höchstens drei Wohnungen je Hofstelle und
   g) es wird eine Verpflichtung übernommen, keine Neubebauung als Ersatz für die aufgegebene Nutzung vorzunehmen, es sei denn, die Neubebauung wird im Interesse der Entwicklung des Betriebs im Sinne des Absatzes 1 Nr. 1 erforderlich,
2. die Neuerrichtung eines gleichartigen Wohngebäudes an gleicher Stelle unter folgenden Voraussetzungen:
   a) das vorhandene Gebäude ist zulässigerweise errichtet worden,
   b) das vorhandene Gebäude weist Missstände oder Mängel auf,
   c) das vorhandene Gebäude wird seit längerer Zeit vom Eigentümer selbst genutzt und
   d) Tatsachen rechtfertigen die Annahme, dass das neu errichtete Gebäude für den Eigenbedarf des bisherigen Eigentümers oder seiner Familie genutzt wird; hat der Eigentümer das vorhandene Gebäude im Wege der Erbfolge von einem Voreigentümer erworben, der es seit längerer Zeit selbst genutzt hat, reicht es aus, wenn Tatsachen die Annahme rechtfertigen, dass das neu errichtete Gebäude für den Eigenbedarf des Eigentümers oder seiner Familie genutzt wird,

3. die alsbaldige Neuerrichtung eines zulässigerweise errichteten, durch Brand, Naturereignisse oder andere außergewöhnliche Ereignisse zerstörten, gleichartigen Gebäudes an gleicher Stelle,
4. die Änderung oder Nutzungsänderung von erhaltenswerten, das Bild der Kulturlandschaft prägenden Gebäuden, auch wenn sie aufgegeben sind, wenn das Vorhaben einer zweckmäßigen Verwendung der Gebäude und der Erhaltung des Gestaltwerts dient,
5. die Erweiterung eines Wohngebäudes auf bis zu höchstens zwei Wohnungen unter folgenden Voraussetzungen:
   a) das Gebäude ist zulässigerweise errichtet worden,
   b) die Erweiterung ist im Verhältnis zum vorhandenen Gebäude und unter Berücksichtigung der Wohnbedürfnisse angemessen und
   c) bei der Errichtung einer weiteren Wohnung rechtfertigen Tatsachen die Annahme, dass das Gebäude vom bisherigen Eigentümer oder seiner Familie selbst genutzt wird,
6. die bauliche Erweiterung eines zulässigerweise errichteten gewerblichen Betriebs, wenn die Erweiterung im Verhältnis zum vorhandenen Gebäude und Betrieb angemessen ist.

[2]In begründeten Einzelfällen gilt die Rechtsfolge des Satzes 1 auch für die Neuerrichtung eines Gebäudes im Sinne des Absatzes 1 Nummer 1, dem eine andere Nutzung zugewiesen werden soll, wenn das ursprüngliche Gebäude vom äußeren Erscheinungsbild auch zur Wahrung der Kulturlandschaft erhaltenswert ist, keine stärkere Belastung des Außenbereichs zu erwarten ist als in Fällen des Satzes 1 und die Neuerrichtung auch mit nachbarlichen Interessen vereinbar ist; Satz 1 Nummer 1 Buchstabe b bis g gilt entsprechend. [3]In den Fällen des Satzes 1 Nummer 2 und 3 sowie des Satzes 2 sind geringfügige Erweiterungen des neuen Gebäudes gegenüber dem beseitigten oder zerstörten Gebäude sowie geringfügige Abweichungen vom bisherigen Standort des Gebäudes zulässig.

(5) [1]Die nach den Absätzen 1 bis 4 zulässigen Vorhaben sind in einer flächensparenden, die Bodenversiegelung auf das notwendige Maß begrenzenden und den Außenbereich schonenden Weise auszuführen. [2]Für Vorhaben nach Absatz 1 Nr. 2 bis 6 ist als weitere Zulässigkeitsvoraussetzung eine Verpflichtungserklärung abzugeben, das Vorhaben

nach dauerhafter Aufgabe der zulässigen Nutzung zurückzubauen und Bodenversiegelungen zu beseitigen; bei einer nach Absatz 1 Nr. 2 bis 6 zulässigen Nutzungsänderung ist die Rückbauverpflichtung zu übernehmen, bei einer nach Absatz 1 Nr. 1 oder Absatz 2 zulässigen Nutzungsänderung entfällt sie. [3]Die Baugenehmigungsbehörde soll durch nach Landesrecht vorgesehene Baulast oder in anderer Weise die Einhaltung der Verpflichtung nach Satz 2 sowie nach Absatz 4 Satz 1 Nr. 1 Buchstabe g sicherstellen. [4]Im Übrigen soll sie in den Fällen des Absatzes 4 Satz 1 sicherstellen, dass die bauliche oder sonstige Anlage nach Durchführung des Vorhabens nur in der vorgesehenen Art genutzt wird.

(6) [1]Die Gemeinde kann für bebaute Bereiche im Außenbereich, die nicht überwiegend landwirtschaftlich geprägt sind und in denen eine Wohnbebauung von einigem Gewicht vorhanden ist, durch Satzung bestimmen, dass Wohnzwecken dienenden Vorhaben im Sinne des Absatzes 2 nicht entgegengehalten werden kann, dass sie einer Darstellung im Flächennutzungsplan über Flächen für die Landwirtschaft oder Wald widersprechen oder die Entstehung oder Verfestigung einer Splittersiedlung befürchten lassen. [2]Die Satzung kann auch auf Vorhaben erstreckt werden, die kleineren Handwerks- und Gewerbebetrieben dienen. [3]In der Satzung können nähere Bestimmungen über die Zulässigkeit getroffen werden. [4]Voraussetzung für die Aufstellung der Satzung ist, dass

1. sie mit einer geordneten städtebaulichen Entwicklung vereinbar ist,
2. die Zulässigkeit von Vorhaben, die einer Pflicht zur Durchführung einer Umweltverträglichkeitsprüfung nach Anlage 1 zum Gesetz über die Umweltverträglichkeitsprüfung oder nach Landesrecht unterliegen, nicht begründet wird und
3. keine Anhaltspunkte für eine Beeinträchtigung der in § 1 Absatz 6 Nummer 7 Buchstabe b genannten Schutzgüter oder dafür bestehen, dass bei der Planung Pflichten zur Vermeidung oder Begrenzung der Auswirkungen von schweren Unfällen nach § 50 Satz 1 des Bundes-Immissionsschutzgesetzes zu beachten sind.

[5]Bei Aufstellung der Satzung sind die Vorschriften über die Öffentlichkeits- und Behördenbeteiligung nach § 13 Abs. 2 Satz 1 Nr. 2 und 3 sowie Satz 2 entsprechend anzuwenden. [6]§ 10 Abs. 3 ist entsprechend anzuwenden. [7]Von der Satzung bleibt die Anwendung des Absatzes 4 unberührt.

Landesbauordnung für Baden-Württemberg (LBO)

in der Fassung der Bekanntmachung vom 5. März 2010 (GBl. S. 358, ber. S. 416), zuletzt geändert durch Verordnung vom 23. Februar 2017 (GBl. S. 99)

§2 Begriffe

(1) [1]Bauliche Anlagen sind unmittelbar mit dem Erdboden verbundene, aus Bauprodukten hergestellte Anlagen. [2]Eine Verbindung mit dem Erdboden besteht auch dann, wenn die Anlage durch eigene Schwere auf dem Boden ruht oder wenn die Anlage nach ihrem Verwendungszweck dazu bestimmt ist, überwiegend ortsfest benutzt zu werden. [3]Als bauliche Anlagen gelten auch

1. Aufschüttungen und Abgrabungen,
2. Ausstellungs-, Abstell- und Lagerplätze,
3. Camping-, Wochenend- und Zeltplätze,
4. Sport- und Spielflächen,
5. Freizeit- und Vergnügungsparks,
6. Stellplätze.

(2) Gebäude sind selbständig benutzbare, überdeckte bauliche Anlagen, die von Menschen betreten werden können und geeignet sind, dem Schutz von Menschen, Tieren oder Sachen zu dienen.

(3) Wohngebäude sind Gebäude, die überwiegend der Wohnnutzung dienen und außer Wohnungen allenfalls Räume für die Berufsausübung freiberuflich oder in ähnlicher Art Tätiger sowie die zugehörigen Garagen und Nebenräume enthalten.

(4) [1]Gebäude werden in folgende Gebäudeklassen eingeteilt:

1. Gebäudeklasse 1:
   freistehende Gebäude mit einer Höhe bis zu 7 m und nicht mehr als zwei Nutzungseinheiten von insgesamt nicht mehr als 400 m^2 und freistehende land- oder forstwirtschaftlich genutzte Gebäude,
2. Gebäudeklasse 2:
   Gebäude mit einer Höhe bis zu 7 m und nicht mehr als zwei Nutzungseinheiten von insgesamt nicht mehr als 400 m^2,

3. Gebäudeklasse 3:
   sonstige Gebäude mit einer Höhe bis zu 7 m,
4. Gebäudeklasse 4:
   Gebäude mit einer Höhe bis zu 13 m und Nutzungseinheiten mit jeweils nicht mehr als 400 m^2,
5. Gebäudeklasse 5:
   sonstige Gebäude einschließlich unterirdischer Gebäude.

[2]Höhe im Sinne des Satzes 1 ist das Maß der Fußbodenoberkante des höchstgelegenen Geschosses, in dem ein Aufenthaltsraum möglich ist, über der Geländeoberfläche im Mittel. [3]Grundflächen von Nutzungseinheiten im Sinne dieses Gesetzes sind die Brutto-Grundflächen; bei der Berechnung der Brutto-Grundflächen nach Satz 1 bleiben Flächen in Kellergeschossen außer Betracht.

(5) [1]Geschosse sind oberirdische Geschosse, wenn ihre Deckenoberkanten im Mittel mehr als 1,4 m über die Geländeoberfläche hinausragen; im Übrigen sind sie Kellergeschosse. [2]Hohlräume zwischen der obersten Decke und der Bedachung, in denen Aufenthaltsräume nicht möglich sind, sind keine Geschosse.

(6) [1]Vollgeschosse sind Geschosse, die mehr als 1,4 m über die im Mittel gemessene Geländeoberfläche hinausragen und, von Oberkante Fußboden bis Oberkante Fußboden der darüberliegenden Decke oder bis Oberkante Dachhaut des darüberliegenden Daches gemessen, mindestens 2,3 m hoch sind. [2]Die im Mittel gemessene Geländeoberfläche ergibt sich aus dem arithmetischen Mittel der Höhenlage der Geländeoberfläche an den Gebäudeecken. [3]Keine Vollgeschosse sind

1. Geschosse, die ausschließlich der Unterbringung von haustechnischen Anlagen und Feuerungsanlagen dienen,
2. oberste Geschosse, bei denen die Höhe von 2,3 m über weniger als drei Viertel der Grundfläche des darunterliegenden Geschosses vorhanden ist.

[4]Hohlräume zwischen der obersten Decke und dem Dach, deren lichte Höhe geringer ist, als sie für Aufenthaltsräume nach § 34 Abs. 1 erforderlich ist, sowie offene Emporen bis zu einer Grundfläche von 20 m^2 bleiben außer Betracht.

(7) Aufenthaltsräume sind Räume, die zum nicht nur vorübergehenden Aufenthalt von Menschen bestimmt oder geeignet sind.

(8) [1]Stellplätze sind Flächen, die dem Abstellen von Kraftfahrzeugen und Fahrrädern außerhalb der öffentlichen Verkehrsflächen dienen. [2]Garagen sind Gebäude oder Gebäudeteile zum Abstellen von Kraftfahrzeugen. [3]Ausstellungs-, Verkaufs-, Werk- und Lagerräume sind keine Stellplätze oder Garagen.

(9) [1]Anlagen der Außenwerbung (Werbeanlagen) sind alle örtlich gebundenen Einrichtungen, die der Ankündigung oder Anpreisung oder als Hinweis auf Gewerbe oder Beruf dienen und vom öffentlichen Verkehrsraum aus sichtbar sind. [2]Hierzu gehören vor allem Schilder, Beschriftungen, Bemalungen, Lichtwerbungen, Schaukästen sowie für Anschläge oder Lichtwerbung bestimmte Säulen, Tafeln und Flächen. [3]Keine Werbeanlagen im Sinne dieses Gesetzes sind

1. Werbeanlagen, die im Zusammenhang mit allgemeinen Wahlen oder Abstimmungen angebracht oder aufgestellt werden, während der Dauer des Wahlkampfes,
2. Werbeanlagen in Form von Anschlägen,
3. Werbeanlagen an Baustellen, soweit sie sich auf das Vorhaben beziehen,
4. Lichtwerbungen an Säulen, Tafeln oder Flächen, die allgemein dafür baurechtlich genehmigt sind,
5. Auslagen und Dekorationen in Schaufenstern und Schaukästen,
6. Werbemittel an Verkaufsstellen für Zeitungen und Zeitschriften.

(10) Bauprodukte sind

1. Baustoffe, Bauteile und Anlagen, die dazu bestimmt sind, in bauliche Anlagen dauerhaft eingebaut zu werden,
2. aus Baustoffen und Bauteilen vorgefertigte Anlagen, die hergestellt werden, um mit dem Erdboden verbunden zu werden, wie Fertighäuser, Fertiggaragen und Silos.

(11) Bauart ist das Zusammenfügen von Bauprodukten zu baulichen Anlagen oder Teilen von baulichen Anlagen.

(12) Feuerstätten sind Anlagen oder Einrichtungen, die in oder an Gebäuden ortsfest benutzt werden und dazu bestimmt sind, durch Verbrennung Wärme zu erzeugen.

(13) Es stehen gleich

1. der Errichtung das Herstellen, Aufstellen, Anbringen, Einbauen, Einrichten, Instandhalten, Ändern und die Nutzungsänderung,
2. dem Abbruch das Beseitigen,

soweit nichts anderes bestimmt ist.

(14) Maßgebend sind in den Absätzen 4, 5 und 6 Satz 1 und 3 die Rohbaumaße.

§4 Bebauung der Grundstücke

(1) Gebäude dürfen nur errichtet werden, wenn das Grundstück in angemessener Breite an einer befahrbaren öffentlichen Verkehrsfläche liegt oder eine befahrbare, öffentlich-rechtlich gesicherte Zufahrt zu einer befahrbaren öffentlichen Verkehrsfläche hat; bei Wohnwegen kann auf die Befahrbarkeit verzichtet werden, wenn keine Bedenken wegen des Brandschutzes bestehen.

(2) Die Errichtung eines Gebäudes auf mehreren Grundstücken ist zulässig, wenn durch Baulast gesichert ist, dass keine Verhältnisse eintreten können, die den Vorschriften dieses Gesetzes oder den auf Grund dieses Gesetzes erlassenen Vorschriften zuwiderlaufen.

(3) [1]Bauliche Anlagen mit Feuerstätten müssen von Wäldern, Mooren und Heiden mindestens 30 m entfernt sein; die gleiche Entfernung ist mit Gebäuden von Wäldern sowie mit Wäldern von Gebäuden einzuhalten. [2]Dies gilt nicht für Gebäude, die nach den Festsetzungen des Bebauungsplans mit einem geringeren Abstand als nach Satz 1 zulässig sind, sowie für bauliche Änderungen rechtmäßig bestehender baulicher Anlagen. [3]Ausnahmen können zugelassen werden. [4]Größere Abstände können verlangt werden, soweit dies wegen des Brandschutzes oder zur Sicherheit der Gebäude erforderlich ist.

§5 Abstandsflächen

(1) [1]Vor den Außenwänden von baulichen Anlagen müssen Abstandsflächen liegen, die von oberirdischen baulichen Anlagen freizuhalten sind. [2]Eine Abstandsfläche ist nicht erforderlich vor Außenwänden an Grundstücksgrenzen, wenn nach planungsrechtlichen Vorschriften

1. an die Grenze gebaut werden muss, es sei denn, die vorhandene Bebauung erfordert eine Abstandsfläche, oder

2. an die Grenze gebaut werden darf und öffentlich-rechtlich gesichert ist, dass auf dem Nachbargrundstück ebenfalls an die Grenze gebaut wird.

[3]Die öffentlich-rechtliche Sicherung ist nicht erforderlich, wenn nach den Festsetzungen einer abweichenden Bauweise unabhängig von der Bebauung auf dem Nachbargrundstück an die Grenze gebaut werden darf.

(2) [1]Die Abstandsflächen müssen auf dem Grundstück selbst liegen. [2]Sie dürfen auch auf öffentlichen Verkehrsflächen, öffentlichen Grünflächen und öffentlichen Wasserflächen liegen, bei beidseitig anbaubaren Flächen jedoch nur bis zu deren Mitte.

(3) [1]Die Abstandsflächen dürfen sich nicht überdecken. [2]Dies gilt nicht für Abstandsflächen von Außenwänden, die in einem Winkel von mehr als 75° zueinander stehen.

(4) [1]Die Tiefe der Abstandsfläche bemisst sich nach der Wandhöhe; sie wird senkrecht zur jeweiligen Wand gemessen. [2]Als Wandhöhe gilt das Maß vom Schnittpunkt der Wand mit der Geländeoberfläche bis zum Schnittpunkt der Wand mit der Dachhaut oder bis zum oberen Abschluss der Wand. [3]Ergeben sich bei einer Wand durch die Geländeoberfläche unterschiedliche Höhen, ist die im Mittel gemessene Wandhöhe maßgebend. [4]Sie ergibt sich aus dem arithmetischen Mittel der Höhenlage an den Eckpunkten der baulichen Anlage; liegen bei einer Wand die Schnittpunkte mit der Dachhaut oder die oberen Abschlüsse verschieden hoch, gilt dies für den jeweiligen Wandabschnitt. [5]Maßgebend ist die tatsächliche Geländeoberfläche nach Ausführung des Bauvorhabens, soweit sie nicht zur Verringerung der Abstandsflächen angelegt wird oder wurde.

(5) Auf die Wandhöhe werden angerechnet

1. die Höhe von Dächern oder Dachaufbauten mit einer Neigung von mehr als 70° voll und von mehr als 45° zu einem Viertel,
2. die Höhe einer Giebelfläche zur Hälfte des Verhältnisses, in dem ihre tatsächliche Fläche zur gedachten Gesamtfläche einer rechteckigen Wand mit denselben Maximalabmessungen steht; die Giebelfläche beginnt an der Horizontalen durch den untersten Schnittpunkt der Wand mit der Dachhaut,

3. bei Windenergieanlagen nur die Höhe bis zur Rotorachse, wobei die Tiefe der Abstandsfläche mindestens der Länge des Rotorradius entsprechen muss.

(6) [1]Bei der Bemessung der Abstandsfläche bleiben außer Betracht

1. untergeordnete Bauteile wie Gesimse, Dachvorsprünge, Eingangs- und Terrassenüberdachungen, wenn sie nicht mehr als 1,5 m vor die Außenwand vortreten,
2. Vorbauten wie Wände, Erker, Balkone, Tür- und Fenstervorbauten, wenn sie nicht breiter als 5 m sind, nicht mehr als 1,5 m vortreten

und von Nachbargrenzen mindestens 2 m entfernt bleiben. [2]Außerdem bleibt die nachträgliche Wärmedämmung eines bestehenden Gebäudes außer Betracht, wenn sie nicht mehr als 0,25 m vor die Außenwand tritt.

(7) [1]Die Tiefe der Abstandsflächen beträgt

1. allgemein 0,4 der Wandhöhe,
2. in Kerngebieten, Dorfgebieten und in besonderen Wohngebieten 0,2 der Wandhöhe,
3. in Gewerbegebieten und in Industriegebieten sowie in Sondergebieten, die nicht der Erholung dienen, 0,125 der Wandhöhe.

[2]Sie darf jedoch 2,5 m, bei Wänden bis 5 m Breite 2 m nicht unterschreiten.

§6 Abstandsflächen in Sonderfällen

(1) [1]In den Abstandsflächen baulicher Anlagen sowie ohne eigene Abstandsflächen sind zulässig:

1. Gebäude oder Gebäudeteile, die eine Wandhöhe von nicht mehr als 1 m haben,
2. Garagen, Gewächshäuser und Gebäude ohne Aufenthaltsräume mit einer Wandhöhe bis 3 m und einer Wandfläche bis 25 m^2,
3. bauliche Anlagen, die keine Gebäude sind, soweit sie nicht höher als 2,5 m sind oder ihre Wandfläche nicht mehr als 25 m^2 beträgt,
4. landwirtschaftliche Gewächshäuser, die nicht unter Nummer 2 fallen, soweit sie mindestens 1 m Abstand zu Nachbargrenzen einhalten.

[2]Für die Ermittlung der Wandhöhe nach Satz 1 Nr. 2 ist der höchste Punkt der Geländeoberfläche zugrunde zu legen. [3]Die Grenzbebauung

im Falle des Satzes 1 Nr. 2 darf entlang den einzelnen Nachbargrenzen 9 m und insgesamt 15 m nicht überschreiten.

(2) Werden mit Gebäuden oder Gebäudeteilen nach Absatz 1 dennoch Abstandsflächen eingehalten, so müssen sie gegenüber Nachbargrenzen eine Tiefe von mindestens 0,5 m haben.

(3) [1]Geringere Tiefen der Abstandsflächen sind zuzulassen, wenn

1. in überwiegend bebauten Gebieten die Gestaltung des Straßenbildes oder besondere örtliche Verhältnisse dies erfordern oder
2. Beleuchtung mit Tageslicht sowie Belüftung in ausreichendem Maße gewährleistet bleiben, Gründe des Brandschutzes nicht entgegenstehen und nachbarliche Belange nicht erheblich beeinträchtigt werden.

[2]In den Fällen der Nummer 1 können geringere Tiefen der Abstandsflächen auch verlangt werden.

§ 7 Übernahme von Abständen und Abstandsflächen auf Nachbargrundstücke

[1]Soweit nach diesem Gesetz oder nach Vorschriften auf Grund dieses Gesetzes Abstände und Abstandsflächen auf dem Grundstück selbst liegen müssen, dürfen sie sich ganz oder teilweise auf andere Grundstücke erstrecken, wenn durch Baulast gesichert ist, dass sie nicht überbaut werden und auf die auf diesen Grundstücken erforderlichen Abstandsflächen nicht angerechnet werden. [2]Vorschriften, nach denen in den Abstandsflächen bauliche Anlagen zulässig sind oder ausnahmsweise zugelassen werden können, bleiben unberührt.

§ 49 Genehmigungspflichtige Vorhaben

Die Errichtung und der Abbruch baulicher Anlagen sowie der in § 50 aufgeführten anderen Anlagen und Einrichtungen bedürfen der Baugenehmigung, soweit in §§ 50, 51, 69 oder 70 nichts anderes bestimmt ist.

§ 50 Verfahrensfreie Vorhaben

(1) Die Errichtung der Anlagen und Einrichtungen, die im Anhang aufgeführt sind, ist verfahrensfrei.

(2) Die Nutzungsänderung ist verfahrensfrei, wenn

1. für die neue Nutzung keine anderen oder weitergehenden Anforderungen gelten als für die bisherige Nutzung oder

2. durch die neue Nutzung zusätzlicher Wohnraum in Wohngebäuden nach Gebäudeklasse 1 bis 3 im Innenbereich geschaffen wird.

(3) Der Abbruch ist verfahrensfrei bei

1. Anlagen nach Absatz 1,
2. freistehenden Gebäuden der Gebäudeklassen 1 und 3,
3. sonstigen Anlagen, die keine Gebäude sind, mit einer Höhe bis zu 10 m.

(4) Instandhaltungsarbeiten sind verfahrensfrei.

(5) [1]Verfahrensfreie Vorhaben müssen ebenso wie genehmigungspflichtige Vorhaben den öffentlich-rechtlichen Vorschriften entsprechen. [2]§ 57 findet entsprechende Anwendung.

§ 51 Kenntnisgabeverfahren

(1) Das Kenntnisgabeverfahren kann durchgeführt werden bei der Errichtung von

1. Wohngebäuden,
2. sonstigen Gebäuden der Gebäudeklassen 1 bis 3, ausgenommen Gaststätten,
3. sonstigen baulichen Anlagen, die keine Gebäude sind,
4. Nebengebäuden und Nebenanlagen zu Bauvorhaben nach den Nummern 1 bis 3,

ausgenommen Sonderbauten, soweit die Vorhaben nicht bereits nach § 50 verfahrensfrei sind und die Voraussetzungen des Absatzes 2 vorliegen.

(2) [1]Die Vorhaben nach Absatz 1 müssen liegen

1. innerhalb des Geltungsbereichs eines Bebauungsplans im Sinne des § 30 Abs. 1 BauGB, der nach dem 29. Juni 1961 rechtsverbindlich geworden ist, oder im Geltungsbereich eines Bebauungsplans im Sinne der §§ 12, 30 Abs. 2 BauGB und
2. außerhalb des Geltungsbereichs einer Veränderungssperre im Sinne des § 14 BauGB.

[2]Sie dürfen den Festsetzungen des Bebauungsplans nicht widersprechen.

(3) Beim Abbruch von Anlagen und Einrichtungen wird das Kenntnisgabeverfahren durchgeführt, soweit die Vorhaben nicht bereits nach § 50 Abs. 3 verfahrensfrei sind.

(4) Kenntnisgabepflichtige Vorhaben müssen ebenso wie genehmigungspflichtige Vorhaben den öffentlich-rechtlichen Vorschriften entsprechen.

(5) Der Bauherr kann beantragen, dass bei Vorhaben, die Absatz 1 oder 3 entsprechen, ein Baugenehmigungsverfahren durchgeführt wird.

§ 52 Vereinfachtes Baugenehmigungsverfahren

(1) Das vereinfachte Baugenehmigungsverfahren kann bei Bauvorhaben nach § 51 Abs. 1 durchgeführt werden.

(2) Im vereinfachten Baugenehmigungsverfahren prüft die Baurechtsbehörde

1. die Übereinstimmung mit den Vorschriften über die Zulässigkeit der baulichen Anlagen nach den §§ 14 und 29 bis 38 BauGB,
2. die Übereinstimmung mit den §§ 5 bis 7,
3. andere öffentlich-rechtliche Vorschriften außerhalb dieses Gesetzes und außerhalb von Vorschriften auf Grund dieses Gesetzes,
   a) soweit in diesen Anforderungen an eine Baugenehmigung gestellt werden oder
   b) soweit es sich um Vorhaben im Außenbereich handelt, im Umfang des § 58 Abs. 1 Satz 2.

(3) Auch soweit Absatz 2 keine Prüfung vorsieht, müssen Bauvorhaben im vereinfachten Verfahren den öffentlich-rechtlichen Vorschriften entsprechen.

(4) Über Abweichungen, Ausnahmen und Befreiungen von Vorschriften nach diesem Gesetz oder auf Grund dieses Gesetzes, die nach Absatz 2 nicht geprüft werden, entscheidet die Baurechtsbehörde auf besonderen Antrag im Rahmen des vereinfachten Baugenehmigungsverfahrens.

§ 58 Baugenehmigung

(1) [1]Die Baugenehmigung ist zu erteilen, wenn dem genehmigungspflichtigen Vorhaben keine von der Baurechtsbehörde zu prüfenden öffentlich-rechtlichen Vorschriften entgegenstehen. [2]Soweit nicht § 52 Anwendung findet, sind alle öffentlich-rechtlichen Vorschriften zu prü-

fen, die Anforderungen an das Bauvorhaben enthalten und über deren Einhaltung nicht eine andere Behörde in einem gesonderten Verfahren durch Verwaltungsakt entscheidet. [3]Die Baugenehmigung bedarf der Schriftform; § 3 a des Landesverwaltungsverfahrensgesetzes findet keine Anwendung. [4]Erleichterungen, Abweichungen, Ausnahmen und Befreiungen sind ausdrücklich auszusprechen. [5]Die Baugenehmigung ist nur insoweit zu begründen, als sie Abweichungen, Ausnahmen oder Befreiungen von nachbarschützenden Vorschriften enthält und der Nachbar Einwendungen erhoben hat. [6]Eine Ausfertigung der mit Genehmigungsvermerk versehenen Bauvorlagen ist dem Antragsteller mit der Baugenehmigung zuzustellen. [7]Eine Ausfertigung der Baugenehmigung ist auch Angrenzern und sonstigen Nachbarn zuzustellen, deren Einwendungen gegen das Vorhaben nicht entsprochen wird; auszunehmen sind solche Angaben, die wegen berechtigter Interessen der Beteiligten geheim zu halten sind.

(2) Die Baugenehmigung gilt auch für und gegen den Rechtsnachfolger des Bauherrn.

(3) Die Baugenehmigung wird unbeschadet privater Rechte Dritter erteilt.

(4) [1]Behelfsbauten dürfen nur befristet oder widerruflich genehmigt werden. [2]Nach Ablauf der gesetzten Frist oder nach Widerruf ist die Anlage ohne Entschädigung zu beseitigen und ein ordnungsgemäßer Zustand herzustellen.

(5) Die Gemeinde ist, wenn sie nicht Baurechtsbehörde ist, von jeder Baugenehmigung durch Übersendung einer Abschrift des Bescheides und der Pläne zu unterrichten.

(6) [1]Auch nach Erteilung der Baugenehmigung können Anforderungen gestellt werden, um Gefahren für Leben oder Gesundheit oder bei der Genehmigung nicht voraussehbare Gefahren oder erhebliche Nachteile oder Belästigungen von der Allgemeinheit oder den Benutzern der baulichen Anlagen abzuwenden. [2]Bei Gefahr im Verzug kann bis zur Erfüllung dieser Anforderungen die Benutzung der baulichen Anlage eingeschränkt oder untersagt werden.

Gesetz zum Schutz vor schädlichen Umwelteinwirkungen durch Luftverunreinigungen, Geräusche, Erschütterungen und ähnliche Vorgänge (Bundes-Immissionsschutzgesetz – BImSchG)

in der Fassung der Bekanntmachung vom 17. Mai 2013 (BGBl. I S. 1274, ber. S. 3753), zuletzt geändert durch Gesetz vom 18. Juli 2017 (BGBl. I S. 2771)

§ 14 Ausschluss von privatrechtlichen Abwehransprüchen

[1]Auf Grund privatrechtlicher, nicht auf besonderen Titeln beruhender Ansprüche zur Abwehr benachteiligender Einwirkungen von einem Grundstück auf ein benachbartes Grundstück kann nicht die Einstellung des Betriebs einer Anlage verlangt werden, deren Genehmigung unanfechtbar ist; es können nur Vorkehrungen verlangt werden, die die benachteiligenden Wirkungen ausschließen. [2]Soweit solche Vorkehrungen nach dem Stand der Technik nicht durchführbar oder wirtschaftlich nicht vertretbar sind, kann lediglich Schadensersatz verlangt werden.

Stichwortverzeichnis

Die ersten, halbfetten Ziffern verweisen auf die Paragraphen, die folgenden hinter dem Schrägstrich auf die Anmerkungen. Die Abkürzung E bezieht sich auf die Einführung.